Dynamics of the Transport Study
Viewpoint to Seize a Turning Point

交通研究のダイナミクス
転換期をとらえる視点

谷利 亨 [著]
Toru TANIKAGA

東京 白桃書房 神田

まえがき

　筆者は、これまで仕事に携わるなかで、交通に係る多くの実務者や研究者の方々に接することができた。こうした経験から、同じ交通といっても立場によって異なった見方をすることに気がついた。研究者同士では、交通経済学者は理論の高度化を追求し、交通工学者は技術の高度化を追求し、両者の接近はあまりみられない。また、実務者は研究者に対し、何となくアカデミックで近寄りがたいと感じ、研究者は実務者に対し、実務の知識に劣等感を抱き、両者の接近は敬遠される傾向にある。

　近年の交通対策の最大の課題は、混雑解消、環境保全である。しかし、これらは交通経済学でも交通工学でも単独では解決できない。交通経済学では、各交通手段の効率性を追求するが、それは工学の進歩に依存する。逆に交通工学は各交通手段の開発を追求するが、その普及は経済学の進歩に依存する。

　すなわち、交通に関する研究には、経済学と工学とを合成し、それを地域の具体例によって解明することが要請される。そして、その地域の諸条件は歴史学と地理学に依存するのである。現実の交通問題の究明には、種々の角度からの探求が必要であり、単独の学問では満足した解答が得られるはずがないのである。

　また、交通は人と物の両方の移動を対象にしているが、研究論文や書物などにおいて、この両者を並列に取り扱ったものは少ない。人と物の移動の性質には、共通するものと、そうでないものがある。交通の本質の意味を正確に理解するには、この両方を含めた研究も求められるのではないか。

　他方、大量の人口が高度に密集するわが国では、もはや自動車台数の増加に道路が資金の面でも空間の面でも対応できないことが強調されている。そこで、技術開発が期待されるが、実用化可能な技術は1970年代に出尽くしたといえる。つまり、交通研究が多面的になり、しかし解決できる範囲が縮

まえがき

小しているという矛盾に直面する。一方で研究者の理論の高度化が進む。そこに生まれるのは、現実と理論の乖離である。ここでまず、交通研究の目的と能力自体を考えてみる必要があり、そのためにはその知識の前提、方法、可能な範囲などを理解しなければならない。

研究者の多くは、交通問題解決の追究の方法として、これまで理論と法則の応用を試みたけれども成功しなかった。交通には法則性の弱い現象が発生することを前提に考えれば当然の結果といえる。理論と法則に執着して実態を直視しなければ、そこからは現実がみえてこない。むしろ、理論は現実と無関係に高度化し、われわれ一般の者にとって交通学は、次第に遠い存在となる傾向さえうかがえる。

交通はわれわれの生活に不可欠で身近な存在である。交通に係る研究もそうであることが期待される。本書は、筆者の長年の体験に基づく理論への疑問と期待についてのまとめである。読者のご批判を仰ぎたい。

筆者を交通関係の研究に導いてくださったのは、角本良平先生である。先生との出会いは、筆者が1983年に㈶運輸経済研究センター（現㈶運輸政策研究機構）に派遣されたときにさかのぼる。当センターに勤務してまもないときに、先生から「アメリカのトラック運賃にクラスレイトが存在するらしいがそれは何ですか」との宿題をいただいた。当時クラスレイトの意味すら知らなかった筆者は、関係する出版物や学者の方々に教えを乞うた。その結果、その時点でもクラスレイトという仕組みは存在しており、したがって機能もしているのではないか、との意見が大半であった。

一方、わが国でも鉄道貨物において等級制運賃制度が存在していたが、1980年に交通市場の変化により廃止されている。トラック運賃にしても認可運賃時代の当初から実勢運賃という言葉が存在した。そこで、筆者は日本において既に役割を終えた仕組みが現在でもアメリカで本当に機能しているのか、もし、機能しているならば、その背景は何かなどについての疑問に突き当たった。疑問を解明するため、現地への電話でのヒアリングを何度か行った結果、制度は存在するが、ほとんど機能していないという結論に至った。その後も角本先生から多くの宿題をいただいたが、その内容は常に実態

まえがき

との検証であった。こうした経験を経て、筆者の疑問は次第に制度と実態、さらには理論と現実との関係などに拡大した。こうした長年の経験が本書の執筆につながった。

話は変わるが、1990年に杉山雅洋早稲田大学名誉教授を中心とするメンバーにより、角本良平先生の古希を記念して、『21世紀の交通』(白桃書房)を出版した。幸運にも筆者もその一員に加わることができた。筆者も今年で古希を迎えた。この時期に本書を出版できたことに、角本先生との縁を感じざるをえない。残念ながら角本先生は今年の2月7日(享年95)に亡くなられた。しかしながら、いつまでも筆者の先生であることには変わりない。心からご冥福を祈る次第である。

なお、本書の出版にあたって、その機会を与えていただいた明治大学商学部町田一兵准教授、資料作成にあたりご指導をいただいた㈱日通総合研究所経済研究部浅井俊一研究主査(神奈川大学経済学部非常勤講師)、平田義章国際ロジスティクス・アドバイザーをはじめ、多くの方々にお世話になった。最後になったが、本書の出版にあたり、白桃書房の平千枝子執行役員編集部長に大変お世話になったことを記して、心より感謝申し上げる次第である。

2016年8月

著者

目　　次

まえがき

第Ⅰ部　交通研究の役割

第1章　交通学とその方向 …… 2

1　交通に関する学問 …… 3
　1-1　交通経済学　3
　1-2　経済学との関係　5
　1-3　交通工学　8
　1-4　交通地理学　8
2　交通研究の課題 …… 10
3　物的流通（物流）の研究 …… 12
　3-1　物流をめぐる定義　12
　3-2　物流の観念　16
　3-3　物流研究の萌芽　18
　3-4　物流問題の捉え方　19
4　交通における類似語 …… 21

第2章　交通の特性 …… 23

1　交通の目的と移動構造 …… 23
　1-1　交通の目的　23
　1-2　移動の構造　26
2　定義からみた交通の意味 …… 27

2-1　交通の対象　27
　　2-2　時間と費用の克服　28
　　2-3　空間における距離の克服　29
　　2-4　時間・費用・空間の関係　30
　　2-5　空間の限界　31
　3　交通の地理的・歴史的影響 …………………………………… 33
　　3-1　地理的影響　33
　　3-2　歴史の経過と交通　36
　　3-3　今日の姿　57

---------- 第Ⅱ部　交通の公共性 ----------

第3章　交通と財 ………………………………………………… 60

1　財の性質―即時財・即地財― ……………………………………… 61
2　交通サービスの特質 ………………………………………………… 63
　　2-1　経営管理上の能力　64
　　2-2　労働管理上の能力　66
3　交通における公共性の根拠 ………………………………………… 68
　　3-1　公共財と私的財　68
　　3-2　価値財　70
4　交通サービスの財の位置づけ ……………………………………… 70
5　定義の課題 …………………………………………………………… 72

第4章　交通の公共性と公益性 ………………………………… 74

1　公共性と公益性 ……………………………………………………… 74
　　1-1　公共性と公益性の相違　74
　　1-2　公益事業としての交通サービス　76
2　公的介入の根拠と問題 ……………………………………………… 77
　　2-1　公共財的性質　78

v

2-2　外部効果の存在　78
　　　2-3　独占的性質　80
　　　2-4　情報の非対称性　80
　3　公的介入を必要とする交通サービス ……………………………… 81
　　　3-1　災害時の緊急輸送の役割　81
　　　3-2　過疎地域における交通　82
　4　公共性とその功罪 ……………………………………………………… 83
　　　4-1　根拠の変化　83
　　　4-2　公共性という名の功罪　84

第5章　供給組織 ……………………………………………………… 86

　1　交通産業の形成 ………………………………………………………… 87
　2　供給形態と種類 ………………………………………………………… 92
　　　2-1　供給形態と費用負担　92
　　　2-2　供給組織の種類　95

第Ⅲ部　交通の技術開発と選択

第6章　交通技術の発達 ……………………………………………… 104

　1　技術的要素 ……………………………………………………………… 104
　　　1-1　通路（ターミナルを含む）　104
　　　1-2　輸送具（運搬具）　105
　　　1-3　動力　106
　　　1-4　運行管理　110
　　　1-5　4要素の関係　110
　　　1-6　通路における海外との比較　111
　2　技術開発の影響 ………………………………………………………… 114
　　　2-1　技術開発と効果　114
　　　2-2　供給者と需要者　116

第7章　交通手段の選択 ················· 117

1　選択基準 ··· 117
　　1-1　多様化する基準　117
2　各交通手段の長所と短所 ······································· 118
3　交通手段を取り巻く環境の国際比較 ······················· 121
4　輸送機関選択の結果 ·· 124
　　4-1　旅客輸送　124
　　4-2　貨物輸送　125

―――――――― 第Ⅳ部　交通政策の展望 ――――――――

第8章　交通政策の必要性と課題 ················· 128

1　交通政策と課題 ··· 129
　　1-1　交通政策とは　129
　　1-2　交通政策の課題　130
2　政策の手段と問題点 ·· 131
　　2-1　政策の手段　131
　　2-2　補助と根拠　132
　　2-3　補助の方法と問題点　133
3　規制と規制緩和 ··· 135
　　3-1　規制の目的　135
　　3-2　規制の方法　136
　　3-3　免許などの種類　137
　　3-4　規制の範囲　139
　　3-5　規制緩和の背景（欧米からの影響を中心に）　144
　　3-6　アメリカにおける規制緩和の影響　147
　　3-7　わが国の規制緩和の経緯　148
　　3-8　わが国の規制緩和の内容　153

3-9　需給調整機能の矛盾　153
   3-10　グローバル化と規制緩和の影響　155
   3-11　今後の規制緩和の分野　156

第9章　総合交通に関する政策　158

1　総合交通政策　158
   1-1　総合交通政策の萌芽　158
   1-2　総合交通政策の系譜　159
2　イコール・フッティング論から適正分野論へ　165
3　モーダルシフト論　167
   3-1　モーダルシフト論の背景　167
   3-2　モーダルシフト論の限界　168
4　総合交通政策の限界　170
5　地域と都市の関係　171
   5-1　地域開発と交通　171
   5-2　都市の形成　173
   5-3　都市の交通問題　174
   5-4　地方拠点開発問題　175
   5-5　都市と地方　176
   5-6　対策の可能性　177
6　環境保全に関する政策　179
   6-1　環境問題とは　179
   6-2　大気汚染の経過　180
   6-3　地球温暖化対策　181
   6-4　自動車に対する規制　183

目　次

第Ⅴ部　経済理論に基づく研究と課題

第10章　経済理論の応用 …………………………………………… 188

1　交通研究の推移 …………………………………………… 188
2　研究の成果 ………………………………………………… 190
　2-1　運賃政策　190
　2-2　運賃制度の問題　194
　2-3　その他の運賃制度　198
3　外部経済・不経済への政策 ……………………………… 199
4　公共投資の効果測定 ……………………………………… 201

第11章　交通研究の課題―理論と現実の接近― ………… 206

1　理論と現実の接近―成功と失敗の事例から学ぶ― ……… 206
2　経済理論応用の見直し …………………………………… 207
3　定義の見直し ……………………………………………… 209
4　研究分野の合成 …………………………………………… 209
5　既成概念からの脱却 ……………………………………… 210
6　限界の認識 ………………………………………………… 210

結　語
参考文献
人名索引
事項索引

第 I 部

交通研究の役割

第1章 交通学とその方向

　交通は時代とともに進化し、その範囲も拡大してきた。また、交通は非常に社会的、地域的、多面的であるため、交通に関する研究は多くの学問分野で行われている。今日交通と名のつく学問には経済学を基本とする「交通経済学」、土木工学を基本とする「交通工学」、地理学を基本とする「交通地理学」などがある。これらはいずれも明治以降ドイツやアメリカなどの外国からの輸入であり、その後国内においてそれぞれの分野で交通の知識が蓄積され発展した。

　これらの学問には、同じ交通と名がついていてもそれぞれ特徴がある。交通工学の場合は、実験が可能であり研究成果の採否がただちに検討される。その採否は経済性の判断となる。交通企業も新しい技術の導入を望んでおり、研究者側と実務者側との断絶は少ない。

　交通地理学は、個々の事象についての因果関係を追究することを目的にしており、ここでの理論は検証を受けた結果である。つまり、交通工学と交通地理学には、理論と現実の断絶は生じないことから、これらの定義については比較的コンセンサスを得られやすい。

　これに対して、社会的現象を対象とする交通経済学は、それぞれの理論についての実験が不可能であり、技術部門や地理部門のように実証することができない。このため、交通経済学に基づく議論はなかなか収束しない。

　それぞれの学問分野は、固有の領域の理論を極めることを出発点としており、それは現在の交通研究にも大切である。しかし、今日の交通研究の対象は、著しく多様化してきたことから、全体像を把握するためには、単独の学問だけでは限界があり学際的な協力が重要なのである。

ここではまず、「交通経済学」、「交通工学」、「交通地理学」の概要と今後の方向についてみることとする。

1 交通に関する学問

1-1 交通経済学

交通経済学（transportation economics）は、交通経済論ともいい交通現象を対象とする学問であって、その研究の基本は経済学的性格の究明にある。交通経済学は交通を総合的に研究する交通経済総論（交通概論）と各種交通機関別に研究する交通経済各論とに分けることができる。また、交通政策に重点をおく交通政策論、交通経営に重点をおく交通経営論と区別する場合もある。

交通が学問として成立したのは、1870年代末明治の初めにドイツを中心とする学者によってである。ただしそれ以前にも馬車、運河、有料道路、帆船時代の18世紀後半に、鉄道以前の交通を前提にスミス（Adam Smith 英）やチューネン（Johann Heinrich von Thünen 独）などにより行われていた。

1830年代から鉄道時代に入り、交通に大きな変化が起きると、リスト（Friedlich List 独）、ラードナー（Dionysius Lardner 英）デュピュイ（Jules Dupuit 仏）などが鉄道の役割や性質を解明した。それらを受けて1870年代に交通論が成立した。その代表作がドイツ歴史学派の影響を受ける交通経済学者ザックス（Emil Sax オーストリア）の『国民経済並びに国家経済における交通手段』（第1版、全2巻、1878～79）とされる。その内容は総論、陸路および水路（主に内陸水路）、郵便電信、鉄道であった。これによって、「一般的交通論」が成立したといわれている。

わが国の交通論の研究は、加藤晴比古（1870生）、関一（1873—1935）らによって、その基礎が築かれたといわれる。加藤の代表的著書である『交通論』（経済叢書、有斐閣、1902）は、ザックスなどの研究成果の影響を強く受けたものとなっている。主な研究対象は、鉄道、水運であったが、交通の基本となる要件（速度、低廉等）、それらのトレード・オフの関係、交通

技術の3要素（通路、輸送具、動力）（詳細は「第Ⅲ部第6章1[1]」参照）、交通の経済への影響（分業の促進、市場の拡大等）、運賃の学説（負担力説、費用説等）などである。

　関の交通論の主題は、鉄道経済であり、その代表的著書には、『鉄道講義要領』（同文館、1905）がある。同書の中心は運賃論であり、その後のわが国の交通研究に大きな影響を与えた。これにみるように交通の基本となる要件は、この時期にすでに把握されており、今日のわが国の交通学に反映されている。

　加藤と関はその後交通研究の世界を去ったため、日本流のパターンをつくったのは伊藤重治朗（1878-1964）であり、小島昌太郎（1888-1978）、増井幸雄（1889-1944）、島田孝一（1893-1987）らがそれらを充実させたといわれる（角本、1988、pp. 136-137）。

　戦後にかけての交通研究の推移を島田孝一の文献からみると、1950年頃までのわが国の交通論の基本は、海運と鉄道の発展を重視した世論を受け、これらの交通用役の供給と需要と価格政策であり、いわゆる交通機関論であった。当時「交通経済」という分野が強調されたが、それは交通学の研究を国民経済との関連で捉えようとしたものであり、今日の交通経済学の考え方とは異なる。1938年から登場する政策論もこうした立場で研究対象となった。これは38年に「陸上交通事業調整法」が施行され、交通統制、交通調整のもとに議論が展開されたことを反映している。

　交通を経済学の応用として捉え、財としての輸送サービスに着目した交通経済学が導入されたのは、第二次世界大戦後である。それは島田孝一の『交通経済論』（前野書店、1956）において、「交通役務に対する需要とその供

---

[1] 1900年当初から交通の技術要素として「通路・輸送具・動力」が通説になっているが、これに運行管理を加えた4要素とすべきとの主張がある（角本、1979、p. 16）。その後、角本は多くの出版物でそのことを繰り返し主張している。しかし、研究者の間では今日まで3要素とみるのが主流となっている。なお、斎藤（1991、p. 49）においては技術的要素に運行管理を含めている。
　しかし、現在の新幹線、都市内の混雑した幹線道路、航空機の頻繁な離発着などはこの運行管理の技術開発なしにはありえない。いまや、交通は人であれ物であれ運行管理技術が不可欠なのである。1900年当初と今日の交通は比べものにならないくらい変化している。交通技術の要素もこうした変化に対応して見直す必要がある。理論は一度決定されると変更されず、そのまま存続するという硬直性がある。理論と現実が遊離するのはこのためである。理論の有効性を維持させるためには、常に時代の変化との整合性を確認する柔軟性が求められる。

表 I-1-1　島田孝一（1893-1978）文献の構成

『交通経済学概論』 （1929）	『交通論』 （1937）	『交通経済学研究』 （1938）	『交通経済論』 （1956）
第1編　総論 　1　交通の概念 　2　各種交通機関の能力の比較 　3　交通の種類 　4　交通発達の概観 　5　交通発達の影響 　6　交通賃率 　7　交通政策 第2編　海運論 第3編　鉄道論	1　交通の概念 2　交通機関 3　交通の種類 4　交通及び交通機関の発達に関する史的考察 5　交通労務の発達とその影響 6　交通事業の形態と経営主義 7　交通事業の経営と競争 8　交通事業の経営と独占 9　交通事業の経営と費用 10　交通賃率及び運賃	1　交通の概念 2　交通の種類 3　交通及び交通機関の発達 4　交通機関の発達と交通労務の充実 5　交通機関の発達とその影響 6　交通機関の創設 7　交通企業の形態と経営主義 8　交通企業の資本 9　交通需要の測定 10　交通企業の経営における貨客開発策 11　交通機関の改善と減価償却 12　交通賃率及び運賃 13　交通政策	1　交通の概念 2　交通機関 3　交通の機能 4　交通事業の所有並びに経営形態 5　交通事業の経営主義 6　交通役務に対する需要とその供給 7　交通事業の経営における競争と独占 8　交通事業の経営における費用 9　交通賃率及び運賃 10　交通政策

出所：角本（1988）、p. 145。

給」（第6章）の章がはじめて設けられたことからもうかがい知ることができる（表I-1-1）。

　なお、交通学の成立の詳細は、角本良平『新・交通論』（1985、pp. 133-153）に述べられている。

1-2　経済学との関係

　今日の交通研究は、交通工学を除いて交通経済学を主体としている。その交通経済学は経済学に依存してきた。経済学は1776年アダム・スミスの『国富論』が、理論化された最古のものとされている。その後、19世紀末に経済学は大きく近代経済学とマルクス経済学の2系統に分かれ、戦後の交通

論は、それぞれの交通論の展開に関与してきた。

　マルクス経済学は、「労働価値説」(財の大きさは労働の大きさで決まる)に立ち、資本主義体制を批判し、国家による統制を強調するのを特徴とした。戦後の交通学会でもマルクス交通経済学者を輩出した。その一方でマルクス経済学の主張に対し疑問が広がり、1989年からの東欧・ソ連における社会主義体制の崩壊も加わって、その地位を急激に低下させた。この変化は当然交通研究にも大きな影響を与えた。

　これに対し、近代経済学は限界効用理論に基づく「効用価値説[2]」(財の価値は主観的な効用の大きさで決まる)に立つもので、ヨーロッパでは19世紀末に体系化されていた。わが国では1950年代後半に国鉄(現JR)運賃をめぐり「限界費用価格形成原理」が論じられた頃から近代経済理論の応用経済学としての性格を強めた(日本交通学会編、2011、p. 28)。また、交通混雑の対策として、料金設定操作による「ピークロード・プライシング」、「混雑税」などは「限界費用価格形成原理」に準じた試みである(詳細は「第Ⅴ部第10章3」参照)。

　近代経済学の思想は、企業が市場メカニズムを重視することにより最大利潤を追求するものとする一方で、一部政府の介入を認める立場をとっている。たとえば、適正な資源配分と企業の経営が両立しない場合、政府による規制や助成が行われる。また、数学的モデル、統計学、計量経済学を用いたモデルの妥当性の検証も盛んに行われた。今日の交通経済学においては、経済学自体の発展の影響がみられ、とくに計量経済学と数理経済学の発展は、交通計画のモデル化や数量化に貢献した。

　1950年代以降交通経済学は新たな局面を迎えた。自動車および航空機の比重が増えたのに加え、自家輸送の比重が増大したことにより、それまでの体系や枠組みを見直す必要性が生じたのである。とくに、60年以降の自動車の増加は、道路の費用負担や従来自立採算であった公共交通機関の欠損処理という新たな課題を抱えることとなった。そこで、公共交通の費用負担の

---

[2] 財の追加的一単位の消費の増加分の満足度を「限界効用」と呼ぶ。1870年に提唱されたもので「限界革命」といわれるものである。限界効用は消費量が増加するにつれて減少すると考えられ、これを「限界効用逓減の法則」という。近代経済学の基本となった「効用価値説」は、「限界効用」に基づくものである。

あり方を主とする「公共経済学」が登場した。60年代には貨物輸送は「物的流通」、「物流」としての保管、荷役、情報など一連の過程として捉えられるようになり、物流が交通研究の一部門として確立された。

さらに、1970年代以後になると、レーガノミクスによって、政府の市場介入を全面的に否定する市場原理主義が台頭してきた。いわゆるポストケインズ経済学といわれる「超資本主義」、「グローバル資本主義」の登場である。グローバル経済の到来は、一方で先行不透明な時代に入ったということでもある。全世界の経済に大きな影響を与えたオイルショックやリーマンショックなどを予期した人は誰もいなかった。こうした現象はもはや経済学の手法で説明することできないのである。このグローバル経済は交通手段の発達と決して無関係ではない。通信コストと輸送コストの低下を通じてグローバル化を加速させたのである。

このように交通研究の対象は、経済成長とともに多様化する一方で、経済学の応用で論じることができる分野が著しく縮小した。今後、交通経済学がこうした変化にどのように対応していくのか、交通学としての大きな研究課題である。

なお、戦後を代表する交通論の著書として次が参考にあげられる。

　　佐波宣平『交通概論』第3版、有斐閣、1954（初版1948）
　　麻生平八郎『交通および交通政策』白桃書房、1954
　　同『交通経営論』増訂版、白桃書房、1966
　　秋山一郎『交通論』有斐閣、1964
　　榊原胖夫『交通の経済理論』大明堂、1967
　　角本良平『現代の交通政策』東洋経済新報社、1976
　　斎藤峻彦『交通経済の理論と政策』ぺんぎん出版、1978
　　前田義信『交通経済要論』晃洋書房、1982
　　角本良平『新・交通論』白桃書房、1985

さらに、次の編著がある。

　　大島藤太郎編『現代日本の交通』法政大学出版局、1962
　　今野源八郎編『交通経済学』4訂版、青林書院新社、1973
　　岡野行秀・山田浩之編『交通経済学講義』青林書院新社、1974

広岡治哉・雨宮義直編『現代の交通経済』有斐閣、1977

岡野行秀編『交通の経済学』有斐閣、1977

中西健一・平井都士夫編『新版交通概論』有斐閣、1982

出所：角本（1988）、pp. 153-154 より追加修正

1-3　交通工学

　交通工学（transportation engineering）は、土木工学を母体とするものであり、1950年代にアメリカから自動車交通に関する技術として導入された。交通工学は、1930年アメリカにおいて設立された「交通工学研究会」によれば、「街路、道路およびそれらに接する土地の計画と設計の問題および人と物を安全で便利に経済的に輸送するための街路、道路交通処理の問題を取り扱う工学の分野である」と定義されている（運輸調査局、1971、p. 28）。

　交通工学は、自動車の出現がその端緒とされていることから、種々の交通の現象のうち、主に道路と自動車走行を対象としている。当初は道路交通現象の工学的解析である道路交通工学（traffic engineering）からはじまり、1960年代以降になると、交通混雑、交通公害、交通事故問題に関する対策から、交通需要予測、交通計画などに拡大し今日に至っている。

　交通混雑、交通公害、交通事故問題に関する対策として、大深度の地下鉄整備や物流システム、高速道路を利用した幹線輸送システムなどの研究が進められたが、その経済効果は扱っていない。

　その一方で、交通経済学との相互依存関係の分野も広がった。交通需要予測、交通計画などは、交通経済学の進歩に依存するところが多い。反対に交通経済学で取り上げている交通投資と交通政策の研究は、工学の需要予測と技術予測の進歩に依存するところが多い。

1-4　交通地理学

　交通は人および物の場所の移動であるが、この交通の現象を地域的に取り扱う学問を交通地理学（transportation geography）という。交通地理学は地理学に含まれるが、それぞれの専門分野のなかでも比較的早くから存在

していた。すなわち、地理学における交通に関する最初の研究は、ドイツの地理学者であるコール（J. G. Kohl、1808 — 1878）が 1841 年に交通路と地形の関連について発表した『地形との関連における交通と人間の居住』であるといわれている（青木、1991、p. 320）。

1930 年代は、ドイツ派の地理学が世界的に普及した時期であり、交通地理学の分野でも多数の研究者による著作が出版されている。そのなかでとくにわが国に影響を及ぼしたのが、ヘトナー（A. Hettner、1859 — 1942）、ハッサルト（K. Hassert）らといわれている。そのなかでハッサルトの『一般交通地理学』(1930) では、交通地理学は「地理的な観点に従って記述された交通論」であると規定し、交通については、「交通とは人間・財貨・通信が移動する際に遭遇する障害物をいかに克服するかについての考察である」と定義している（同書、p. 323）。交通について、今日の交通学において定説になっている定義とほぼ同じ内容が交通経済学の成立する以前に地理学者の方から提示されたことから、いかに地理と交通との関連が強いかをうかがい知ることができる。

しかし、当時の交通地理学において、交通現象と地域社会との関連については十分な成果をあげることができなかった。交通地理学者において、交通政策や交通技術の変化など交通自体の知識が十分ではなかったためである。当時の地理学者にとって著しく発展する交通を正確に把握することはきわめて困難であったと予想される。交通地理学のこうしたジレンマは今日まで続いている。

一方、わが国において最初に交通地理学の専門書が刊行されたのは、富士徳次郎の『世界交通地理概論』（目黒書店、1923 初版、1926 増訂）であり、その内容は主にヘトナーが行った交通地理学の紹介であった（同書、p. 331）。その後、交通地理学の研究が進められたが、1950 年代以前のそれは主にドイツからの輸入であり、わが国の特徴は軽視されていた。

1950 年代以降アメリカを中心とする計量的な地理学が興隆し、交通ネットワークの構造分析や地理間の機能的結合を数理的に捉える点に研究の主眼がおかれた。60 年代後半に入り、計量的手法とは別に古典的な社会経済的交通地理学が復権した。それは交通資本、交通政策と制度、交通技術などに

ついての考察が、近代交通の分析に不可欠であると認識され、それらの歴史的発展過程と併せて、総合的な交通研究を目指すべきというものである。

この新しい交通地理学では、鉄道交通、道路交通、海上交通、内陸水路交通、航空交通など個々の交通機関の種類ごとにその特徴を把握し、これらと地域社会との関連でその機能や効果を明らかにすることが試みられた。同時に一つの地域のなかで異なる交通機関の活動を総合的に分析したり、世界各地における様々な交通の実態の比較研究も行われた（同書、p. 365）。

こうした研究態度は、すべての交通研究者に共通して求められるはずである。近代交通学には計量的分析がなじみやすいけれども、交通地理学の地位向上のためには、こうしたアプローチがさらに求められるといえよう。

2　交通研究の課題

「人間の社会形成はつねに移動の難易に制約されてきた。いま、われわれが交通研究するのは、この移動能力（モビリティ）の利用により、どのような社会を実現できるかの可能性を知るためである」（角本、1985）。移動能力を今後どのように利用できるかは、①地理的条件の差異、②歴史の蓄積、③個人の価値判断の差異などの総合的判断によらなければならない。そして、交通はこれらの実態を対象としなければならない（表Ⅰ-1-2）。

しかし、これら三つの性質をもつ交通を、一つの研究分野で説明するには限界があるはずである。そのため、交通学は経済学、工学、地理学などとの合成が求められるが、研究の方法論がそれぞれ異なることから、それは容易なことではない。とくに、経済学はその成果が他の学問の重要な基礎として参照されるが、それらはあくまでも理論であり仮説であり、他の学問とはなじみにくい。

工学においては、いずれも実験が可能で、その成果が鉄道輸送、自動車輸送、船舶輸送、航空輸送として出現する。これらの交通技術と呼んでいるほとんどのものは、他の生産技術の結果から構成されているのである。たとえば、鉄道では、軌道とこれを補完する路盤構造物からなる線路の構築は大部分が土木工事に依存し、軌条、橋梁、信号などは製鉄業や機械工業の技術に

表 I-1-2 交通の法則性の弱い原因

項　目	内　容
①地理的条件の差異	交通手段を国別にみれば、地理的条件による支配がより顕著に示される。わが国おいて旅客では鉄道の比重が、貨物では海運とトラックの比率が高いのは、山国で少ない平地に人口が高密度に住むからで、欧米とは異なる。輸送手段の規模が欧米に比べて小さいのも地理的条件に支配されているからである。日本とイギリスを比較するとき、同じ島国であってもイギリスは山国でないことを見落としてはならない。
②歴史の蓄積	地理的条件は歴史の蓄積でもある。そのためわれわれのすべての活動は地理的条件と同時に歴史の蓄積に大きく左右される。都市や工業地帯の配置や地域内での機能の配置などは、長い歴史のなかで設定され、一度設定されたものはよほど不都合が生じない限り、そのまま存続する。道路や鉄道の交通路においても地域の歴史と地理の諸条件に支配される。制度は歴史の蓄積であり、国により都市により異なる。したがって、産業立地、交通路、制度などは経済合理性、経済利益だけで説明することは不可能である。
③個人の価値判断の差異	交通は人間の行為であり、各人の価値判断の基準は異なる。交通の研究は、交通という機能についてわれわれの知恵と意思とがどのように働かせるべきかの発見にほかならない。わが国の交通の技術や制度は外国からの輸入に依存している部分が多い。そのなかで現存するものは、われわれの知恵と意思とを働かせ、合理性の展開により形成されてきたものである。しかしながら、人間の合理性の判断基準は多様である。

出所：角本（1984）、pp. 23-24 より作成。

依存し、停留所やその他の関連施設は建築技術を必要とする。動力についても機械工業、電気工業などの発達の結果である。

　このように交通技術は、他の産業技術の発達に大きく依存し、さらに輸送具ごとの規制を通して、常に与えられた自然的、歴史的、社会的制約のもとで成り立っているのである。しかし、それらが成立するためには、実験が不可能な法学や地理学との合成が必要となる。あらかじめ通路や輸送具の規格を制度として定めておかなければならないからである。もちろん交通に関するのはこれらだけではない。歴史学、政治学、物理学、情報科学などとの合成が必要とされる。問題は方法論が異なる分野の合成がどのような意味にお

いて可能かである。今後の交通研究の課題である。

　現実の交通問題の究明には、種々の角度からの探求が必要であり、単独の学問では満足した解答が得られない。他方、高密度に大量の人口が住むわが国では、もはや自動車台数の増加に道路が資金の面でも空間の面でも対応できないことが強調されている。これらの二つの例から明らかなように、交通研究は多面的になり、しかし解決できる範囲が縮小しているという矛盾に直面する。ここでまず、交通研究の目的と能力自体を考えてみる必要があり、そのためにはその知識の前提、方法、可能な範囲などを理解しなければならない。そうでなければ理論追究の多くが不毛に帰す。

　ちなみに、次章で述べるように交通は「空間的・時間的へだたり」と定義されている。このうち空間を表すのは地理学、時間を表すのは歴史学でありこの両者の知識は交通研究において不可欠である。しかし地理学・歴史学は高等学校の授業では選択科目になっていることから、この両方ともに接しないで卒業する人もいると思われる。これは交通だけの問題ではないが、交通を研究する者にとって、きわめて危惧されることである。

3　物的流通（物流）の研究

3-1　物流をめぐる定義

　わが国で使用されている「物的流通」あるいは「物流」という言葉は、アメリカの physical distribution（PD）から生まれたものである。この physical distribution という言葉がアメリカではじめて使用されたのは、1922年クラーク（F. E. Clark）が著した *Principles of Marketing*（マクミラン社）においてである。しかし、ここで使用されている用語の意味は、現在使用されているものとは相当異なっており、未成熟のまま使用されていたといわれている。

　当初の physical distribution という言葉は、上記の題名からもわかるようにマーケティングの一部として使用されていたが、1963年アメリカの物流経営全国会議（The National Council of Physical Distribution Management：NCPDM）は、「物流とは生産ラインの終点から消費者ま

で、製品を効率的に移動することであって、場合によっては原材料の供給先から生産ラインの始点への移動に関する広範な活動として、製造業や商業において使用される用語で、その活動は、貨物輸送、保管、荷役、包装、在庫管理、工場や倉庫の位置選定、注文処理、市場予測および顧客サービスが包含される」と定義している[3]。このように当初は主に販売に関して売り手から買い手に届けるまでの製品の流れの範囲を対象にしていたが、次第にその範囲は原材料などの調達も含めて使用されるようになった。

1960年代末になると、アメリカで「ロジスティクス」という用語が使用されはじめ、70年代に日本に導入され、「物流」と訳され使用されている。ロジスティクスの定義については、マギー（J. F. Magee）によって「原料の調達から、完成品の最終需要者に配送するまでの総体的物資の流れを管理する技術である」と示されている[4]。

この定義によって、ロジスティクスの意味は、原材料の調達から製品の配達までの物資の流れの全体が包含されることとなった。もともとロジスティクスとは、軍事用語で「兵站業務」と訳され、軍事作戦を遂行するために必要な軍隊の輸送、野営の宿舎の割り当て、倉庫の出納、食料・武器・被服の配給・補給に関する機能をいう。ロジスティクスという言葉は、本来軍事用語であるため、これとの混用を避けるため「ビジネス・ロジスティクス」と呼ばれるようになった。

一方、わが国において物流の概念がはじめて導入されたのは、1956年に日本生産性本部がアメリカに派遣した「流通技術専門視察団」によってである。その当時の物流上の主な課題が技術的側面であったことから、「流通技術」として取り扱われており、その報告書では「流通技術は physical distribution あるいはマーケティングにおける財貨の物理的移転活動に伴うすべての技術を指す」と述べている。しかし、物流というという言葉が広く一般に認識されるのは、その後ほぼ10年を経過してからである。

すなわち、1964年4月16日当時の㈱日通総合研究所所長であった金谷璋氏が日通東京荷主会総会で「物的流通の新しい傾向」と題し講演を行ってい

---

[3] Bowersox, Smykay, & La Londe (1968) p. 4。
[4] マギー著、中西・中村訳（1976）p. 2。

る。この講演内容は㈱日通総合研究所の機関誌『輸送展望』の同年6月号に同じタイトルで再録されており、おそらくこれがわが国における「物的流通」という用語の最初の一般的な使用であり、活字で印刷されたものであろう。

　政府がはじめて「物的流通」という言葉を正式に採用したのは、1965年（昭和40年）「中期経済計画」であったが、ここではまだ明確な定義や範囲は示されていなかった。同年5月、これに引き続き行政管理庁の統計審議会流通統計部会から「物資流通消費に関する統計の整備について」が答申され、ここで「物的流通とは、物理的な"ものの流れ"に関する経済活動のことである。その範囲は運輸・通信を指す。また"ものの流れ"という場合の"もの"とは有形、無形を問わず、一切の経済財を指すものとし、ここでは有形の諸物資と情報を考えることにする」と定義している。

　また、産業構造審議会流通部会は、1966年10月「物的流通の改善について」の報告において、「物的流通とは、有形、無形の物財の供給者から需要者に至る実物的（physical）な流れであって、具体的には包装、荷役、輸送、保管および通信を指す」と定義している。いずれにしても物流の定義については、物流という言葉の歴史が比較的浅く、かつ関連する分野が広範囲であるため、明確には確立されておらず、数多くの見解が並立されている。とくに無形財である情報の位置づけについては曖昧である。今日では有形財の移動を主要機能とし、無形財の情報はそれを補う補助機能と分類するのが一般的となった。

　1965年（昭和40年）の『運輸白書』では、こうした物流に対する認識の高まりを反映して、「近代化の過程にある物的流通」という副題が付けられている。さらに、運輸省（現国土交通省）は68年（昭和43年）に「運輸経済懇談会」を設け、そこで都市交通と並んで物的流通問題の具体的な問題を取り上げている。こうした動きがきっかけとなり、通産省（現経済産業省）、農林省（現農林水産省）においても物流問題が取り上げられるようになった。

　なお、1970年代に入りこの分野に対する社会的認識が高まるとともに「物流」という言葉が「物的流通」という正式な用語に代わって一般的に使用されるようになった。そして、83年の日本物流学会において「物流」という言葉が正式な用語として決定された。

1990年代後半になると、アメリカにおいて新たな業態としてサードパーティ・ロジスティクス（3PL：third party logistics）が入ってきた[5]。

ちなみに、アメリカでは「サードパーティ・ロジスティクス・プロバイダーとは、契約を取り交わし対価を得て、荷主企業のロジスティクスのすべて、あるいは一部を行う企業である。これらのサービスの形態は、運行に関するもの、管理に関するもの、両者に関するものの三つに分類できる。いずれの形態のものでも従来のコモンキャリア、コントラストキャリア以上のサービスが含まれていなければならない」と定義されている（"Third Party Logistics," *Logistics Management*, July 1997, p. 53）。

わが国では1996年（平成8年）度に運輸省が『物流コスト低減方策の策定調査報告書』において次のように定義している。「サードパーティ・ロジスティクスとは、総合物流施策大綱（平成9年4月4日閣議決定）では「荷主に対して物流改革を提案し、包括して物流業務を受託する業務」と位置付けている。すなわち、荷主は商品の売筋動向や生産計画などの企業戦略の中核に当たる分野を含め、サードパーティ・ロジスティクス事業者とその情報と効率化への取組みを共有することになる。このため、サードパーティ・ロジスティック事業者として成立するには、高度な情報機能を有していることが前提となっている」（同書、p. 41）。

しかし、物流改革の提案は、3PLという業態が発生する以前から、物流事業者の主要業務として実施されていたことであり、また、包括する範囲がどこまで含まれるのかといったことが明確にされていないことなどから、その概念はきわめて曖昧なものとなっている。そのため、3PLと称する物流事業者の多くは、倉庫業務の請負にとどまっている。本家のアメリカにおいても本来の意味での3PL事業者はいまだに存在していないといわれている。

さらに、サードパーティ・ロジスティクス導入の必要性の背景として、「物流コスト低減は、産業界のみならず国民的課題となっている。しかしな

---

[5] アメリカにおいて1970年代後半からはじまった運輸行政の規制緩和政策により、航空輸送や複合輸送が飛躍的に伸びた。1980年代にはトラック輸送の参入・運賃が自由化され、各輸送機関において市場原理が導入された。これによって荷主企業、物流事業者のサービス改善が可能になった。これに加え、アメリカ経済は1990年代に入り好調に推移し、荷主企業の規模拡大のためロジスティクス部門の改善や物流コストの低減が大きな課題となった。

がら、輸送分野のみの物流コスト低減には自ずと限界があるとみられていることから、近年物流コスト低減方策として、調達から販売に至る企業活動全体のなかで捉える考え方が出てきている」と述べている（同書、p. 30）。これでみるように規制当局は、さらなる輸送分野のコスト低減は既に限界にあることを認めており、運賃の基本となっている「適正」な原価、利潤を確保する能力をすでに喪失していることを裏付けたものといえよう。

3-2　物流の観念

　物流は大別して、国民経済的観点から広義に捉えたものと個別企業的観点から狭義に捉えたものとに分けられる。国民経済的立場でみると、個別企業の物流システムを推進させるためのインフラ整備や環境保全のための輸送具の規制など政策を含めた総合的なものとなる。これに対して狭義の立場でみると、企業の生産物あるいは農産物など、商品として限定される空間的・時間的移動のみが対象となる。大部分は狭義の意味で使用されている。

　すなわち、物流、ビジネス・ロジスティクス、3PLは、いずれも運輸産業側から生まれた言葉でなく個別企業の側から生まれたものである。しかし、物流が個別企業から生まれたものといっても、すべての企業に「物流」の観念が当てはまるわけではない。物流の機能として輸送、配送、保管、荷役、在庫管理、流通加工の諸活動があり[6]、これらを一括管理し、あるいは一部変更をなしうることのできる場合に物流が成り立つといえるのである。

6　物流活動を構成する基本的機能は、輸送、保管、荷役、包装の四つの機能のほか、これらを結合するものとして、情報機能がある。1965年（昭和40年）に行政管理庁統計審議会が定義した物流活動は、物資流通活動と情報流通活動に分かれ、物資流通活動には、前記四つの機能に加え、輸送基礎施設提供活動と流通加工活動が含まれる。

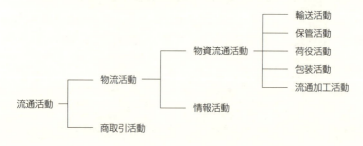

しかし、こうした機能を発揮できる企業は大規模事業者に限られ、中小規模の事業者のそれは単なる輸送や保管を行っている場合が多い。すべての企業において輸送や保管を行うけれども、それだけでそこに物流があるとはいわない。物流とはロジスティクスという意味で、発荷主あるいは着荷主の立場での発想である。

輸送サービスを販売する運輸企業は、いかに大規模であっても、みずから取り扱っている製品について物流管理を行っているわけではない。荷主企業の物流管理を一括して代行する場合は物流業という観念を用いてもおかしくない。そうした意味で3PL事業者が本来の観念での業務を遂行しているならば物流業といえる。

運輸企業においてフォワーダーとオペレーターがあるとすれば、前者は物流事業者、後者は単なる輸送事業者となる。荷主企業の物流のうち、輸送や保管だけを切り離して代行する場合は物流業とはいえず、それは単に輸送業であり倉庫業なのである。ところが、物流活動には輸送が含まれ、輸送産業を利用するので、輸送産業自体を「物流産業」と呼ぶようになった。もちろん、荷主企業の物流の一部を請け負っているとみれば、たしかに物流業、物流産業といっても日本語として、誤りでないかもしれないが、その事業内容は違うといえるだろう。

また、東日本大震災によって物流という言葉が一般に認知されるようになった。そこで取り上げられた物流の観念について、本来の物流の意味とマスコミや一般の人々の認識とにズレが生じている。本来の意味でいえば、物流を行っていたのは、輸送や保管業務を管理していた国や地方公共団体であり、運輸企業ではない。運輸企業はそれらの指示に従い、物流の要素の一部である輸送と保管という業務を提供したに過ぎないのである。

おそらく、マスコミや一般の人々のほとんどは、運輸企業が提供した輸送や保管業務を物流と理解し、それらを管理していた国や地方公共団体が物流を行ったとは思っていない。物流と運輸業務とを完全に同義に理解している。行政サイドや研究者たちの大半は、物流という言葉がマスコミに頻繁に登場し、一般に知れわたったことを歓迎した。一方で、こうした誤解の上に成り立つ状況を行政当局、研究者、交通に関わる学会はどのように考え、ど

のように対処するのか、今後の大きな課題であろう。

3-3　物流研究の萌芽

　わが国の物流の研究は、海外とくにアメリカの輸送技術の刺激によりもたらされた。第二次大戦後の経済復興には鉄道も道路も港湾も能力不足であり、需要増大に合わせて早急に増強しなければならなかった。輸送供給力増強が求められるなか、当時は、アメリカの水準まで日本の水準をいかに引き上げるかが大きな課題であった。しかし、実際に海外に行ける人数はきわめて限られており、外国文献の入手すら容易ではなかった。このような状況のなかで、上述の「流通技術専門使節団」が1956年にアメリカを訪れたことは、いかにその認識が高かったかを物語っている。しかし、62年にアメリカの経済学者であったドラッカーが流通分野を「経済の暗黒大陸（dark continent of economy）」と指摘するほど、アメリカでも56年の段階での物流は発展途上であったといえよう[7]。

　それでも当時のアメリカは、わが国とは比較にならないほど自動車が普及しており、貨物輸送ではわが国にはまだ存在しなかった40フィートコンテナを用いてのトレーラ輸送が主流となっていた。大型トレーラを鉄道貨車に載せる「ピギーバック方式」が1954年にはじまっていた。また、大型の輸送具の移動を可能にした道路や港湾などのインフラの規模の違いなどを目のあたりにした使節団が、日米の技術の格差にいかに刺激を受けたか想像できよう。これを契機に、物流の研究は欧米からの情報の入手に力を入れるようになり、そして物流の知識は豊富になった。

　しかし、それらの知識のうち、とくに輸送技術に関して、わが国の風土のなかで採用できたのはほんの一部であり、その代わり1960年代後半にはカーフェリーが発達し、ユニット・ロード・システムや協同一貫輸送が推進できた。70年代になると、ジャスト・イン・タイム方式の輸送や時間指定の

---

[7] アメリカの経済学者であるドラッカーが1962年4月号の『フォーチュン』誌に掲載した論文で「流通はアメリカビジネスのなかで最もおろそかにされながら、将来最も望みの多い分野であり、しかもナポレオンと同時代の人々がアメリカ大陸の問題について知っていたのと同程度にしか、今の流通の問題を知っていない」と指摘したことから経済の暗黒大陸といわれるようになった。

宅配便、運行管理でのGPSの利用などが定着し、いずれも「師」であった欧米を凌ぐほどの高度なシステムを構築した。

　広大な国土があり物流のための輸送能力が十分確保できる欧米では、大規模な荷主企業は、それぞれがみずからの構想で物流体系を構築することができた。しかし、日本では国土を有効に利用するために国や地方自治体の関与が必要とされた。とくに、輸送インフラの能力不足解消はこれら行政の直接の責任とされている。欧米では物流といえば企業の責任体制であるのに対し、日本では国民経済的立場として、政府の物流への参加は当然とされてきた。

　すなわち、外来技術の単なる受容や模倣だけは近代化は不可能であった。そこには政府や民間企業の変革への勇気や創意工夫が必要とされたのである。

3-4　物流問題の捉え方

　物流政策を考える場合、物流という意味をロジスティクスに限定して、それぞれの役割分担を明確にして見直すことが重要である。もう少し平たくいえば発荷主あるいは着荷主の立場での貨物輸送、運輸企業の立場での貨物輸送と分けて捉えるべきであるということである。

　たとえば同じ物流システム化といっても、荷主企業の目指すものはロジスティクス、3PLいずれにおいても基本はマネージメントの一環であり、運輸企業のそれは運輸管理が基本になっている。また、物流の効率化といっても、荷主企業の目指すものは輸送コストの削減であり、運輸企業のそれは利益確保である。同じ言葉でも荷主企業と運輸企業とでは目的が異なるのである。しかもこの両者の間にはトレード・オフの関係が存在するため、問題が生じたとき単独の対策では解決が困難な場合が多い。

　今日、総合物流施策大綱などにおいて、物流問題として地球温暖化などの環境問題が重要課題として取り上げられている。しかし、これらの原因の多くは、荷主企業側の要請に運輸企業側が応えた結果生じた問題である。環境対策のために低公害車を導入せよといっても、それには荷主企業や自動車生産者の協力が求められる。運輸企業への要請だけでは実現しない。物流車両

の混雑緩和問題も同様である。物流が輸送、保管、荷役、情報などの諸活動を総合するものである限り、その政策は総合過程に対する援助および規制を必要とするし、輸送、保管などの諸活動には物流とは個別の視点での援助、規制政策が必要となる。

　物流の定義に戻ると、物流とは荷主側からみた概念であり、輸送はその機能の一部に過ぎないということである。とするならば、物流に対する改善を求めるならば、その主体はあくまでも荷主側であることを理解すべきである。輸送や保管にはそれ自体としての改善が望まれるのである。輸送が物流の機能の一部を担う場合、輸送の改善が物流の改善をもたらすこともある。しかし、それはあくまでも輸送の改善なのである。また、輸送活動のすべてが物流活動とはいえないし、輸送活動を物流に含まれる一部門とみるのは、輸送全体の問題を曖昧にさせる。

　さらに、物流を個別企業と国民経済の観点でみると、この両者の概念規定における合理化方向は必ずしも明確ではなく曖昧である。その大きな要因は、両者の間にトレード・オフの関係が存在することである。すなわち、個々の企業にとって望ましい物流システムであっても、それが国民経済的には合理的で望ましいシステムとは必ずしもならない。環境問題や省物流などはまさにそうであり、常にこの両者の間での調整が必要となる。

　しかし、こうした問題を抱えながらも、そのほとんどは個別企業の努力により、行き着くところまで到着した状況といえる。もはや物流に対する政策で国が行うべきものは、せいぜいインフラ整備と標準化くらいである。政府の介入が過剰となり、個別企業の自主性や競争原理に支障をきたせば、国民経済が大きな損失を被ることになる。

　今日の物流の課題として、災害時の緊急輸送やエネルギーの危機管理などが注目されている。しかし、こうした問題は常時発生することではないので、物流としてではなく国家的立場で個別に取り上げるべきものである。

　これまで多くの物流政策が展開されてきたが、そのなかで効果が発揮されず、時代の流れに埋没した例も少なくはない。このことは物流と貨物輸送の認識が混乱していることと決して無縁ではない。両者の認識が混乱していれば、それらに対する政策の論点や対応策も曖昧となり、問題の本質を見失う

からである。

4　交通における類似語

　交通が発達するとともに、物流、輸送、運輸、流通など各種の類似語が多く出現し、経済ないし交通に係る研究分野において様々な意味で用いられるようになった。こうした背景のもとこれらの異同を理解することは、取りも直さず交通の経済的意味を明らかにすることになると思われるので、若干そのことに触れておきたい。

　「交通」という言葉は、そもそも移動自体に着目しており、自動車交通、鉄道交通、船舶交通などのように移動手段の側から問題をみる場合に使う。一方、「物流」という言葉は、「物的流通」の略語であり、有形財の供給者から需要者に至る空間的・時間的へだたりを克服する物理的な経済活動として定義されている。すなわち、物流は移動を行う主体（荷主企業）の経済活動に着目したものであり、運送事業者の運送行為を指すものではない。物流は総合的概念であり、運送事業者が提供するサービスは、それを支える重要な一要素として位置づけられる。その意味では物流事業者と運送事業者とは違うのである。

　これに類似するものとして、「輸送」という言葉がある。これはトラック輸送、鉄道輸送というように機能的に問題領域をみるときに使用される。

　さらに、物流に係るものとして、「運輸」という言葉がある。これは官庁の行政用語として、運輸問題などとして使用される傾向が強い。したがって、運輸行政という場合は、道路行政は含まれない。これらのほかに「運送」、「配送」という言葉がある。前者は主に法律用語として道路運送法、海上運送法などとして用いられる。後者は都市内や地域内における輸送拠点からの需要者向けの貨物輸送のことを指している。

　このように、本来、物流、運輸、輸送という意味はそれぞれ異なるにもかかわらず、並列的に使用される場合があるのである。

　次に「流通」（distribution）という言葉がある。流通は「経済活動において生産と消費の間の場所的・時間的・人的へだたりを有機的に結び合わせ

る機能である」と定義されている。言い換えるならば、流通という言葉は、荷主企業が主体的に行う経済活動として、商取引活動と物的流通活動を一体的に捉えたものである。食品流通、農産物流通のように生産物の側から問題をみる場合に用いられる。人間の移動は、通常対象となっていない。人は一般の財と同じように生産ないし消費されるものではなく、また移動により効用を高めるものでないからである。ただし、情報の担い手として、人間の移動を対象とする場合がある。

　この意味での流通に対応する英語として distribution の文字が充てられているが、われわれを悩ませるのは、経済学の世界では流通のほか「分配」の意味を有し、反対に日本語の流通は英語の distribution のほか circulation の意味に使用される。マルクス経済学の用語では、circulation を商品の「流通」と訳している（林、1968、p. 183）。

　以上のように、これらの意味は、場所的移動の行為という点では同じであるが、われわれが交通を論じる場合、それぞれの着目点が異なることに注意しなければならない。

第2章 交通の特性

　交通（transportation, transport）とは、通説では「人または物の場所の移動あるいは空間的・時間的へだたりの克服の行為」といわれている。

　個人にとって場所的移動の自由は、人間が生きていく上でも基本的条件であり、その範囲において社会が形成される。交通がなければ、人々は生きていくために必要な食料や燃料も入手できない。人との交流もきわめて限定された範囲にとどまる。したがって、経済と社会などの発展には、交通は不可欠の存在となっている。逆の言い方をすれば、交通と経済および社会とが相互に影響しあいながら成長し、その過程での異文化との接触により、それぞれの文化をも豊かにしてきた。

　交通は、人であれ物であれ、経済発展のみならず国家の存続、国民生活の向上などのすべての面で不可欠な存在となっている。交通が進歩するというのは、単に移動が便利になるというだけではない。その交通を支柱としている社会の構造そのものが改変されることになるのである。交通が公共性が高いといわれるのはこのためである。

1　交通の目的と移動構造

1-1　交通の目的

　交通は、通常目的があって行われるが、その目的も経済と交通の発展とともに変化し多様化する。いまや交通の目的も通勤、通学、レジャー、物資の移動といった身近なものから、領土の支配力の拡大、宗教の流布など広域化したものまで多岐にわたっている。

ところで、交通が飛躍的発展を遂げる最初の転換期は、18世紀後半から19世紀にかけて起こったイギリスの産業革命である。それ以前の移動の主な目的は耕作であり、移動手段は馬車や牛車であった。石炭などの大量物資輸送は運河を利用した舟運が大きな役割を果たし、運河が盛んに建設された（当時の石炭船は運河の両堤を馬にひかれて航行した）。いずれにしても移動範囲は限られており、この狭い範囲で地域社会が形成された。

産業革命は、生産技術の発展とともに交通機関としての蒸気機関車と汽船の実用化という、いわゆる「交通革命」をもたらした。蒸気の普及は移動距離を著しく伸ばし、それまで不可能と思われた労働の専門化（分業化）や市場の広域化が展開され、他地域との交易も盛んに行われるようになった。

また、その後の鉄道の発達や自動車の出現により、欧米では臨海部のみならず、そこから遠く離れた内陸部の広大な地域開発が可能となった。石炭や鉄鉱石などの原材料や水力電気の需要を確保するため、イギリスのミッドランド、ドイツのルール、アメリカのミッドウェストのように巨大な都市化した工業地帯が形成された（わが国では原材料や燃料の大半が海外依存のため、臨海部に工業地帯が形成された）。

こうした都市化による富の集中は、一方で農村地域から都市部への人の移動を促進させた。19世紀にはすでに都市における混雑や大気汚染などの環境問題、人口移動による過疎過密問題などが意識されるようになっていた。現在抱えている交通に係る多くの問題は、程度の差はあれ、産業革命と交通革命以降まもなく発生していたのである。しかし、こうした問題の対策について、今日まで様々な方面で検討されてきたけれども、深刻さを増す一方でいまだに有効な解決策はみつからない。

時代は前後するが、15世紀末からのポルトガル、スペインは、インド洋、大西洋に乗り出し大航海時代を現出するが、これには猛烈な領土拡大意欲とキリスト教を広めようとする宗教的な熱意があった。また、17世紀から20世紀にかけてのイギリスは、オランダ、フランスを破り、広大な海外市場を獲得した。これらを可能にしたのがいずれも強力な海運力であり、大量の人・物の移動ができたためである。

このように交通は様々な目的のために活動するが、その目的の出発点とし

て、人間の欲望がある。欲望は一つのものが満足されれば、さらに別のものへと拡大する性質を有している。当初の目的は耕作物の確保であったが、移動範囲が広域化すると、欲望は新たな市場の獲得と支配力の強化へと拡大する。しかしながら、こうした欲望の行動は、空間に限界がある限り、いずれ他人との対立を生じさせ、規模が大きくなれば国際紛争にまで発展する。

　空間をめぐる紛争は、皮肉にも交通の発展にも大きな影響を与えた。産業革命以降、食糧や消耗品、兵員などの移動の手段は、軍馬から鉄道、自動車に代わった。さらに、通信技術が向上し、従来と比べものにならないほどの大量の移動が可能となり、近代の兵站の技術的基盤が確立された。この技術は今日の「ビジネス・ロジスティクス」の基礎となっている。第二次世界大戦では、鉄道や自動車だけでなく船舶や飛行機を計画的に活用し、兵站を管理するための方法として、「オペレーションズ・リサーチ[1]」といった応用数学が開発された。

　また、コンテナ輸送は、輸送の効率性や安全性を目的に1950年代半ばから使われていたが、広く使われるようになったのは、60年12月にはじまった「ベトナム戦争」からである。ベトナム戦争を契機にアメリカとの間でコンテナ輸送が盛んとなり、その経験が68年から開始された日本とアメリカを結ぶ国際コンテナ輸送の発展につながった。

　1970年代に入り、経済が成熟し国民生活が豊かになると、欲望は余暇（レジャー）にも向けられるようになり、その手段としても交通が重要な要素を占めるようになった。レジャーは交通機関のスピード化により行動範囲が広域化するとともに、そのタイプが多様化した。旅行においては目的地を目指す移動から、移動そのものを目的とするものまで様々な形態が出現した[2]。前者は費用とスピードが重要視されるが、後者はそれらより快適性が重要視される。さらに、レクリエーションや休暇に対する需要の増大は、観

1　オペレーションズ・リサーチ（operational research：OR）とは様々な計画に際し、数学的・統計的モデルの利用によって、最も効率的になるよう決定する科学的技法である。
2　移動を楽しむレジャーとしてクルーズ（cruise）がある。クルーズとは巡航する、漫遊するという意味で元来は海賊の船法に由来するといわれている。そこからいろいろな地域を寄りながら観光する航海もクルーズと称されるようになった。一方、わが国では日本初の陸のクルーズとして、JR九州が2013年10月15日よりクルーズトレイン「ななつ星in九州」を運行開始した。

光関連産業や地域開発、地域労働市場開発などにも大きな影響を及ぼした。

　人間の欲望は、交通と経済の発展により多様な目的を創出し、それらの実現が経済発展に貢献する。そしてそれがまた欲望の拡大へ、と循環する。

1-2　移動の構造

　交通を人と物との関係でみれば、人の欲望を満たす効用のある財は、常に人のそばにあって入手が可能とは限らない。そのため、財の効用を得るためには、人間が財の効用を求めて移動するか、人間が財を移動させるしか方法はない。この結果、前者が人、後者が物の移動となる。通信はそれらの移動を効率的に行うための情報の移動であり、人、物の移動に付随して発生する。

　移動パターンとしては、人の場合は転勤、Ｉターン（生まれ故郷以外で働くこと）、Ｊターン（生まれ故郷に近い地方都市などで働くこと）など居住地の移動を除いて、ほとんどが出発点から出発点へのラウンドトリップ（往復）である。これに対して、物の場合は大部分が経済活動において発生し、ある場所からある場所への一方通行である（表Ｉ-2-1）。そのため、通常物は経済力のある地域からそうでない地域へ移動することから、発着相互間の移動量に差異が生じやすい。後述するように運輸企業では、この対策が大きな経営課題となっている。

　このように、人、物、情報の場所的移動の欲望は、移動により価値が高まると考えられるときに生じる。その欲望を満たすため、移動をいかに速くいかに安く行うかについて努力してきたのが交通の歴史である。しかし、速さ

表Ｉ-2-1　人・物の移動構造

対　象	移動パターン	財との関係	移動目的
人	通常は往復	人が財の効用を求め移動する。	市場拡大、支配力の拡大、宗教の流布、通勤、通学、レジャー　等
物	通常は片道	人が財の効用を求め財を移動する。	大部分が経済活動
情　報	通常は往復	人が財の効用を伝達するため情報を移動する。	市場拡大、新規需要の拡大、移動の効率化、運行管理　等

と安さは、トレード・オフの関係にあり、これを解決するために制度、技術が大きく貢献した。こうして、わが国の交通体系は整備され、交通量も著しく増大した。すなわち、交通は、「時間と費用の克服」の歴史であるともいえる。

2 定義からみた交通の意味

交通を正確に把握するためには、その定義の意味を理解しておかなければならない。そこでここでは、前述した交通の定義の意味について整理することとする。

2-1 交通の対象

交通経済学における移動の対象は、何らかの物理的手段を用いた場合であり、徒歩による移動は含まれていない。また、情報の移動（通信）は、広義の意味で交通に含まれるが、通常は人、物の場所的移動と狭い範囲にとり、交通と通信を区別している。

通信は、戦前までは狭義の意味で交通学の対象となっていた。しかし、それが交通と区分されたのは、戦後の産業の発達と技術の向上により利用量が著しく増大し、通信を独立の部門として扱うのが適当であると判断されたからであろう。行政機関も1945年（昭和20年）に運輸通信省から運輸省と通信省に改組され、49年（昭和24年）には逓信省が廃止され、郵政省と電気通信省に分かれた。

しかしながら、交通は通信の発展とともに進化し、いまや交通にとって通信は不可欠な存在となっている。情報処理の技術の進歩により、座席予約システムや宅配便追跡サービスなどが普及し、その一方で客貨ともに新たな需要を誘発した。また、通信販売、無店舗販売は小口貨物を増加させたが、従来の交通に費やされた時間、費用が通信により大幅に省かれるようになった。さらに、人、物の移動の安全、効率ためのGPS[3]の利用がすっかり定着

---

3 GPS (global positioning system) とは人工衛星を利用して、自分が地球上のどこにいるのかを正確に割り出すシステムである。アメリカ軍の軍事技術の一つで人工衛星の発信する電波

したが、これらは情報処理技術の向上によって可能になった。今日では一般的になっている「商物分離」も情報の即時的な処理が前提となっている。

このように通信の進歩が交通に与えた影響は非常に大きく、今後このような傾向はますます強まることは想像に難くない。また、後に述べるように通信は、交通空間の限界を緩和する数少ない手段とも考えられている。

こうした状況を踏まえれば、交通論において従来どおり通信を独立した分野として扱うのか、狭義の研究対象に含めるのか、改めて検討する価値はあるのではないか。「物流」、「流通」の定義には、情報が含まれており、いずれも重要な研究課題の対象となっている。

2-2　時間と費用の克服

われわれが速度向上を求めるのは、「時間」の短縮が「空間」の拡大をもたらすからである。しかし、時間短縮の技術は費用を要する。人の場合、交通の移動に要する時間と費用の消費は、もし他の目的に充当しようと思えばできたであろう時間と費用を犠牲にすることを意味する。いわゆる機会費用の損失である。物の場合、発送人と受取人がその物の移動による効用の発生を待たねばならず、一部では速達性が望まれる。このため、人、物の移動には、最短の時間でかつ最小の費用が期待される。これが交通の原点である。

しかし、人間の欲望が多様化すれば、時間と費用との対立関係は複雑になり、技術開発による対応も次第に困難になる。人の移動にはスピードや料金より快適性を求められることもある。物の移動には到着日時が重要視される。時間と費用は対立関係にあるが、単に速くて安ければよいというものではない。

費用相互間においても対立が生じる。費用の内容には、①国側などの交通インフラ整備（交通空間）の費用負担能力、②移動の供給側の設備投資負担能力、③需要者側の費用負担能力（運賃負担能力）など克服すべき対象が多い。問題となるのは、それらの要件の実現が相互に矛盾し、目的が並立し競合関係にある場合である。たとえば、①と②の関係でいえば安い納税と安い

を利用して、受信機の緯度、経度、高度などを正確に割り出す。ほとんどの交通企業では運行の安全性、効率性などを向上させるために GPS を利用している。

運賃、②と③の関係でいえば相互の利益の確保において意見が対立する。

時間と費用との関係では、いくつもの目的が並立し対立する。対立が生じた場合、両者間の要件を双方ともに満足させることはきわめて困難であり、その間で妥協点を求める方法しかない。交通が「時間と費用の克服」と意識されるのはそのためである。

2-3　空間における距離の克服

交通は、人、物の空間的移動の担い手である。市場の拡大は、距離によって制約されている限り、その克服は交通能力に依存する。交通が拡大を求める「空間[4]」には次の特色がある。

① 広がりをもった連続体である。
② 物質全体に同時にその存在を与えている実在である。
③ 時間・空間と物質とは密接不可分のものである。

これらの項目が共通して存在しているのが空間である。人または物の移動の場合は、通過のための通路が必要であり、通路の設定にはその場所として「交通空間」の確保が前提となる。交通空間において上記の項目と対応させると、次のように置き換えることができる。①発着地間に広がりをもった連続体でなければならず、その途中に移動主体または輸送具の通過を妨げる物体が存在してはならない。②交通は社会関係に基づいており、空間は物質全体にその存在を与えている。そのため、通常交通空間は港や道路などのように社会共有の施設を利用する。③時間の短縮は空間の拡大をもたらし、交通以外に充当できる時間と空間を拡大させることになる。

人々がとくに交通技術において速度向上を求めるのは、有限とされる「時間」と「空間」を可能な限り拡大したいと望むからである。時間性と空間性は、一体[5]のものとして捉えるならば、「時間における距離の克服」と言い

---

[4] 空間とは物理的判断として物が存在しうる場所の全体を指す。物理学において空間とは広がりをもった連続体であり、物質全体に同時にその存在の場所を与えている実存と考えられている。時間・空間と物質とは互いに独立したものでなく、密接不可分のものであることが物理学の発展に伴い次第に明らかになってきた（小学館編、1994）。

[5] 空間について、角本（1985）は次のように述べる。
「一般には人間は空間と時間のなかに位置する、あるいはその交点にいると理解され、本書もそのように理解する。しかし根源をさかのぼれば、人間関係の人間性と空間性と時間性と

換えることもできる。すなわち、費用と距離は比例した関係にあることがわかる。しかし、空間の確保が物理的にも技術的にも困難となれば、時間や距離の克服は容易ではない。今日の交通の姿がそうである。

2-4　時間・費用・空間の関係

　交通は、しばしば経済的発展を表す指標として用いられる。それは空間の拡大が市場の拡大となるにもかかわらず、それが距離によって制約されているとすれば、その克服は交通の能力（時間と費用）に依存せざるをえないからである。交通空間を拡大するには、移動のための時間短縮と費用低減を可能にしなければならない。時間短縮と費用低減は、移動範囲を広域に放射状に拡大させる。のちに「鉄道経済学の創始者」と呼ばれたイギリスのラードナー（D. Lardner, 1793-1859）は、交通の発達により、速度が上昇し費用が下がると、その変化に二乗する割合で移動範囲が拡大することを証明した。

　さらに、交通手段の選択においても時間、費用、空間の関係が複雑に影響しあう。個々の交通の利用者は、時間・費用・空間の最適組み合わせによる移動を求める。移動の目的が決まれば、時間と費用の組み合わせが選ばれ、時間と費用が決まれば、目的地が選ばれる。しかし、時間においては、速達性よりも正確性が重視される場合があり、費用においては、低廉性よりも快適性が望まれることもある。また、交通空間が拡大し、移動量が増えることにより、単位あたり費用が低下することもあり、その逆もある。このように時間・費用・空間はそれぞれが影響し合い変動するので、これらの組み合わせは複雑に分かれ、その判断は多様となる。

　このように時間・費用・空間が複雑に絡み合う交通に対して、各交通手段の費用便益分析（詳細は「第V部10章4」参照）にしても将来の利用者の

　　があって空間と時間とが成立している。また和辻のいうように空間性と時間性を相即させ、一体のものとして理解することが大切である。」（角本、1985、p. 16）。
　さらに角本は、和辻哲郎の『倫理学　上』（岩波書店、1937）から次の説を紹介している。
　「交通や通信は確かに空間的連絡であるが、しかしこの現象において重要なのは、それらが主体の行動としての連絡を表現していることである。……「道」は歩む者を現わしつつ静止しているのであり、「信」は静止せる者を現わしつつ動いている。かく主体の動静において人間の連絡が行われるところに初めて交通・通信等の現象がある。しかるにこのような人間の動静はまさしく人間の交わりの時間的展開である。……このことは空間性と時間性との相即を予示しているとも見られるのである。」（角本、1985、pp. 15-16）。

動向の推定にしても的確な数値がつかめるはずがない。今日まで世界の国で総合的交通体系が確立された国はないといわれるのはこのためである。

2-5 空間の限界

　都市付近に広大な空間を要する交通は、技術の進歩により「空間」の拡大を可能にしてきた。しかし、20世紀になると技術開発による空間の確保も次第に限界となり、行政は交通空間確保の困難に直面した。交通空間を必要とする場所は、社会的共有施設の空間でもあり、他の利用者も多く存在することから、限界を超えれば交通用と居住、業務などの用途の空間が競合し、交通手段相互とも競合する。

　そのため、新たな交通空間を設定する場合は、競合する空間との調整が必要となるが、それには膨大な費用と期間を要することになる。地域社会全体として、交通空間の確保が必要となれば、強権により土地収用が可能であるが、行政がこの法律の適用にはきわめて慎重であることは周知のとおりである。

　さらに、これらの調整を複雑にさせるのが、交通空間の設定を必要とする地域には、利益を受ける者とそうでない者とが同時に存在することである。たとえば、交通混雑をめぐっては、被害を受ける住民と経済活動によって利益を得る人たちとの対立がある。後者は公害防止のためでも交通量抑制には賛成しない。また、新しい港湾、空港の建設は、それらを利用する企業および人々は、それらの施設の周辺の住民が被る騒音、事故の危険性に対してはほとんど関心をもとうとはしない。

　こうした複雑な対立関係にある交通空間をめぐる解決は、通常行政や政治に委ねられることになる。その場合、人々を説得するのに、しばしば「費用便益分析」が用いられる。しかし、それらがいかに高度な測定であっても、明解な解答が得られないため、計画者の主観の介入は避けられない。そのため、需要と便益は過大に評価され、費用は過小に計算される。まして関係者相互に利害が絡むとなれば、行政や政治が合理性のある判断を行うとは限らない。交通施設の建設をめぐり、汚職問題が後を絶たないことがそれを裏付けている。

第Ⅰ部　交通研究の役割

　他方、これまで技術開発は空間の拡大に貢献した。しかし、もはや技術開発によっても交通空間の確保が困難となった。とくに、道路交通はそうである。そのため、その対策として①交通空間の立体化利用（上空または地下の利用）、②利用効率の高い交通手段の利用（公共交通機関の利用促進）などの措置をとらざるをえない。

　①においては、1960年代以降各方面で研究が進められているが、そのほとんどが机上の空論で終わっている。人の輸送では、地下鉄や高架式モノレールが存在しているのみで、それ以外の新たなシステムは出現していない。郵便輸送では一時地下鉄が利用されたことはある[6]。現在、自動運転の自動車の開発が進められている。しかし、事故が生じた場合の責任の所在など困難な課題が存在する。

　物の移動については、都市の地下空間や高速道路等の上下空間を利用した専用空間を確保し、自動車交通を代替する物流システムの技術開発に関する調査・研究が進められている。しかし、それらの構想の実用化には、費用の確保（投資費用、運営費用）と経済性の両立が課題となる。

　②においては、上記でみたように時間、費用、空間が複雑に絡み合い、利用者の判断が多様となる交通に対して、一つの交通手段に誘導することはきわめて困難であることがわかる。

　空間の限界は、各国の大都市では共通したものとなっている。20世紀半ばには、大都市の東京、ニューヨーク、ロサンゼルス、ロンドン、パリなどの都市部での交通能力は空間の限界を超え、もはやこれ以上の人や物を移動させることは困難となった。東京やニューヨークの2時間の通勤、ロサンゼルスのハイウェイにおける朝夕の2時間にわたる交通渋滞、ロンドン、パリの混雑状況がそれを物語っている。

---

[6] 地下鉄の歴史は、1863年1月10日イギリスのロンドンではじまった。メトロポリタン鉄道のバディントン駅～ファリンドン駅間（約6 km）が開通した（現在のサークル線の一部）。当時のイギリスは、鉄道建設が盛んであったが、ロンドン市内は建物が密集しており、地上に鉄道建設ができなかった。
　日本における地下鉄は、1915年東京駅～東京鉄道郵便局間（約0.2 km）で郵便物専用の貨物線として開通した。旅客線は1925年に開通した宮城電気鉄道（現・JR仙石線）の仙台～東七番丁駅間（約0.4 km）が最初である。本格的な旅客用の地下鉄は、1927年に開通した東京地下鉄道（現・東京メトロ銀座線）の浅草～上野間（約2.2 km）が最初である。

ちなみに、わが国は面積が37万km²とアメリカのカリフォルニア州(42万km²)より小さい国土に、3倍以上の1億2000万人以上が住んでいる。この狭い国でGDPの世界ランク第3位を占めているのは、狭い国土できわめて密度の高い経済活動が展開されているからである。この経済活動によって、わずか2割にも満たない土地に年間で5400億人キロ以上の人間と4000億トンキロ以上の貨物が移動しあっている。

今後の交通の研究においては、空間に限界があることを認識しなければならない。とくに人口が高密度のわが国では深刻である。

3 交通の地理的・歴史的影響

各地域が採用すべき交通体系は、地域の地理と歴史の諸条件に支配される。交通は広い空間を必要とし、採用される交通手段は人口密度の高低や地域の特性により異なる。わが国は、山地と河川の多い狭い国土に大勢の人口が住むという条件のもとで交通を発達させてきた。このことは欧米諸国と異なる。制度は歴史の産物であり、国により地域により異なる。

3-1 地理的影響

交通路と交通手段はその時代の技術能力と費用負担能力のもとで開発されてきた。たとえば、古代から開設されてきた交通路は自然の抵抗が少なく、海洋では風向きや海流の抵抗が少ない航路を選び、それらを有利に使う工夫がなされてきた。

わが国は、山地が多い島国で道路は山と急流で寸断されている。そのため移動の手段として海や川などの水運が広範囲に利用されていた。8世紀に入り、全国的陸上交通が整備されたが、それでも海と川が交通の主軸であった。

明治に入り、交通手段は水運から鉄道、自動車へと発展するが、交通は広い空間を必要とするため、依然として道路整備は困難であった。戦後10年が経過した1956年にワトキンス調査団(アメリカ)がわが国を訪問した際、「日本の道路は信じがたいほど悪い。工業国にしてこれほど完全にその道路

網を無視した国はない」と酷評し、さらに「道路が悪いために輸送コストが高くつき、ひいては国際競争力を弱め、日本経済の発展を妨げている」といわしめるほど道路整備については悲惨な状況が続いていた。この調査団の訪問が、わが国の道路整備を急速に促進させるきっかけになった（表Ⅰ-2-2）。

　道路整備が遅れたもう一つの要因に民族的性質の違いがある。わが国は農耕民族であって狩猟民族のようにあまり移動する必要がなく、人や馬がどうにか通れる道があればよかったのである。これに対し、ヨーロッパでは、ローマ帝国時代から進められた馬車交通のため、16、7世紀にはすでに幅の広い道路網が張りめぐらされており、自動車の登場を容易に受け入れる素地が整っていた。アメリカでも全国に張りめぐらされた駅馬車の道路網がハイウェイ整備の素地となった。わが国と欧米とでは、もともと道路整備ができる基盤が違ったのである。

　ちなみに、わが国では馬車交通が普及しなかったが、その代わりに人間が動力となる人力車が登場した。これもわが国の地勢および風土の影響によるものである[7]。

---

[7] 竹村（2003）は、ローマの街道の敷石舗装についてを次のように述べている。
　「紀元前三世紀にローマ人によるローマ街道網の整備が行われた。ローマ街道には路盤があり、敷石舗装がされているのは知られているが、注目すべきことに「歩道の設置」と「交通規制」が制定されていた。ローマ街道は各地の都市と都市を結んだ。この街道はすばやい軍隊の移動のためだけでなく、各地の人々の交流を支えるものでもあった。そのためローマ街道のルートは、都市中心部を通過するように設定されていたことから、ローマ市内では軍隊のすばやい行動と行き交う人々との交通渋滞という問題が顕在化していたという。
　軍隊における大量の人員と物資は、牛の引く車に載せた。それらの移動はすばやく混乱なく行う必要があり、人々との接触を避けなければならない。そのため四メートルの車道の左右両側に三メートルの歩道を設置した。さらに交通規制も実施された。ローマ市内では人類最古の交通法「ユリウス交通渋滞法」と呼ばれる交通法が制定された。道路の構造、道路幅員の構成、交通規制の法律など、道路に関する原点がローマ時代に出揃った。
　その後の西欧の発展は、道路ネットワークに支えられた。2000年以上その交流の運搬を担ったのは、馬車や牛車であった。19世紀に蒸気機関が発明され、馬車や牛車から自動車へ進化した。この「車の進化」は日本では起こりえない現象であった。なぜなら日本人は、ついに馬と牛を使いこなせず、車社会の構築に失敗していた。奈良時代から平安時代にかけて、牛車が盛んに日本の歴史舞台に登場した。しかしその後、日本人は牛車を進化させるどころか、その牛車を徹底的に衰退させてしまった。ローマ軍が二頭立てや四頭立ての牛車を乗りこなし、舗装された街道を疾走していたなどとは、日本人にとって夢のような出来事であった。日本において、1000年の車文明の空白が生じてしまった。現在、先進国のなかで日本の道路事情は極端に遅れている。その遠因はここにある。
　なぜ、平安の都に盛んに登場した牛車は、姿を消し、農村で細々と農作物を運搬するだけになってしまったのか。稲作は低平地の湿地で行われたこともあり、物資輸送は舟運が中心であった。ローマ人は船運と陸運を共に発達させた。陸上運搬の必要性は日本においても間違いなく存在していた。それなのになぜ日本では馬車や牛車を衰退させてしまったのか。

表Ⅰ-2-2　一般国道における道路整備の状況

時　期	1956年	1970年	2009年
改良率	35.0%	77.7%	91.6%
舗装率	13.6%	75.1%	91.2%

出所：国土交通省『道路統計年報』。

　地理的条件は、産業立地にも影響を及ぼす。ヨーロッパでは、わが国と同様に島国であるイギリスにおいてさえ、大部分が平地で、ロンドンはテムズ川を100 km以上さかのぼった内陸地にある。また、産業革命の中心地のマンチェスターやバーミンガムは内陸の都市なのである。ドイツやフランスも平らな土地が多く、人口は海岸より内陸に多い。彼らは内陸の資源と同時に自然の水路を活かして輸送網を形成した。今日も残るルール地方工業地帯とライン川の交通はその典型である。反対に沿岸部の海運輸送は少ない。
　アメリカにおいては、天然資源の輸送経路に恵まれた五大湖の南岸に工業地帯が発展した。この地域から内陸部中心地域を通るオハイオ川が数百kmにわたり内陸平野を横断し、最後に、メキシコ湾に注ぐミシシッピ川に合流するというアクセスのしやすい地形となっている。こうした地域からの輸送には、国土面積が広いアメリカでは鉄道輸送が有利であった。欧米と比べ、島国であるわが国は、わずかな海岸地域に多くの産業と多数の人間が存在す

　　馬車や牛車は中国から入ってきた。その際、車の動力となる馬や牛を去勢する技術も一緒に入ってきた。しかし、日本人は馬や牛の去勢を徹底しなかった。日本人は馬や牛に名前を付けて、家族の一員として扱ってしまった。家族になれば当然、去勢を施すなどということはできない。
　　去勢しない馬や牛は扱い難い。それでも馬はどうにか調教によって人に馴染むが、牛は調教がきかない。牛は役に立つが、牛車によって多くの人が傷つき、物が壊された。とくに人通りの激しい都は、牛にとって刺激が多い。都会と牛車は相性が悪く、牛は少しずつ農村部へ追いやられていった。江戸時代には馬車も牛車も完全に姿を消した。
　　江戸時代における代表的な車は「大八車」であった。中世から近世の日本で、車は進化するどころではなかった。逆に、車の動力は「牛」から「人間」に退化してしまった。明治になり「人が乗る車」という概念がヨーロッパから入ってきた。そこで日本人がやったことは、世にも奇妙な「人力車」の発明であった。明治の日本人にとって車の動力は「人間」であったのだ。
　　ローマ人が四頭立ての牛を駆使し、縦横無尽に物資運搬を行えたのは動物に対する文化的背景がある。日本の歴史のなかで、人が歩く街道はあった。しかし、陸上運搬は、遂に発達しなかった。「日本人の動物に対する文化が『車の空白の1000年』を生じさせてしまった。現代われわれが悩まされている道路整備の遅れの原因は、日本人の文化性にあった。これが牛の去勢からくる道路整備遅延の仮説である。」（竹村、2003、pp. 95-110）。

るという特殊な条件のもとで交通体系が整備されたのである。このことは輸送手段選択の国際比較（第Ⅲ部第7章）に反映している。

3-2 歴史の経過と交通

　交通は歴史と地域の諸条件に適応させながら発達してきた。同時にわれわれが解決を迫られる課題も時代とともに変化してきた。そこで、ここではわが国の歴史と交通の関係をたどることとする。

(1) 旧石器時代

　旧石器時代の人々は、まだ農耕を知らず、狩りや木の実や鳥獣の採集を生業として一定の地域を移動しながら生活していた。石器の材料となる石材は、身近な場所から採集したり、場合によっては 100 km 以上の遠方から入手することもあった。また、黒曜石を伊豆諸島の神津島から海路と水路を使い関東域内に船で運んだということが証明されている。それは新石器時代初期（約 8000 年前）地中海沿岸部における海上運搬よりも早く、世界最古の例といわれている（物流博物館編、1998、p. 32）。

(2) 縄文時代・弥生時代・古墳時代

　縄文時代になると、狩りや採集に漁労が加わり、これまでの移動生活から集落をつくり定住生活がはじまった。定住生活になると、周辺の集落の人々との塩や魚貝類、あるいは石器の原料などの交易を媒介とする原始的な商業活動が行われるようになった。

　弥生時代には、農耕（稲作）がはじまり人口が増加すると集落に支配者が現れ、手工業が発達し専門家集団が形成され、そのなかで有力な支配者たちは中国や朝鮮との交流を積極的に行った。また、大陸からは、鉄器や青銅器などの多くの製品や技術が導入され、その後国内でもそれらが生産され、各地に流通するようになった。同時に交通路も広範囲に整備され、海上輸送も航海技術が進み船の大型化が進んだ。

　当時の交通路は海、川が基本であり、日本列島を横断する通路は、すでに沖縄ルート（沖縄→北九州　→　北海道）、瀬戸内海ルート（瀬戸内海→大
（日本海ルート）

阪湾→淀川→琵琶湖→北陸日本海(日本海ルート)→北海道）などが整備されていた。

　古墳時代には、支配者と支配される人々との身分の格差（貧富の格差）が生じ、各地の支配者は豪族となり大規模な古墳をつくるようになった。大和朝廷は地方豪族を支配下におき古代国家を確立した。その中心となった大和朝廷は中国や朝鮮との対外交渉を積極的に行い、それに伴い海上輸送がさらに発展した。わが国とアジア大陸との国際交通はすでにこの時代から行われていたのである。

(3) 奈良・平安時代

　奈良時代になると、この時代に導入された律令制度の影響により、人、物の移動が盛んになりはじめた。律令国家は全国を支配するため、交通制度と交通網の整備を行った。律令国家により導入された「租・庸・調」の制度の推進には、全国各地との連絡や情報収集を円滑に行うことや、役人の給料や役所の維持費となる庸（1年に10日ずつ都に上って労役に服するか、またその代わりに一定の布または米を納める）と調（繊維製品・魚など土地の特産品を納める）という税を全国から効率的に集めることが求められた。

　それまでは海上交通、河川交通が中心であったが、これらの輸送のため国家が強制的に陸上交通を基本とする交通体系として、奈良の都（平城京）を中心に七つの道（東海・東山(とうざん)・北陸・山陰・山陽・南海・西海(さいかい)）を整備した。幹線道路は幅6～12mで、30里（約16km）ごとに伝馬（駅馬）を整備（駅伝制）が敷かれた。緊急時の連絡は九州の大宰府から平城京まで4～5日で行われたという記録がある。しかし、これらの施設は、公用のためのものであり、一般の人々にとってほとんど役に立たなかった。

　さらに、荘園制度が誕生した平安時代には都や荘園への輸送のため、車を所有して輸送を請け負う運輸業者が出現した。これに伴い、輸送具（運搬具）として、人、牛（荷車）および馬（駄馬）が登場した。同時に運送を業とするものとして、都周辺において「賃車の徒(ちんしゃ)」、「傭賃の輩(ようちん)(やから)」、東国周辺において「儲馬の党(しゅうば)」、荘園への輸送において馬を動力とする「馬借(ばしゃく)」、牛を動力とする「車借(しゃしゃく)」が誕生した。

　こうして奈良の都には全国の物資が集まり、消費者としての貴族や僧侶も

大勢いたので、国家が設けた市が立ち、そこで商取引が行われた。こうしたところでは、一部で銭(和同開珎)の使用がはじまった。

しかしながら、まもなく陸上交通の不便さが表面化し、重量物を運ぶために海と川の交通が公的に認められ、9世紀には再び水運が交通体系の主軸となった。

(4) 鎌倉時代

鎌倉に幕府が開かれ、人と物の移動は京都と鎌倉の東西二大消費地に拡大した。陸上輸送は、専門の交通事業者や商人に依頼することもあったが、主流は馬と人によって行われていた。律令国家では、政府の統制下にあった「市」は、貨幣経済の発展に伴い商人の活躍によって、各地の交通の要で開催されるようになった。

他方、荘園領主は荘園からの年貢の保管・中継・積出しのために、交通に便利な港湾を選び、ここに問屋(はじめは問または問丸という)をおいていた。またその周辺には「借上」と呼ばれる金融業者や同業組合である「座」なども登場した。このような港湾は次第に発展し、やがて領主から独立して、その地方の物資の集散地の中心となった。

(5) 室町・戦国時代

室町時代になると、物資の集散地となった港には、問屋や商人、船頭、人夫などが多く住むようになり、港湾都市としての形を整えてきた。このような港湾都市は、瀬戸内海沿岸をはじめ、太平洋・日本海側の沿岸から琵琶湖や淀川の岸の各地にできた。なかでも堺、兵庫津、博多などはその代表例として知られている。とくに堺は後の日明貿易、南蛮貿易の拠点となってますます繁栄し、経済や文化の発展に大きく貢献した。さらに、鎌倉幕府の領土拡大に伴う遠隔地からの年貢や中国の宋や元から輸入される陶磁器、銭などの運搬で利用される水運は、物流や貨幣経済の発展に貢献した。

城下町も守護大名の成長に伴って生まれた。城下町には家臣に生活物資を供給するため、多くの商工業者を住まわせたので、次第に分国の政治・経済の中心となった。門前町(寺社の門前)などが発生したのもこの時代であ

商業の発展や都市の発達に伴って交通量は増大し、輸送活動も活発になった。海上では、港湾都市をつなぐ交通が盛んになり、そのための施設が充実した。また、海の行商である廻船が活躍し、津軽方面まで航路が開設されたほどである。陸上でも商人や神社のお参りなど人々の往来が盛んになり、そのため港湾や宿駅、門前には専門の旅館が発達した。

　こうした発展に伴い、陸上の馬借、海上の問屋のような専門の輸送事業者が多く誕生した。その一方で、新たに設けられた関所や特権階級の組織の市などが輸送の障害となっていた。織田信長や戦国大名の多くは、関所の撤廃や誰にでも自由にできる楽市、楽座の導入を認め、領国経済の安定化を推進した。これに伴い、京都、大坂などでは、市ばかりでなく屋内で販売する「見世棚(みせだな)」が現れ、やがて常設の店となった。大阪の商業都市のはじまりである。

　一方、海外との交易も明との勘合貿易、ポルトガル人による鉄砲伝来や織田信長と豊臣秀吉の保護による南蛮貿易の発展、その後の東南アジアへの進出などにより盛んになった。同時に造船技術も発達し750石[8]積みの大型船が造られた。江戸時代に入って鎖国が行われた後も、日本は長崎を通じて世界とのつながりをもち続けた。

(6) 江戸時代

　わが国において、道路運送事業が全国的な広がりをみせたのは江戸時代からである。江戸幕府は、公用の荷物をスムーズに輸送するため、江戸を中心に交通網の整備（五街道：東海道、日光街道、奥州街道、中山道、甲州街道）を行うとともに律令国家の制度に似た制度を確立した。この制度は、宿駅・伝馬制といい街道上に設置した宿場に一定数の人馬を提供する義務を課し、一つひとつの宿場をリレー方式で輸送する継飛脚というのが誕生した（昼夜兼行で江戸から大坂まで4日で運ぶ）。これによって公用の輸送を確保した。やがてこの制度を民間も利用することが認められて飛脚業（定飛脚(じょうびきゃく)

---

[8] 1石とは約150 kgであり、当時成人の年間消費量（1食に米1合、1日3食）に該当した。ちなみに現在の年間消費量はわずか60 kgである。

第Ⅰ部　交通研究の役割

が誕生し、書状や小包程度の物品を輸送するようになった。ちなみに東海道五十三次、中山道六十九次といわれるのは、乗り継ぎの数を指している。現在もこうした輸送に関わる地名が残っている[9]。

さらに、近郊の農村から助郷(すけごう)として人馬を徴発する組織が生まれた。また、長野県の伊那、木曾地方の山村で農民が自分の馬でその生産物を都市まで運ぶ中馬(ちゅうま)が生まれ、それが専業の馬背運送業に発展するなど、様々な輸送方式が誕生した。しかし、これらの制度は、生産や流通の発達に対応した大量輸送には不向きであり、実際の輸送は海や川を利用した水上輸送が主体であった。

なお、人や物の移動に馬車が本格的に利用されだしたのは明治以降になってからである。

海運では、北前船(きたまえぶね)が松前地方（北海道）や東北地方から日本海沿岸を経て、下関から瀬戸内海を経由して大坂（明治以降現在の大阪が正式の名称となった）に至る「西廻海運」や東北地方から太平洋を経て江戸に至る「東廻海運」、江戸—大坂間の「廻船航路」などの航路が開設され、とりわけ大坂と江戸間には、大消費地江戸の発展に伴って、菱垣廻船(ひがきかいせん)、樽廻船（酒の輸送）が発展し、大量の物資の移動がみられるようになった[10]。

河川水運も全国的に発達し、河岸と呼ばれる港が栄えた。とくに関東地方では、江戸を中心とする荒川や利根川などの河川交通が発達し、高瀬船が銚子や霞ヶ浦沿岸まで往復した。

---

[9] 主要街道の宿駅に馬を常備していた場所を表す地名には、馬（駒）場のほか、馬（駒）込、馬（駒）籠、馬（駒）立などがあり、馬場を番場、万場と書く例もある。そのほか、各地の宿場町、城下町には伝馬町とか馬喰町という町も残されている。
　　伝馬とは、宿場と宿場を結んで人と荷物を継ぎ立てる馬のことを指し、そのような伝馬宿のある町、あるいは伝馬役を命じられた者や伝馬の持ち主が住む町が伝馬町である。東京都中央区には、大伝馬町、小伝馬町がある。馬喰町は博労町とも書かれ、また、馬苦労町と書く例もある。馬喰とは牛や馬を取引する商人のことで、馬喰町とは、そのような商人が居住していたことに由来する（谷口、1997、pp. 38–39）。

[10] 菱垣廻船は、江戸—大坂間において一般貨物を運んだ。その後、酒問屋が独立して新たに兵庫などの酒を主な荷物とする樽廻船での輸送を開始した。次第に両者の荷物は競合するようになったため、荷物の取り扱いを区分して競合を避けようとしたが、運賃が安く運送日数が短い樽廻船の勢力が拡大した。ちなみに、江戸—大坂間での所要日数は菱垣廻船では1ヵ月、樽廻船では最高1週間以内であったといわれる。
　　不定期船を代表する北前船では、上方への往復は普通年1回あるいは2回であった。最も頻繁に行われていた江戸—大坂間の廻船にしても、年に5、6航海であったようで、その航海日数は普通で5日、早いもので3日といわれている（富永、1953、pp. 13–40）。

陸上輸送、水上輸送ともに競争が激化すると、供給者保護あるいは利用者保護という立場で国による規制が行われたが、この時期に規制の可否、独占の可否とが議論の対象となった。競争と独占、規制と規制緩和などは、いまにはじまった政争ではない。

(7) 明治時代から戦前

明治新政府は、「文明開化」を合言葉に、これまでの制度の改革を実施した。最初に行ったのは、陸運業の再編である。従来、飛脚が行っていた郵便事業は国営、貨物輸送は民間（内国通運会社／現日本通運）、鉄道は官営という体制がつくられ、それ以降その体制が大筋となって発展した。この形態が現在まで基本的には変わっていない。

鉄道においては、1872年新橋「汐留」─横浜「桜木町」間に鉄道が開通、その翌年に同区間において貨物輸送が開始された。明治政府は鉄道を開設させたものの資金が続かず、民間資金活用の形で高崎線や東北本線を開通させ、以後官私の鉄道建設が進んだ。1906～07年、それまで官私多数に分立していた鉄道企業の国有化が実施された。新体制のもとに貨物輸送は、1914年にはじまった第一次世界大戦の影響もあり急増した。それに伴い、これまでの陸運業の担い手であった馬の輸送は鉄道貨物取扱業として、鉄道の両端の集配業務を担当することとなった。

自動車による貨物輸送がはじまったのは、1900年に人の輸送とを兼ねて自社の商品を運んだのが最初である。03年には三菱呉服店が純然たる商品輸送を行っており、これがわが国で最初のトラック輸送といわれている。第一次世界大戦および23年の関東大震災の影響もあってトラック輸送がもつ機動性が認識され、トラック輸送事業への参入が相次いだ。これに伴って、トラックを鉄道の集配の手段としながらも、他面では鉄道の競争者として扱わなければならなくなった。

自動車交通に対する全国的規制のはじまりは、1919年（大正8年）内務省令としての「自動車取締令」によってである。同法の本質はあくまでも警察命令の取締法規であるが、わが国の自動車運送事業に対して、全国的に統一された法規として最初のものである。同法は33年（昭和8年）の「自動

車交通事業法」施行まで続いた。自動車交通事業は、この法律によって公益事業として認められ、同時に事業免許制が導入された。つまりわが国に自動車による貨物輸送が登場してから 30 年以上もたって、ようやく交通政策といわれる制度が確立したのである（谷利、1990、pp. 62-77）。

水上交通においては、河川交通には蒸気船（通運丸）、海上交通には西洋式帆船や汽船が導入され、1884 年日本国郵便蒸気船会社（現日本郵船）が誕生し、明治後半には海運は大きな発展を遂げ、汽船と鉄道は共に近代的な交通の柱となった。飛行機は大正の末頃に登場するが、本格化するのは戦後のことであった。

(8) 戦時体制下の再編

わが国は、1941 年に太平洋戦争に突入し、その後は完全に戦時体制下となり、陸運、海運は国家の統制下におかれた。これによって陸上交通は、ガソリン消費規制や鉄道の集配能力の向上が図られる一方で、トラック輸送では不用不急品や 50 km 以上の輸送が禁止されるなどの制限が加えられた。これがわが国におけるいわゆる交通調整のはじまりである。同時に輸送業界の大規模な企業合同や再編が強制的に進められた。

(9) 戦後復興期（1945〜49 年）

戦後の推移については、経済と交通の関係を理解しやすくするため、時代区分ごとに両者を区分して整理することとする。

①経済の状況─戦後復興から朝鮮特需へ─

1945 年（昭和 20 年）8 月 15 日わが国はポツダム宣言を受託し、第二次世界大戦が終結した。その直後から、戦後復興の努力と民主化思想の導入が推進された。とはいえ、しばらくは戦争被害が著しく、消費物資も原材料もひどく不足していたことから、闇経済が広まりインフレが進行した。こうした状況のなかで、財閥解体、農地改革、労働組合の強化など、日本の枠組みをつくる改革が行われた。

経済政策としては、1946 年（昭和 21 年）末に傾斜生産方式が採用された。これは鉄鋼と石炭の生産に重点的に力を注ぎ、その循環拡大を通じて産

業全体の拡大を図るというものであった。こうした政策もある程度効果が示されたものの、賃金の低下などを背景とするストライキが頻発した。政府は国民に経済再建への協力を求めて経済緊急対策を発表し、それを裏付けるために47年（昭和22年）に『経済実相報告書』を提出した。これが第一回目の『経済白書』である。

インフレの是正については、1949年（昭和24年）のドッジ・ラインの実施まで待たなければならなかった。ドッジ・ライン政策により、円単一為替レート（1ドル360円に設定し、このレートは71年まで維持された）が実施され、これにより物価安定の面で顕著な効果をもたらした。しかし、インフレは収まったものの、生産が落ち込み中小企業の倒産や失業者が増加し社会不安が広まった。しかし、50年の朝鮮戦争の勃発の影響により日本経済は急激に回復へと向かった。

②交通の状況―民主化への体制整備―

交通の分野でも戦争被害からの復興が最大の課題であった。そのため、制度の整備と交通の復興が急がれた。制度改革においては、交通全般にわたり民主化的自由経済体制にふさわしい法制度が創設された。陸運行政としては、1945年（昭和20年）5月陸運行政の一元化に伴い運輸省が設置され、49年（昭和24年）6月公社企業体としての日本国有鉄道（現JR）から分離されて発足した。同時に監督行政機関としての運輸省の所掌事務や権限、運輸事業の免許、運賃・料金の認可などに関しての、運輸大臣の諮問機関である運輸審議会の設置などを定めた「運輸設置法」が公布された。その前年には解体された内務省の土木局と戦災復興院とが統合して建設省が発足している。2001年（平成13年）1月には、中央省庁再編により、運輸省と建設省および北海道開発庁、国土庁の4省庁が統合され「国土交通省」が誕生し、2008年（平成20年）には観光庁が新設された。これによって、今日の交通に係る行政機関が整備された。

法整備としては、1949年（昭和24年）12月には「通運事業法」が制定（50年〔昭和25年〕2月公布）された（同法は90年〔平成2年〕貨物運送取扱事業法により鉄道利用運送事業とされている）。47年（昭和22年）12月「道路運送法」、49年（昭和24年）「海上運送法」、52年（昭和27年）

「航空法」などがそれぞれ制定された（詳細は「第Ⅳ部第8章3」参照）。

当時の交通においては、人の輸送は復員、疎開先からの帰郷、海外からの引き揚げ輸送であった。人々は食糧難から買い出しに出かけ、唯一の交通手段であった鉄道に殺到した。さらに大戦後の人口増加が重なり、1960年代前半まで鉄道やバスの輸送が増加した。

貨物輸送は、戦時中より厳しく統制され、交通手段が必要とするエネルギー源を割り当てられ、鉄道や海運に対して優遇措置がとられた。しかし、海運は鉄道以上に戦争による被害が甚大であり、回復には時間を要したことから、しばらくは鉄道中心に輸送力増強が図られた。

トラックは、ガソリン、タイヤなどが極度に不足しており、普及する状況にはなかったが、1948年頃から燃料統制の緩和、事業活動の自由化、輸送需要の増加などを背景に次第にその地位を高めた。48年（昭和23年）には「鉄道近距離貨物のトラック転換実施要領」に基づき、東京・近畿圏を中心に概ね50 km圏内の輸送を極力トラックに移転する方針がとられた。これは直接的には、鉄道の貨車不足を救うためのものであったが、トラック輸送の需要を刺激し、トラック事業者の長距離路線進出の基盤を培養した。

(10) 高度成長期（1950〜69年）

①経済の状況—高度成長と国土開発—

朝鮮戦争終結後、反動不況が生じたが、1954年から神武景気（54年12月〜57年6月・31ヵ月）と呼ばれる未曾有の好景気が到来した。56年の経済白書には「もはや戦後ではない」と述べられた。その後短い後退期を経て、58年から岩戸景気（58年7月〜61年12月・42ヵ月）と呼ばれる大好況が訪れた。このような好景気を可能にしたのは、とくに鉄鋼、造船、石油化学などの重化学工業の著しい技術開発であった。

1960年代になると、新生活の必需品として「三種の神器」といわれるテレビ、洗濯機、冷蔵庫などの耐久消費財の増産も顕著となった。さらに、池田勇人内閣によって、「国民所得倍増計画[11]」が決定された。この計画の開

---

11 「国民所得倍増計画」は、経済中心に路線転換した池田内閣の金看板である。1960年（昭和35年）度の国民総生産の推定実績13兆円を、10年後の70年（昭和45年）度に2倍の26兆円

始と同時期に進められた貿易の自由化により、設備投資がさらに積極的に行われ、飛躍的な経済成長を遂げた。62年（昭和37年）には「第一次全国総合開発計画」が策定された。設備投資の進展は、技術革新と量産規模の拡大に向けられたほか、石油コンビナートなどの工場地帯が求められ、港湾や道路などの社会的投資の増大を喚起した。同時に中東で発見された大油田から産出された石油が日本に流れ込み、石炭から石油へのエネルギーの転換（エネルギー革命／流体革命）が急速に進められた。

エネルギー革命は、日本経済を拡大させただけでなく、人々の生活を大きく変えた。電力会社は発電燃料を石炭から石油に切り替えた。国鉄（現JR）も「動力近代化計画」で1975年頃には蒸気機関車を廃止する方針を決めた。56年には東海道線が全線電化され、60年には東北線にディーゼル特急が登場した。

さらに1958年2月、日本初の石油コンビナートが岩国で操業開始となった。その後、コンビナートは次々と建設され、今日では茨城から大分まで9地域15ヵ所あり、工業地帯が連続する太平洋ベルト地帯の中核をなしている。一方でコンビナートは、大気汚染を発生させた。59年に稼働した四日市コンビナート付近では、翌年から原油が燃やされる際に排出される亜硫酸ガスを原因とするぜんそく患者を生み、死者まで出した「四日市公害」は、大きな社会問題となった。

1963年にはわが国は、OECDに加盟し、翌年の64年にはIMF8条国となった。東京オリンピック後景気が低迷したが、その1年後には再び景気が回復した。いわゆる57ヵ月にも及ぶいざなぎ景気（65年11月〜70年7月）の到来である。この経済成長を主導したのは、鉄鋼、船舶、自動車であった。国際収支の黒字は年々拡大し、68年にはわが国のGDPはアメリカに次いで世界第2位となった。その一方で公害のみならず労働力不足、過疎・過密などの高度成長期のひずみという現象が顕在化した。

にすることを目標に、経済成長率2％と見込んだ戦後3番目の本格的な経済計画。計画の目標として国民生活の顕著な向上と完全雇用の達成であるとし、そのための課題として①道路、港湾などの社会資本の充実、②産業構造の高度化への誘導、③貿易と国際経済協力の促進、④人的能力の向上と科学技術の振興をあげた。実際は予想以上の成長を遂げ、計画開始1年目（1961年度）に早くも目標が達成された。

しかしながら、この頃から景気過熱による賃金・物価の上昇加速の抑制策として実施した金融引締めと設備投資の行き過ぎが引き起こした投資循環の影響により、1970年7月に戦後最長にわたったいざなぎ景気の終焉を迎えることとなった。

②交通の状況―輸送量の拡大と技術革新―

1950年代から60年代にかけての高度成長期は、交通においても輝かしい発展を遂げた時期である。とはいえ、50年代は人口増加に対し交通能力は著しく不足していた。旅客輸送では、鉄道能力の回復、大都市の復興とともに都市間および都市内の交通量は急増した。こうした状況を反映し鉄道とバスの利用が増加した。

1960年代は、全世界の交通体系が革新された時代であり、わが国では自家用乗用車と航空機とが台頭しはじめた。64年には日本人の海外旅行が自由になり、全世界で経済が発展したこともあり、日本人や外国人の出入国が急増した[12]。わが国において、人、物、情報のすべての面で外国との交流が増え、「国際化」時代に入った。

また、1964年の東京オリンピック開催に合わせ、首都の姿ががらりと一変するほどの交通網の整備が急速に進められた。都市型の交通施設としては、首都高速道路の整備、地下鉄や旅客用の都市型モノレールとして、全国ではじめての東京モノレールが9月に開通するなど目を見張るものがあった。

都市間においては、東海道新幹線が1964年10月1日に東京~大阪間で開通した。63年には、わが国最初の都市間高速道路として、名神高速道路の一部が開通し、65年には全線開通となった。いわゆる高速道路時代の幕開けである。69年には、東名高速道路が全線開通した。高速道路などの道路整備が進む一方で、国民所得の増加と量産効果で自動車の価格が引き下げられたこともあり、モータリゼーション（車社会）が一気に開花し、車の大衆化で「マイカー」という言葉も生まれた。今日の世界に冠たる「自動車大

12　一般国民が単なる観光旅行として自由に外国に旅行できるようになったのは、1964年4月1日以降であり、年1回に限り500ドルまでの外貨持ち出しが許可された。さらに66年1月1日以降からはそれまでの「1人1回限り」という回数制限が撤廃され、1回500ドル以内であれば自由に海外旅行ができるようになった。70年代に入り海外旅行は一般化し、72年には旅行者は100万人を突破した。

国」の基礎は60年代にできあがったのである。

　1960年代の経済成長の基幹をなしたエネルギー革命と重化学工業の発展は、貨物輸送量を急激に増大させたのみならず、輸送形態にも大きな影響を与えた。すなわち、原材料やエネルギー資源の輸入依存が高まり、これに伴って重化学産業は四大工業地帯から太平洋ベルト地帯といわれる太平洋岸の臨海工業地帯に立地が進められた。さらに、電気製品などの耐久消費財を中心とする機械工業も発展し、これに関連する産業は大都市周辺に立地が進められ、工業地帯の広域化・外延化が進展した。

　こうした経過によって、臨海部に立地された重化学工業関連の原材料や製品の輸送は、産業立地面から海運が主体となり、大都市周辺部に立地された耐久消費財関連の輸送は、輸送距離が短いことからトラックが主体となった。この結果、海運とトラックの分野が確立したのに対し、鉄道の分野が縮小した。ちなみに、鉄道貨物輸送量は、トンキロベースで1960年に海運に抜かれ、66年度にはトラックにも抜かれた。東京オリンピック景気に沸く64年に国鉄は単年度赤字を計上し、その後悪化の一途をたどり、鉄道の復権は87年のJR貨物の登場を待たなければならなかった。

　また、1960年代から70年代にかけて旅客（人キロ）、貨物輸送（トンキロ）ともGDPとほぼ同率で推移した。この間の輸送量は2.5倍となり、これに対応するため輸送能力の拡大とそれに係るインフラ整備が急速に進められた。その一方で業界再編も激しく展開された。

　輸送能力拡大のための方策として、貨物輸送では合理化、近代化、システム化が進められた。合理化の面では大量生産・大量消費を前提に大量輸送・大量保管方式が主流となって展開された。それでも増加する貨物需要量に輸送側の供給量が対応できず、このため1960年代後半から輸送機関の近代化、輸送方式のシステム化が進められた。近代化では、大型化、高速化が進み、タンカーは数十万トン（重量トン）に達し、70年には超大型機のジャンボ・ジェット機が登場した。最大500人以上を運べるジャンボ・ジェットの登場は、その後の海外ブームの牽引役にもなり、日本の国際化にも大きく貢献することとなった。

　システム化では、物資別輸送や協同一貫輸送（インターモーダルトラン

スポーテーション：intermodal transportation/co-ordinated transportation) など新しい輸送方式が普及し、1969年4月から東海道フレートライナー（東京〜大阪間）が本格的にスタートした。

　こうした近代化やシステム化が展開される一方で、それらに係るインフラ整備とそのための法整備が進められた。政府は、道路整備（1954年［昭和29年］）、港湾整備（1961年［昭和36年］）、空港整備（1967年［昭和42年］）の5ヵ年計画を策定し、その後数年ごとに改定し施設の規模拡大と充実を図った。これらの施設整備のために、それぞれに特別会計（ガソリン税、軽油引取税、とん税、通行税、着陸料）が設置され、受益者負担としての税収が特定財源として確保された。これに一般会計からの税収が加わって整備が進められた。

　道路については、1956年には特殊法人としての「日本道路公団」、59年には「首都高速道路公団」が設立（いずれも2005年10月1日に民営化）、59年（昭和34年）には「自動車ターミナル法」、66年（昭和41年）には「流通業務市街地に関する法律」などが制定され、道路網や大都市周辺地域を中心に大規模な公共物流拠点の整備が急ピッチで進められた。海運関係では67年以降、東京港、大阪港、神戸港などを中心に貿易拡大に伴うコンテナ埠頭の整備が進められた。

　業界再編については、陸上と海上において行われた。陸上では1960年頃から業界の戦国時代といわれるほどの激しい再編が行われた。その後、民営鉄道は幅広い関連産業を展開しグループとして力をつけてきた。

　海上では1964年に海運の発展と国際競争力の向上のために中核6社（日本郵船、昭和海運、山下新日本汽船、ジャパンライン、大阪商船三井船舶、川崎汽船）の系列に、当時の8割の船腹が統合され、その後も統合が進み、現在中核会社は日本郵船、商船三井、川崎汽船の3社となった。内航海運も83年から船腹の調整や企業の再編統合が進められた。

　ちなみに、1964年（昭和39年）には『運輸白書』（『国土交通白書』の前身）がはじめて発刊された。「物的流通」（物流）という言葉も本格的に使われるようになり、物流に係る研究が各方面で盛んに行われるようになった。

(11) 低成長期（1970～79 年）
①経済の状況—石油危機の到来と産業構造の変化—
　1970 年代に入ると、わが国の国際収支の黒字が累積し、アメリカの国際収支の赤字が拡大した。このため、ニクソン米大統領は 71 年 8 月 15 日、新経済政策を発表し、突如金とドルの交換停止を発表した（第 2 次ニクソン・ショック）。これは第二次世界大戦後の金・ドル本位制「ブレトン・ウッズ体制[13]」の終焉を意味した。71 年末に為替レートを 1 ドル 360 円から 308 円に引き下げた。これは戦後の固定為替レート制度のもとで運営されてきた IMF 体制の大変革であった。

　国内においては、1970 年に「人類の進歩と調和」をテーマに掲げた日本万国博覧会が大阪・千里で開催され、現在も戦後史を彩る壮大な祭典として語り継がれている。72 年（昭和 47 年）には、佐藤内閣の最大の課題であった沖縄返還を実現させた。しかし、その後まもなく 7 年 8 ヵ月にわたる連続在任期間最長の佐藤内閣が総辞職となった。

　その後を継いだ田中内閣は、「日本列島改造論[14]」構想を発表した。同構想の影響により、公共投資や民間設備投資が急増し、物価も上昇しはじめた。こうした状況のなか 1973 年 10 月に第四次中東戦争が勃発し、中東諸国は原油価格の大幅引き上げと日本に対する石油輸出の削減を決定した。いわゆる第一次オイルショック（石油ショック）である。とくに、中東からの石油に依存していた日本経済は、原油生産の削減と価格の高騰で非常事態に陥った。国民生活も直撃を受け、狂乱物価といわれるほど消費者物価が急激に高騰した。また、洗剤やトイレットペーパーなどの不足が心配され、買いだ

---

[13] 「ブレトン・ウッズ体制」とは、第二次世界大戦の連合国側が 1944 年 7 月米ニューハンプシャー州ブレトン・ウッズに集まって取り決めた戦後の国際通貨体制。為替レートの安定を図り、自由貿易を発展させた国際通貨基金（IMF）などの創設を決めるとともに、アメリカの通貨 1 ドルを基軸通貨とし、金とドルを「金 1 オンス＝ 35 ドル」の固定比率で無条件で交換することを保証した。IMF 体制、金・ドル本位制とも呼ばれ、各国通貨の為替レートは、金の裏付けがあるドルと固定された。日本円の場合、終戦直後は物資ごとに為替レートが異なっていたが、連合国軍総司令部（GHQ）の指令に基づき、1 ドル 360 円の単一為替レートが 49 年 4 月 25 日から実施された。
[14] 田中角栄が首相就任前（当時通産大臣）内政の重要課題として掲げた「日本列島改造論」。産業と人口を地方分散させ、過疎と過密を同時に解消するという構想であった。しかし、これによる列島改造ブームは、地価高騰から物価高を引き起こした。さらに 73 年 10 月の第一次石油危機での深刻なインフレと自ら想定した年率 10％成長の終焉とともに、その命脈は尽きた。

めパニックが発生した。そして74年になると経済成長が低下しはじめた。他方、産業構造の目覚ましい転換があった。従来の重化学工業を中心とする素材型産業に代わって、自動車製品、電気機械、精密機械などの加工型産業が発達した。

1978年には新東京国際空港が難産の末、千葉県成田市に開港した。東南アジア向けの輸出も急増し、79年には対米輸出を上回るようになった。この年の12月にイラン革命が起こり、石油価格が暴騰し、第二次オイルショックがはじまった。

②交通の状況—低迷する輸送需要と構造変化—

1960年代の自動車の急増、公共交通の欠損増加が深刻化するなか71年（昭和46年）運輸政策審議会[15]は「総合交通体系に関する答申」を発表した。この答申は、イコール・フッティング論を基調にトラックから鉄道や海運への移転、いわゆるモーダルシフトの必要性を主張したものである（詳細は「第Ⅳ部第9章1～4」参照）。

一方、1973年のオイルショック以降、わが国経済は安定成長期に突入した。これによって、わが国の経済成長の伸びが停滞し、貨物輸送量も減少に転じた。同時に産業構造の変化により、これまでの経済成長と貨物輸送量の伸びとの相関関係が崩れ、貨物輸送量は停滞した経済成長の伸びよりもさらに増加しなくなり、次第に両者間の乖離傾向が顕著となった。

加工型産業の発展は、輸送形態にも大きな影響を及ぼした。一般的に付加価値率が高い物資は運賃負担力が高く、輸送面では速度、正確性、頻度といった要請が強い。このため、高水準の輸送サービスの提供が求められることになる。物資の形状が従来の「重厚長大」型から「軽薄短小」型に、輸送形態は「大量輸送・大量保管」型から「必要な時に、必要なだけ、素早く」といったいわゆる「ジャスト・イン・タイム」方式に変わった。

荷主企業においては、配送センター、倉庫などの物流拠点の集約再編や、コンピューターの導入による在庫管理システムの構築、物流子会社の設立な

---

15 「運輸政策審議会」は、運輸政策、計画の策定を調査研究する国土交通大臣の諮問機関。総合的輸送体系の円滑な推進を図るため、必要な事項について国土交通大臣に建議することができる。

どを盛んに行うようになった。自社内においてもこれらの効率的運用を図るため、物流管理部門の充実が図られた。物流管理は、当初販売物流管理が主体であったが、この時期に入って販売物流にとどまらず、調達物流などの他の物流領域を含む、総合的な物流管理の徹底化が展開された。いわゆる「ロジスティクス管理」の本格的な到来である。

こうした経緯は、利用される輸送手段において、トラックと航空に有利に展開したが、それらと競合する鉄道輸送は不利な状況へと追い込まれた。貨物輸送量が伸び悩むなか、新たな需要開拓として登場したのがトラック輸送による「宅配便事業」である。宅配便事業は1974年にはじまり、その4年後の80年頃には国民生活に定着した。さらに、「引越サービス」、「トランクルームサービス」が注目されはじめ、消費者保護の観点からこれらに係る法体制が整備された。

労働力の面でみれば、GDPと貨物輸送量との乖離は、当時の労働力不足解消には有利に作用したが、ジャスト・イン・タイム方式や宅配便などの普及には不利に作用した。この時期は、この両面が混在していたが、景気低迷の影響が大きく労働力不足は解消していた。

(12) 再び高度成長期（1980～89年）
①経済の状況—円高不況そして平成景気（バブル景気）—

第二次オイルショックの影響により、1980年3月から83年2月まで景気後退期を迎えた。その後、一時円安が進み景気が回復した。アメリカでは、81年カーターに代わりレーガンが大統領に就任し、レーガノミクスといわれる積極的政策が導入された。レーガノミクスの主軸は、減税、規制緩和、インフレ率低下であり、わが国の交通に係る規制緩和への圧力が次第に強まることとなる。それでも円安ドル高傾向は収まらず、日本の経常収支黒字が拡大の一途をたどり、日米摩擦が激しくなった。わが国では、黒字べらしの対策として自動車や半導体などの輸出自主規制を実施した。

それでもアメリカは、国際収支の赤字に耐えられず、1985年9月にニューヨークのプラザホテルに先進5ヵ国の大蔵大臣と中央銀行総裁を集め、ドル売り円買いを行った。その結果、一気に円高へと向かい、わが国では輸出

企業の業績が悪化する「円高不況」が86年11月まで続いた。戦後一貫して円相場は実質的に割安な水準が続き、日本は自動車、電機などの輸出産業を育てることに成功してきた。そうした円安の時代が終わり、製造業も金融業も激変の波に巻き込まれ、新たな時代に突入した。

その後、円高による影響は輸入価格の低下により、国内の個人消費を増やし景気を押し上げた。個人消費の増大は、とくに通信・情報関連の設備投資を拡大させた。こうして景気が上昇に転じた。これが平成景気（1986年12月～91年2月・51ヵ月）のはじまりである。しかし、平成景気は円高のため、企業は国内へではなく海外直接投資を促進した。同時に金融が緩和され、土地価格や株価も上がった。すなわち、「バブル経済」への突入である。

他方、中曽根内閣によって、国営企業や特殊法人の民営化が推進され、1985年4月には日本電信電話公社（電電公社）が日本電信電話株式会社（NTT）、日本専売公社が日本たばこ産業株式会社（JT）に、87年4月日本国有鉄道がJR、87年11月半官半民の日本航空がそれぞれ民営化するという画期的な政策がとられた。その後も民営化が推進され、特殊法人帝都高速度交通営団（営団地下鉄）は、2004年4月に民営化され、東京地下鉄株式会社（東京メトロ）となった。

②交通の状況―労働力不足と環境問題―

平成景気の到来により、物流需要量も増加に転じた。人手を要するサービスが浸透した段階での物流需要量の増加は、必然的に労働力不足や道路混雑とそれを要因とする排出ガス、騒音などの環境悪化をもたらした。

労働力問題は、この時期に3K（きつい・きけん・きたない）といった言葉が登場するなどし、とりわけ3K業種の対象としてトラック運送事業や建設業が挙げられたため、従事する人を減らすことになり、労働力不足は深刻さを増した。その対策として、労働力を外国人に求めた。アメリカ、ヨーロッパ主要国の景気低迷がそれを促進させた。

環境問題は、従来の産業公害の防止というものから、地球環境保全といったようにグローバルレベルでの問題として認識が高まった。物流分野の環境問題においても各省庁で主要課題として取り上げられた。このなかで環境省（当時は環境庁）が中心となり、ディーゼル車の単体規制や自動車排出ガス

の総量規制が強化された。こうした流れを受けて、1992年（平成4年）12月「自動車排出NOx削減法」が施行され、これと併せて低公害車普及のための自動車取得税の軽減、補助制度などの助成制度が整備された（詳細は「第Ⅳ部第9章6」参照）。

さらに、交通産業において最も注目される出来事が、1949年（昭和24年）に運輸省設置法とともに公共企業体として発足した日本国有鉄道が87年（昭和62年）4月に幕を閉じ、新たにJRとして六つの旅客会社と一つの貨物会社が民営企業として誕生したことである。

他方、1970年代後半からアメリカやイギリスが導入した規制緩和化政策が次第にわが国の交通業界にも影響を及ぼしはじめた（詳細は「第Ⅳ部第8章3」参照）。

(13) 再び低成長期（1990～99年）
①経済の状況―平成大不況―

1986年末から続いた内需主導型の大型景気も91年2月になると、バブル経済の崩壊によって様相が一変し減速基調に転じた。平成大不況の到来である。一方、アメリカでは、92年からクリントンが大統領に就任し、長期の繁栄がはじまった。

平成不況の特徴は、GDPの停滞に加え、株価や土地価格の下落が大きかったことである。GDPの停滞は1994年まで続いたが、95年から情報・通信関連の設備投資に主導され、若干の回復基調となった。しかし、株価や土地価格の低下は98年まで続いたことから、依然として景気回復感は乏しかった。さらに、97年7月からアジア通貨危機[16]が発生し、これも日本経済の立ち直りを遅らせる要因ともなった。

こうした背景により、1997年度の通貨成長率は第一次オイルショック以来、はじめてマイナス成長を記録した。99年に入ると完全失業率は4月に

---

[16]「アジア通貨危機」とは、1997年7月からタイ中心ではじまったアジア各国の急激な通貨下落現象である。この通貨下落はアメリカのヘッジファンドを主とした機関投資家による通貨の空売りによって引き起こされたもので、東アジアや東南アジアの各国の経済に大きな悪影響を及ぼした。狭義にはアジア各国通貨の暴落のみを指すが、広義にはこれによって生じた金融危機（アジア金融危機）を含む経済危機である。

4.8％と、戦後統計が取られるようになってからの最高水準を示し、不況という長いトンネルを抜けきらないまま21世紀を迎えた。同時にわが国において戦後はじめて経験する15年の長期にわたるデフレ経済への突入でもあった。

　②交通の状況―規制緩和と環境保全への対応―

　貨物輸送量は、1991年度以降増加傾向から一転して減少傾向へと転じた。また、国際化の波は交通にも押し寄せ、そのなかで規制緩和と環境対策に焦点が当てられた。

　規制緩和の面では、わが国の運送料金は外国との比較で高いと判断されるようになり、その原因として日本の規制政策の存在が指摘されるようになった。こうした背景のもとわが国の規制緩和はトラック輸送から展開された。

　1990（平成2年）年には「貨物自動車運送事業法」、「貨物運送取扱事業法」が施行され、これにより事業の市場参入は免許制から許可制に（需給調整規制廃止）、運賃は認可制から届出制に改められた。その後、各輸送事業規制は同様の方向で緩和が進められ、2000年（平成12年）には港湾運送事業も九大港において需給調整規制が撤廃されたことにより、物流に関する需給調整はほとんど廃止された。旅客輸送においても、すでに国鉄は分割民営化され、航空輸送事業、タクシーについても規制緩和が行われるようになった（詳細は「第Ⅳ部第8章3」参照）。

　環境面では、地球温暖化、地域における大気汚染、循環資源の活用などが課題となった。とくに、地球温暖化問題は国際問題として取り上げられ、1992年（平成4年）6月に気候変動枠組条約が採択された（94年〔平成6年〕3月発効）。その後、97年（平成9年）12月に京都で開催された気候変動枠組条約第3回締約国会議において「京都議定書」が採択された[17]。これ

17　1997年12月の気候変動枠組条約第3回締約国会議（COP3）で採択された「京都議定書」において、わが国の二酸化炭素（CO_2）などの温室効果ガス排出量を2008年度から12年度の第一約束期間に1990年度から6％に削減することが定められた。

　　その後2009年12月のCOP15においては、削減目標／削減行動の提出、途上国への新規かつ追加的資金支援などを盛り込んだ「コペンハーゲン合意」が決定された。2010年1月末わが国はすべての主要国による公平かつ実効性のある国際枠組の構築および意欲的な合意を前提に温室効果ガスを1990年対比25％削減するという目標を提出した。

　　2011年11月～12月に開催されたCOP17では、わが国の目指す「すべての国に適用される将来の法的枠組み」に関して、可能な限り早く、遅くても2015年中に議論を終え、2020年か

らの対策として、地球温暖化の原因とされる CO_2 削減に向けてモーダルシフトの推進、環境自動車の開発・普及や大都市に対する NOx 法改正による規制強化などが実施された。

(14) 戦後最長の景気拡大期（2000年～　）
①経済の状況―実感なき最長景気―

1991年のソビエト連邦崩壊以降、運輸と通信技術の驚異的な発達と自由貿易国の拡大により、文化と経済の枠にとらわれない貿易が促進した。いわゆるグローバル化の進展である。わが国においても、グローバル化により、貿易に伴う交易所得や海外からの所得移転など海外との経済取引が拡大した。幸いにもアジアの新興国や欧米の経済が好調に推移し、日本からの輸出が増加した。これに伴い、わが国の景気は2002年2月に上向きに転じ、08年2月までの73ヵ月に及ぶ戦後最長の景気拡大期（いざなみ景気とも呼ぶ）を迎えた。

しかし、景気拡大の実相は、海外の経済に左右される海外頼みの不安定な成長であった。日本経済が景気拡大のピークから下りはじめた2007年の終わり頃から、輸出の伸びも陰りをみせはじめた。さらに、金融危機に端を発した世界不況で外需が崩れたことが原因となって、08年秋以降わが国経済は一気に収縮し景気拡大期の終焉を迎えた。

景気拡大が長期にわたったにもかかわらず、「景気が回復している実感がない」との指摘が根強かった。事実、実質経済成長率も過去の回復期（いざなぎ景気11.5％、バブル景気5.4％）を大幅に下回る2％程度であった。しかも、企業のコスト削減のため人件費の安い海外に工場が移転し、国内ではリストラや非正規労働者を多用する雇用政策も重なり、国民にとっては「実感なき景気回復」のまま終わった。人件費削減による賃金デフレと雇用の劣化は、わが国のデフレスパイラルに拍車をかけることとなった。

　ら発効および実施するとの道筋が合意され、2012年11月～12月に開催されたCOP18では、その具体的内容が明らかにされた。
　他方、京都議定書の第二約束期間については、2013～20年の8年間に決定したが、わが国はこの約束期間には参加しない方針を表明し、自主的な削減努力を実施することにしている。2013年11月に開催されたCOP19では京都議定書の目標を達成する見込みであること、2020年の自主的削減目標を2005年対比3.8％減とすることを表明した。

経済のグローバル化の対価として、格差、環境、犯罪といった問題も顕在化した。2000年前後から格差が広がったことは数字でも表れており、実感もできたのである。格差の問題は経済の低迷の長期化により、「少数の勝者と多数の敗者」という構図が形成され、一層深刻さを増した。この構図は労働力不足であるにもかかわらず、下流社会に失業者が増えるという事態を招き、取り残された人々の存在が、犯罪を誘発するなどの大きな社会問題となる兆しが危惧されるようになった。また、資本や情報に国境がないことから、大気の保全や森林の保護なのどの環境問題は、国家間の対立的な対応だけでは処理できなくなった。

他方、バブル崩壊以降続いたデフレにより、1990年代から2000年初頭の期間は「失われた10年」と表現された。その後も経済の低迷が改善されなかったため、いざなみ景気の期間を含め「失われた20年」とも呼ばれるようになった。2012年（平成24年）12月第二次安倍政権が成立し、デフレ脱却のため金融緩和政策が導入されたが、いまだにその兆しがみえてこない。

②交通の状況―グローバル化への対応―

1985年のプラザ合意に起因する円高不況、そして経済のグローバル化は、わが国の生産拠点の海外移転を促進させた。流通経路も高付加価値の部品を日本から輸出し、アジアで完成品に組み立て、欧米や日本に輸出するという「国際分業」が定着した。円高基調によるグローバル化の進展は、アジアの発展に貢献したが、国内では競争力のない企業の衰退を加速させた。

企業は、厳しさを増す競争市場のなかで覇権をめぐり、2000年頃から企業の買収や提携（M&A）が国内にとどまらず、国際間においても盛んに行われるようになった。旅客や貨物の分野においても例外でなく、グローバル規模での市場の支配力強化を目指し、ドラスティックな再編劇が展開された。

こうした背景を受け、1997年（平成9年）に物流分野を対象に、2001年を目標としてコストを含めて国際的に遜色ない水準のサービスを目指す具体的方策を取りまとめた「総合物流施策大綱」が閣議決定された。この大綱には次の三つの目標が掲げられている。

①アジア太平洋地域で最も利便性が高く魅力的な物流サービスが提供され

るようにすること。
②このような物流サービスが、産業立地競争力の阻害要因とならない水準のコストで提供されるようにすること。
③物流に係るエネルギー問題、環境問題及び交通の安全等に対応していくこと。

これらの目標を達成するため、社会資本等の整備、規制緩和の推進および物流システムの高度化に関する三つの施策を重点的に講じることとしている。この施策の推進にあたっては、各関係省庁間の連携体制の連携のもとに行われるアクションプログラムとして、毎年フォローアップも行われている。

そして、大阪万国博覧会開幕の3日前に新機種として華々しく登場したジャンボ・ジェットは、日本の高度経済成長を支え21世紀まで世界を飛び続けたが、グローバルな競争市場の変化に対応できず、2014年3月31日に旅客便のラストフライト（那覇発羽田行き）を迎えた。わが国の国際化に貢献してきたジャンボ・ジェットの退場は、新機種の開発と国際化の波に呑まれるという戦後史の光と影を残す、まさに栄枯盛衰を象徴する出来事であった。

3-3 今日の姿

以上でみてきたように経済と交通は互いに影響しあい発展してきた。しかし、その内容と課題は時代背景により異なる。2000年代には戦後最長の景気拡大期を迎えたが、産業構造が変化し、国際分業が定着したなかでは、設備投資の多くが海外に向けられ、国内の所得向上には結びつかなくなっている（表Ⅰ-2-3）。

そのため、かつてはGDPと貨物輸送量の伸びは相関が高いといわれていたが、今日では両者の関係はますます無関係になった。そして今日の交通は以下の状況にある。
①交通の技術革新、新手段はほぼ出尽くしており、これらによる需要開拓はほとんど期待できなくなった。
②輸送能力不足は、一部大都市の通勤輸送を除き解消した。

表 I-2-3　戦後の主な景気成長期の比較

景気の名称	いざなぎ景気	平成景気 (バブル景気)	戦後最長の景気 (いざなみ景気)
期間	1965年11月～70年7月 (57ヵ月)	1986年12月～91年2月 (51ヵ月)	2002年2月～08年2月 (73ヵ月)
実質GDP成長率 (年率換算)	11.5%	5.4%	2.1%
雇用者報酬伸び率* (四半期ベース)	114.8%	31.8%	− 0.7%
消費者物価伸び率 (年率換算)	5.1%	2.0%	0.1%
失業率の変化	1.3%→1.2%	2.8%→2.1%	5.2%→3.9%
時代の特徴	交通量拡大 交通の近代化、システム化、高速化、機械化の進展	労働力不足、環境対策が国家的課題 規制緩和の推進	グローバル化に伴う企業の再編 (M&A)

注：＊雇用者報酬伸び率はニッセイ基礎研究所調べ (2002年～07年10月)。

　③経済成長率は低く、しかも成長率ほどにも旅客、貨物とも伸びなくなった。
　④グローバル化により格差、環境、犯罪など新たな課題が発生した。
　すなわち、われわれが解決を迫られる課題も時代とともに変化し、政府民間ともこの変化に対応すべく努力してきた。その努力の主体は、速度（所要時間）を変えることであった。しかし貨物において翌日配達が可能となれば、これ以上投資をしても効用は増えない段階がくる。つまり今日の交通は人であれ、物であれ20世紀末でほぼ変わりようがない水準にまできたといえる。いわゆる成熟段階にあるということである。
　一方、そうであれば、かえってさらなる技術改革への期待が高まる。しかしそうであっても経済性のないものは存続しないのである。過去の実績ではこうした事例はない。
　今世紀は新しいものが進歩する時代でなく、これまで先送りしていた課題を一つひとつ整理していく時代ではないか。われわれはこうした現状を正しく読み取る意識をもたなければならない。交通研究も新たな時代を迎えた。

第Ⅱ部

交通の公共性

第3章 交通と財

　人・物・情報が、いまある場所とは別の場所にあるときの方が効用（価値）が高いと考えられるときに移動要求（需要）が生じる。提供される効用には、有形のもの（有形財）と無形のもの（無形財）とがある。

　交通は物・財を生産しているわけではなく、生産しているのは、場所的移動という無形財である。経済学では無形財をサービス（用役）と呼ぶ[1]。有形財と無形財とは性質が異なるが、無形財のものであっても交通とそれ以外とでは違いがある。交通の財はその認識のもとで理解される必要がある。

---

1 「財」とは物質的・精神的に何らかの効用をもっているもののことである。そのうち希少性があり、お金（対価）を支払わなければ消費できない財を「経済財」と呼ぶ。市場で取引される財を商品というが、通常市場で取引される商品は経済財である。通常経済学でいう財は経済財を指す。また、経済財のうち、有形で手に触れることができるものを「有形財」、無形で手に触れることができないものを「無形財」と呼ぶ。経済学では無形財をサービス（用役）と呼ぶ。交通は無形財に属する。
　「経済財」に対して、希少性がなくお金（対価）を支払わなくても消費できる財を「自由財」と呼ぶ。空気や日光のように人々の欲望に対し、無限と思えるほど豊富に存在する財をいう。しかし、現代において経済活動の水準の高まりで、従来自由財であったものでも希少なものとなり、自由財ではなくなりつつある。

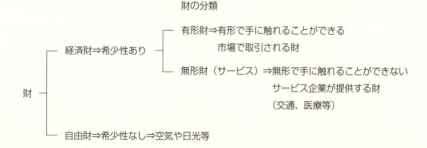

1 財の性質―即時財・即地財―

　一般の有形財は、必ず一定の形状と存続期間をもち、その生産と消費は、時間的、空間的に異なった時と場所で行われる。たとえば、一般の商品は人が採取したり加工したりすることにより、生産物として完成し売買される。その際、顧客の需要に応じて、商品を貯蔵したり移動することが可能である。

　これに対して、無形財はそれが生産されると同時に消費されなければならず、生産過程が同時に消費過程である。その性格上、財を在庫とすることはできない。また、人々が列車や飛行機が移動しているときに利用することで、はじめてサービスの消費となる。そのため、「即時財」ともいう。物流サービスも、包装や流通加工など一部の資材を使用するものを除けば、本質的には「無形財」および「即時財」としての性質を有している。

　無形財には、交通以外に医療、演奏会、ホテルなどがありその範囲は広い。しかし、交通サービスは発着地に拘束され、利用者にとっては自分の近くになければ利用しにくい。これに対して医療や演奏会などは、少し遠くてもそこに行くことができ、それらの価値はほとんど変わらない。同じ無形財であっても、医療や演奏会などは場所の移動はできても、交通サービスのほとんどはそれができない。このため、交通サービスは、「即地財」的性質をもつ。

　交通産業は、即時財であり即地財であるため、生産時間は労働時間と一致する。交通産業の生産時間は生産場所の大きさ、つまり距離と速度に依存する。有形財の生産では、一定の生産手段による一定の製品の生産時間は通常一定している。しかし交通産業は、同一の交通手段であっても、その生産物を構成する距離と速度が可変的なことから、生産時間も変化させることができる。

　また、無形財には、①無形性、②非貯蔵性、③非移転性、④不可逆性、⑤一過性などという特性がある。

　すなわち、①サービスそのものには、物理的実態がなく触ることができないことから、データが取りにくいという側面がある。有形財は文字どおり有

形であるため、ストック量として所有されるが、無形財はフロー量として消費される。交通では、通常人や物の数か量を運ばれた距離に乗じた数を単位（人キロ、トンキロ）としている。どちらかの尺度が重要でない場合や都市バスや不定期船のように計算が容易にできない場合は、人、トンなどの単位が用いられる。そのため、無形財は有形財のように統一した単位での計算が容易ではない（無形性）。

②上記と重複するが、有形財である物・財は生産されたものを別の場所、別の時間に消費することができる。メーカーが製造する商品は、生産した以上なくなることはない。売れたものは家庭に保存され、売れ残ったものは倉庫に貯蔵され、需要をみて再び売られる。それに対して、交通というサービスは、生産と消費が同じ場所と同じ時間に行われ、保存したり貯蔵したりすることはできない。保存や貯蔵ができないから、使用されないものは生産と同時に破棄され何も残らない。

たとえば、利用の少ない閑散路線では、生産した輸送サービスが使用されないまま消滅するため赤字となる。一方、利用者の多い路線では同じ車両を使用しても生産された輸送サービスがすべて売れるため黒字となる。このように原材料のコストに関係なく売り上げが増減することは、メーカーが生産する有形財ではありえない（非貯蔵性）。

③サービスを提供する時間や空間に柔軟性や可変性が高い場合は、在庫ができない点も緩和される。しかし、通常はサービスのための施設を備え、決められた時間と決められた場所でのみサービス提供が可能となる。ある路線において輸送力が余ったからといって、それを足りない路線の補充に転用することはできない。転用できるのは、せいぜい車両にとどまる（非移転性）。

④決められた時間と決められた場所でのみサービス提供が可能であるため、一つのことが失敗したらかといって、もう一度やり直すことができない。またサービスは、商品でないので交換することができない。たとえば、医療や演奏会などは一度失敗したから、やり直しがきかない。交通サービスにおいても事故が起きたら、もう一度やり直しというわけにはいかない（不可逆性）。

⑤交通輸送の提供するサービスは、生産と消費が同じ時間と同じ場所で行

われるため、使用されないものは破棄されて何も残らない。不可逆性という性格に似ているが、航空機の座席も演奏会のチケットも1日売り損ねたら、過去に戻って売ることはできない。貨物輸送では、物流事業者が施設や労働力など必要能力を準備し提供しても、これらのうち、需要にあった分だけが有効になり、利用されなかった分は費用のみを要して無効に終わることになる。このように無形財のサービスは、共通して機会損失を覚悟しなければならない（一過性）。

　以上のように、無形財と有形財とは異なった特殊性をもっている。さらに、同じ無形財であっても、交通とそれ以外とで目的の主体に違いがある。人が業務や観光などで鉄道や自動車を利用する場合、鉄道や自動車を利用するのが目的でなく、業務、観光が目的である。物流における需要は、商流の発生を基盤とし、それに従属して発生するものである。人も物も交通自体が需要をつくりだすものではない。このように他の財の需要のために必要となる場合を経済学では「派生需要」と呼ぶ。これに対して、業務、観光、商流を「本源需要」と呼ぶ。

　このため派生需要は、本源需要の影響を強く受ける。たとえば、ラッシュ時に交通が混雑するのは、通勤や通学する人がその時間帯に集中するからであり、ゴールデンウィークに交通が混雑するのは、多くの人たちが休日を利用して帰郷したり旅行したりするからである。このように本源需要の時期（季節）、時間帯の波動がそのまま交通の波動となる。また、本源需要の好不況の影響も受ける。

　上記で示した特性のなかで、他の財にも共通しているものもある。とくに、今日無形財の分野が広がってきた。これらの現象が共通して存在するのが交通の特徴といえる。

2　交通サービスの特質

　交通サービスは即時性および即地財があり、さらに派生需要のもとに展開されることになる。そのため交通サービスの経営においては、他の財の事業と異なった特殊な経営管理能力が要請される。

2-1 経営管理上の能力

(1) 需要の時間、時期の対応

交通サービスは即時性、即地財を有するとともに、派生需要であることから、波動問題(ピーク・オフピーク問題)が避けられない。有形財の商品は保管や貯蔵によって需給の時間的調整ができるけれども交通サービスにはそれができない。

交通量の波動は、交通自体がもたらしたものではない。しかし、この波動にどのように対処するかは、交通企業の経営において重要な課題となっている。供給能力を需要のピーク時に対応できるように備えると、オフピーク時には過剰となる。反対に供給能力をオフピーク時に合わせると、ピーク時には対応できない。その場合、サービス提供のための供給能力をどの基準に合わせるかという問題が生じる。

とりわけ、発着地に拘束を受け、それらが移動できない交通においては、本源需要がもたらす波動の影響が他のサービスの場合より大きい。そのなかでも事業者数の多いトラック事業者(2013年度6万3000事業者)においては、その対応が経営上大きな問題となっている。需要の波動性への対処として、そのリスクは取引当事者のいずれかが負担しなければならない。通常そのリスクは事業者側が負担しており、その手段として同業他社との協力関係に依存することとなる。

すなわち、「元請・下請制度」である。この制度はピーク時においてはきわめて有効な手段であるが、オフピーク時になると供給過剰となる。リスクの負担者が交通サービス側である限り、反復的な供給過剰は避けられず、常に過当競争感がぬぐえない。過当競争の発生は、需要に波動がある限り避けることはできない。こうした問題は交通以外でもサービスを供給する企業においては、大小の差はあれ存在している。

(2) 需給の均衡の不確実性

これも派生需要から生じる問題である。交通サービスの需要者側は、日時や移動手段をみずからのペースで選択して決めることになる。それに対して、供給者側は需要者側の要望に即して、受動的な立場でサービスを提供す

ることになる。また、需要者側が移動機関をみずから保有する場合、自家用にするか営業用を利用するかの一方的な選択により、交通需要の均衡は失われやすい。

(3) 供給調整の困難性

これは即地財から生じる問題である。交通サービスは即地財であるため、その供給費用は地域の規模により極端に異なる。地域による供給費用の大小は、交通サービス業の経営の運命を左右する大きな要因となる。

交通サービスは、即地性を有することから、需要が予想されるところに交通施設が設定されなければならない。しかし、交通施設の整備において、それを要望する公的機関や住民の裏付けの弱い過大な期待や「利用可能性[2]」を求め、供給過剰をもたらすことも多い。また、交通施設の規模は「不可分割性[3]」があるため、その能力は固定化される傾向が強く、需要の変動に対応することが難しい。交通施設の供給側は、現実の需要の変化に応じて過剰な部分の対応は行いやすいが、反対に縮小の場合には、その限度があり容易ではない。

(4) 地域的偏在への対応

地域により人口密度に差異があるのは避けられない。工場は、人口密度の低い地域において立地することにより、広い空間が容易に確保できスケールメリットを発揮することが可能である。しかし、行政や教育の機能は、通常人口密度の高い地域におかれる。人口が集中する地域に立地する施設においては、単位あたりの費用が低下し、改良投資が進み、利用者がさらに増加してよい方に循環しやすい。有利な地域に立地するサービスは、ますます発展する。反面、人口密度が低く利用者の少ない地域では、このような作用がほ

---

2 公共交通機関が提供する輸送サービスは、これを実際に消費した際に享受する便益といつか利用するかもしれないという潜在需要としての便益がある。とくに後者を交通の「利用可能性」と呼ぶ。
3 「不可分割性」とは、ある種の生産要素は最も効率的な生産規模が技術的に決まっており、その半分の規模だからといって、そのための固定費を半分にすることはできないことである。交通施設は、最初からある程度の規模を必要とすることから、需要量の少ないところでは過剰投資を生じやすい。

とんど期待できず、地域相互の格差が拡大する。

　旅客輸送や宅配便のように、全国的規模でサービスを提供しているところは、そのサービスが即地財であるため、地域による影響は避けられない。そのため、黒字地域が赤字地域に「内部補助[4]」を行う場合が多い。単一企業が対象地域を拡大する一つの理由は、この効果のためである。当然赤字地域への内部補助が少なければ経営基盤を圧迫し、多ければ利用者相互間での不満が生じる。こうした構造を有する企業においては、内部補助の程度が経営上重要な課題となる。

(5) 費用低減効果と需要量の対応

　一般の商品生産技術は、進歩した技術ほど価格の低廉化をもって、従来の生産方式を圧迫する。その生産物は、交通手段がある限り、どこにでも輸送することが可能である。しかしながら、交通サービスという商品は1ヵ所に集めて大量生産をすることはできない。それは消費されるところで生産されなければならないからである。

　したがって、一定の地域において、ある程度の需要が確保されなければ、どのように進歩した技術であっても、その導入の前提条件である費用逓減は実現しない。進歩した交通技術ほど設備投資費用が大きいため、存立の経済的基礎をもつことが困難となる。交通における技術開発の難しさである。

2-2　労働管理上の能力

　交通に携わる労働には、総務、経理、営業など一般の製造業やサービス業と同じ性質の分野がある。これに対して、直接輸送に従事する労働は、他の産業と異なる性質をもつ。とくに輸送具とともに移動する従業員がそうであり、通常「交通労働」といわれるのはこの分野である。

4　「内部補助」とは、複数の財・サービスの生産活動を行う経済主体の内部において、ある財・サービスの生産活動において生じた剰余を用いて、他の財・サービスの生産活動において生じた欠損を補填する行為を意味する。すなわち、単独では成立しないサービスに別のサービスから補助を与えることで、当該サービスを存続させる仕組みということができる。たとえば、国鉄時代の全国一律運賃制や日本道路公団による料金プール制も内部補助の例といえる（日本交通学会編、2011、p. 62）。

(1) 機械化労働者と単純労働者との調整

交通労働の主体は、輸送具の移動である。輸送具の移動は、輸送具（動力）と通路によって構成される。交通が空間における場所的移動を意味している以上、通路の地理的状況や物理的状況に大きく左右され、輸送具の発達の可能性は基本的に通路によって制約される。そのため、輸送労働は、常に輸送具の発達および通路の地理的物理的状況の変化を考慮しなければならない。また、いかに交通産業が成立し近代化が進んだとしても、なお原始的な移動手段に多く依存しなければならない。そのことが交通という産業の近代化の大きな制約となっている。

こうした制約のもと、交通労働の生産性向上が図られてきたが、交通需要と交通生産の特殊な事情から、近代的交通手段と原始的交通手段に対応する機械化交通労働と単純交通労働とが併存することとなった。景気の変動に左右されやすい交通労働者の安定的確保のために、併存する労働者の対応のあり方が課題となる。

(2) 労働者能力の向上の要請

交通労働は、運行管理、輸送具の取り扱い、通路の利用、移動の方法などの技術的な政策と、労働時間、労働者確保などの労働者保護的な政策の両面での対応が求められる。前者においては、とくに人命、財産、安全に関与する程度の高い輸送具を取り扱う者には、専門的でかつ高度な能力が求められることから、移動の直接的行為である自動車の運転、船舶、航空機の操縦などに資格条件が必要となる。後者においては、とくに労働者確保、労働条件の改善が要求される。

(3) 労働時間の調整

交通労働は、総じて長時間労働でしかも労働時間が不規則である。そのため、労働者確保が課題となる。交通サービスは、即時財、即地財的性質を有するので、交通労働者はまさに生産が行われる時間に働かなければならず、労働時間は不規則で長時間勤務になりやすい。また、本源需要の要請によっては休日にも働かねばならず、乗務員は長距離を移動し家庭を留守にするこ

とが多い。この種の労働は、一般的に不人気で要員確保に困難を生じる場合がある。

こうした問題は、とくに中小零細企業が多いトラック、内航海運、港湾運送業において深刻であり、そのため単に労働者保護ないし労働力確保的な労働行政としてではなく、交通産業政策の一環として取り上げられている。すなわち、トラックでは「中小企業近代化促進法」(1963年〔昭和38年〕)、内航海運では「改正内航海運組合法」(1966年〔昭和41年〕) に基づく規模別、機能別組合の組織化、港湾運送では「新港湾労働法」(1988年〔昭和63年〕) の制定などがその主なものである。

以上のように、交通サービスの提供側においては、ピーク・オフピークや地域格差などの影響を避けることが困難であり、そのため需給バランスの調整やサービス水準のコントロールなどの対処が常に求められる。さらに、今後の高齢者社会において経済の好況期には労働者の確保の困難のおそれがある。こうした問題は、即時性であり即地財であるとともに、派生需要という特質をもつ交通サービス産業の永遠の課題でもある。

3 交通における公共性の根拠

財の分類として、経済財（有形財・無形財）と自由財以外に、公共財と私的財および価値財とに分けられることもある。それぞれの財が交通の公共性とどのように関連するのか次に述べることとする。

3-1 公共財と私的財

市場経済を原則とするわが国では、財やサービスの価格は通常市場メカニズムを通じて決定される。しかし、現実には市場機構では解決されず、政治的に解決しなければならないものもある。公共財（public goods）はその一つとされる。公共財が市場メカニズムで解決されない理由として、次の二つの要因がある。

①その財やサービスが不特定多数の消費者に同時に供給され満足を与える

（非競合性）。

　②その利用について特定の人を排除することができない（排除不能性／非排除性）。

　①については、ある人がその財またはサービスを消費している場合に、他の人がこれに参加しても、両者の消費が競合せず、お互いに妨げられないという性質である。たとえば、灯台のサービスはその海域を航行する船舶が共通に利用し、一つの船舶による利用が他の船舶の利用を妨げることはできない。

　②については、ある財またはサービスの消費について、料金などを支払わない人を排除することが著しく困難であるという性質である。たとえば、一般の道路の場合、利用料金を徴収して、料金を支払わない人の使用を排除することは理論上可能であるが、このような制度をつくることは排除費用が過大になり事実上不可能である。

　すなわち、非競合性、非排除性を有する財やサービスは、対価を支払わない者も利用することができるため、市場メカニズムに任せた場合、供給が過少となる危険性がある（経済学ではフリーライダー問題と呼ぶ）。また、排除費用が著しく高い水準になることから、その費用を消費者に賦課することが事実上不可能となり、市場取引の対象とはなりえない。

　経済学では、①、②の両方の性質を有しているものを「純粋公共財」と呼ぶ。平たくいえば、多くの人が同時に財・サービスを消費し便益を享受できるというものである。典型的な例として政府による外交、国防、警察などがあげられる。①、②のどちらか一方がある場合は、「準公共財」として広い意味で「公共財」に含まれる。準公共財にも純粋公共財に近いもの（コモンプール財）から私的財に近いもの（クラブ財）まで幅がある（表Ⅱ-3-1）。

　①、②の両方が存在しない場合は、私的財（private goods）という。自分が消費すれば他人の消費を減少させ（非競合性が低い）、対価を支払えば他人を排除できる（排除可能性が低い）もので、食料品、衣服、住宅などの普通財がこれに該当する。

第Ⅱ部　交通の公共性

表Ⅱ-3-1　公共財の区分

	排除性	非排除性
競合性	私的財 食糧、衣服、自動車、家電	準公共財（コモンプール財） 道路、橋、公衆トイレ、公共施設
非競合性	準公共財（クラブ財） 高速道路、映画、私立公園	純粋公共財 国防、外交、警察、消防、灯台

注：　　　　準公共財。

表Ⅱ-3-2　財の種類

財の種類	要求の種類	財の性質
私的財（private goods）	私的要求財	競合性と排除性の両方の性質を有する財
公共財（social goods）	社会的要求財	非競合性と非排除性の両方またはいずれかの性質を有する財（準公共財）
価値財（merit goods）	価値要求財	競合性と排除性の両方の性質を有する財（私的財）

注：マスグレイブは社会的要求財と価値要求財とを合わせて公的要求財（public wants）と呼んでいる。

3-2　価値財

　公共財と類似の概念として「価値財」がある。私的財としての供給が可能であっても、福祉の向上などの社会的目的の実現のため、消費者の選好とは別の基準から、政府によって供給する方が望ましいと判断されるような場合である。一般的に「特定の人の消費を妨げないで、支払い意思を有さない人にも無料ないし補助金によって供給することが望ましい」とされる財が、ドイツの財政学者であるマスグレイブ（R. A. Musgrave、1910―2007）によって「価値財」（merit goods）と定義された。メリット財とも呼ばれる。

　たとえば、公営住宅、義務教育、介護サービスなど多くの私的財が価値財として供給されている。この種の財への公的介入も「公共財」が根拠となっている。また、マスグレイブは、公共財の社会的要求と価値財の価値的要求とを合わせて公的要求（public wants）と定義している（表Ⅱ-3-2）。

4　交通サービスの財の位置づけ

　交通に係る財の対象は、通路にあたるインフラ部分とそれを利用する輸送

具（運搬具）が該当する。しかし、これらの財としての位置づけについては、必ずしも定まった合意があるわけではない。研究者によってもその判断が異なる。

　交通インフラには、通路（道路、鉄軌道）と途中の乗換、積換のための拠点施設（主要鉄道駅、バスターミナル、トラックターミナル、港湾、空港）とがある。これらのうち、特定の企業が利用する鉄軌道および拠点施設（専用施設）は、非競合性、非排除性のレベルが低く私的財に属する。それ以外は公共財に属するといえる。

　しかし、道路では自動車の専用道路である高速道路について意見が分かれる場合がある。日本の専用道路は、採算原則のもとに供給されており[5]、この面でみれば私的財に位置づけられる。日本以外の国では、無料ないし低額の料金で公共財として供給されている。

　他方、専用道路のなかで、容量が大きい幹線道路では、一般道路ほどではないが、他の自動車が乗り込んできても、別に妨げられることはないという理由で準公共財的性質を有するという判断もある。また、一般道路でも混雑すれば、競合性が高まり、準公共財となるという意見もある。つまり、道路の場合は一般道路か専用道路かおよびそれぞれの混雑状況により、その判断が異なる場合がある。しかし、どの程度混雑したら競合性が高まるかの判断基準はない。

　一方、輸送具はいずれも人や物の移動において、対価を支払わないと利用させてもらえない。そこには「非排除性」も「非競合性」も存在せず、私的財的性質を有するといえる。

　本来ならば、交通サービスは私的経済活動に任せておいても供給されるにもかかわらず、かなりの部分が公共組織に依存している。とくに、大量の利用者を対象とするサービスを公共財に位置づけているが、その根拠として

---

[5] 2013年6月7日国土交通省は、高速道路の建設にかかった借金の返済期間を、現行の計画の05年から10～15年延ばす方針を固めた。05年の道路公団民営化で考慮していなかった大規模改修などの費用を確保するためだという。これにより借金返済後に予定している無料化も先送りになるとしている。
　疑問なのは、政府が依然として無料化する計画を掲げていることである。高速道路を使用している以上、将来的に追加の更新・修繕費が必要となるはずである。新たな財源問題が浮上するのは必至である。無料化を前提とする現行制度の再検討は避けられないのではないか。

は、大量交通機関は実際の利用者だけでなく、潜在的利用者に対しての、サービスの「利用可能性」（誰でもいつでも利用できる可能性）の存在をあげている。「利用可能性」が存在すれば、すべての人がそのサービスの便益を享受できるので、そこには「非排除性」がある。また、ある利用者の便益の享受が他の利用者のそれを減少させないという「非競合性」も存在する。このように大量交通機関は利用可能性の存在をもって公共財に位置づけられている。

しかし、非排除性についてバス、航空機、船舶を含めるかどうかの判断は、研究者によって分かれる。たとえば、鉄道の旅客輸送は非常に混雑している場合を除き、他人が乗り込んできても別に妨げられないことから非競合性が強く、これに対して、バス、航空機、船舶などは定員以上の旅客が排除され、非競合性は存在しないという主張があり、一方でバス、航空機、船舶なども比較的キャパシティが大きいので、非競合性は存在するとの意見もある。また、旅客輸送についてはとくに「公共交通」（public transport）と呼ばれるが、それには大量輸送機関としての意味は含まれていない。

しかし、いずれにしても非競合性の基準となる混雑や規模（キャパシティ）の程度の判定が、現実にできるかといった問題がある。そのため、交通インフラおよび輸送サービスともに公共財としての位置づけの曖昧さが残る。

5　定義の課題

公共財のうち純粋公共財に属するものは、現実には外交、国防、警察など少数の例があるだけで、多くの場合は準公共財もその対象にしている。他方、価値財の対象に広義として、私的財的な公共財（クラブ財）も含めるという意見もある。このように、経済学では公共財と価値財の概念を明確に分けているが、広義の解釈ではこの両者の違いが曖昧となる。

公共財と価値財をめぐっては、経済学者が高度な理論を展開している。われわれ一般の者にとっては、理論が高度化するほどその理解が困難になる。また、公共財についての認識について、一般の人々と経済学との間に「ズレ」があることも事実である。一般的な感覚では、政府の介入を必要とする

財を公共財として捉えているのに対して、経済学ではこうしたこととは無関係に、その財やサービスがもっている物理的性質に依存している。経済学の理論が高度になるほど両者間のズレが拡大するおそれがある。

　加えて、価値財は消費者の意向は考慮されず、政府の判断によって決定されるとするならば、ますます遠い存在となる。問題となるのは、公共財、価値財を根拠として、膨大な税金が投入されることである。今日、公共団体によって建設された多数の豪華な住居施設や娯楽施設などが社会問題となっている。これはまさに公共財、価値財としての定義の曖昧さが要因となっているといえよう。

第4章 交通の公共性と公益性

　交通事業に対して公的介入があるのは、公共性を根拠にしているからである。しかし、公共性の解釈について、必ずしも人々の間ではっきりとした合意があるわけではない。一般的に合意が得られる考え方として「広く社会一般に係る福祉および利益」の存在があげられよう。ただし、その対象範囲は広い。たとえば「市民的公共性」の立場からみると、道路や公園など不特定多数の人が何時でも自由に出入りできる場所が「公共的な場所」であり、鉄道、自動車、航空などの交通機関もその対象となる。
　他方、「公権的公共性」がある。この対象となる事業は「公益事業」に位置づけられ、公的介入（市場介入）が行われている。交通もその対象となっている。つまり、交通には市民的公共性と公権的公共性の両方が存在しており、公共性としての解釈が複雑である。しかも交通は、公益事業といっても電気、ガスなどと異なり、自然独占性はもはや崩壊している。交通の有する公共性の本質は今日も変わらないが、公的介入の根拠となる自然独占性を失えば、そのあり方や程度は変わるはずである。

1　公共性と公益性

1-1　公共性と公益性の相違

　交通には、公共性があるといわれる。そこで、交通事業に係る法令の第1条をみると、事業の目的として「事業の健全な発達を図り、もって公共の福祉の増進に資する」と示されている。言い換えるならば、交通における公共性とは、「公共の福祉の増進を交通に関して実現すること」となる。しかし、

表Ⅱ-4-1　公共性と公益性の相違

	公共性	公益性
定　義	広く社会一般への利害、影響の有無、度合いに係る概念。	不特定多数の者に利益の増進に寄与するもの。
事　業	国家・国民の利益のため、国またはその他の公共団体がその事業を維持することを必要とする事業（プロジェクト）。 （公共事業の例）道路整備、港湾整備、河川改修工事など。	国家・国民の利益のために不可欠なサービスを提供する事業（サービス）。 （公益事業の例）鉄道、軌道、バス、貨物輸送、電気、ガス、水道など。
効　果	市場経済のみでは供給が困難と考えられる社会資本を不特定多数の者が利用できるように整備を行うことにより、国家・国民の直接的、間接的な経済波及効果が期待できる。	国家・国民にとって、必要不可欠なサービスが普遍的に提供され、それが安定的、継続的に供給される。
規　制	公共事業への参加は基本的に競争入札。	自然独占産業としての位置づけを与える代わりに価格、参入、退出などの規制を受ける。ただし、1980年代以降これらの規制が大幅に緩和された。

　何が公共の福祉であるかについては、いずれの交通法規にも具体的な内容が示されていない。そのため、公共の福祉の増進は、法律の目的であるが抽象的な概念である。

　公共性に至っては、その言葉さえ示されていない。そこで交通における公共性の概念を上記から類推するならば、「公共の福祉（国民の健康、安全）の維持増進のため、その事業を存続させる必要がある性質」であるといえよう。したがって、交通用役（サービス）については、一定の条件のもと、誰でも自由に利用できる状態にしておくことが、社会にとって欠かすことのできない重要な要件となる。その意味では、公共財としての非競合性、非排除性の性質を有していることになる。

　公共性と類似の言葉として公益性がある。公益性とは事業自体の性質に着目し、その事業が公共（国家、国民）の利益のために必要であるというものである。公共性と公益性の関係でみれば、公共性とはその事業に公益性が存在するために、国その他の公的機関がそれを維持させる必要があるというも

のである。つまり公共性の主体は、国やその他の公的機関であるのに対し、公益性の主体は事業者である。公共性と公益性とはまったく異なる概念である（表Ⅱ-4-1）。

　こうした概念から公益事業（public utility）の意味を定義すると、公共の利益に関係し、公衆の日常生活に不可欠なサービスを提供する事業であるといえる。公益事業といわれるものには、鉄道、軌道、バス、貨物輸送、郵便、電信・電話、電気、水道などが対象になっている（労働関係調整法第8条）。

1-2　公益事業としての交通サービス

　交通サービスを提供する事業者のすべてが公益事業を行っているわけではない。公益事業かどうかは、事業の分類の目的と定義により異なる。輸送サービスを供給する運輸事業者においては、不特定多数の利用者を対象とするものと、特定の利用者を対象とするものがあり、前者を公共運送人（common carrier/public carrier）、後者を特定運送人（contract carrier/industrial carrier）と呼ぶ。

　公共運送人としての色彩が強いのは、旅客輸送では定期定路線の乗合、貨物輸送では積合である。ただし、貨物の場合、不特定多数の利用者を対象にする建前でも特定荷主を相手とする場合もあり、またその逆もあることから、両者の区分は必ずしも明確ではない。わが国の自動車運送事業についていえば、自動車運送事業法における一般自動車運送事業が公共運送人、特定運送事業が特定運送人に相当する。

　旅客輸送については、とくに公共交通（public transport）と呼ぶ。不特定多数の人々が利用する鉄道やバスなどがこれに該当するが、同じ不特定多数を対象にしているタクシー、ハイヤーを公共交通に含めるかどうかは目的と定義により異なる。このいずれでもない運送人を自家運送人（private carrier）と呼ぶ。

　公共運送人は、公益事業としての義務と規制を負っている。公益事業は、誰でも自由に利用できる状態にしておくことが必要であり、それを維持するため次の四つの義務が課せられている。すなわち、①利用者は、一般大衆の

ため輸送に対し十分な知識がないため、あらかじめ運賃および料金とともに「運送約款」を公示しなければならないこと（契約の公開義務）、②即時財である輸送サービスが中断されると、経済社会への打撃が大きいため、依頼されたら理由なく断ってはならないこと（運送引き受け義務）、③一部の依頼者と結託して、他の依頼者に打撃を与えるのを防止するため、依頼者によって不当な差別をしないこと（無差別の義務）、④人や物を移動するのに交通空間を通過するので、移動に伴う事故を事前に防止し、安全の確保を図ること（安全輸送義務）である。

規制としては、公益事業として自然独占産業[1]の位置づけを与える代わりに、価格[2]、参入、退出および争議行為などが規制されている。

2 公的介入の根拠と問題

公共性が高いことから、公益事業を供給するサービスには、何らかの公的機関が介入している。その理由として、①公共財的性質、②外部効果の存在、③独占的性質、④情報の非対称性の四つがあると考えられている。いわゆる、経済学でいう「市場の失敗」の要因と深く関わっている。しかしながら、交通サービスは競争市場が形成され、いまやその根拠が希薄になった。

---

1 「公益事業と自然独占」との関係について、山谷修作は次のように述べている。
「電気、ガス、水道、電気通信などの公益事業は、たんに市民の日常生活および産業活動にとって必需性が高いというだけでなく、品質の信頼性（reliability）、規則性（regularity）、および不断性（constancy）がとりわけ重要な財・サービスの供給を行う。こうした財・サービスを供給するためには、膨大な固定設備のネットワークを形成することが必要とされる。従って、公益事業においては巨額の固定費が発生する。このことは、公益事業が典型的な費用逓減産業であることを意味する。しかも、固定設備のネットワークに関連する固定費の大部分は、市場の退出にあたって回収することが不可能な埋没費用（sunk cost）となる。
こうした事業において自由な競争を認めると、増分費用を下回るような低料金を設定する、いわゆる破滅的競争（destructive competition）を行う可能性が高い。激しい競争により事業者の経営基盤が脅かされ、最後に勝ち残った事業者による市場独占が形成されることになる。このような特性から、公益事業は自然独占（natural monopoly）産業としての位置づけを与えられている。
自然独占産業に対しては、消費者の保護と事業運営効率の確保の観点から、一般に、政府による所有・運営（直接的な規制とみることができる）、あるいは政府による間接的な規制（regulation）が行われる。」（山谷編著、1992、pp. 17-19）。
2 一般に有形財の値段は「価格」、無形財のサービスの値段は「料金」、とくに交通サービスの値段は「運賃」と呼ばれる。たとえば、引っ越し輸送において、移動に係る値段を「運賃」、荷造り、梱包など付帯業務に係る値段を「料金」と区分している。「価格」はこれらの総称として使用されることがある。

そこで、公的介入の根拠とその問題点を以下に述べる。

2-1 公共財的性質
【根拠】
　公益事業が提供するサービスは、公共財的性質を有することがある。前述したように公共財は、非競合性、非排除性を有する。こうした性質をもつサービスについては、十分な対価を支払わず便益のみを受ける人を排除することは困難であることから、市場経済に任せておいては、社会的に必要なサービスであっても供給を満足に確保することができない。公共財的性質を有する財は、誰にでも自由にかつ安全に利用できる状態にあることが欠かせない条件であることから、それを確保するには国その他の公的機関の何らかの措置が必要とされる。

【問題点】
　今日では、人であれ物であれ交通サービスの供給量は、誰でも何時でも利用できるほど豊富になっている。さらに、自家用車、リース車などの台頭により、需要者による選択の幅が広がっている。競争市場が成立する以前であれば、供給を満足に確保するため、国やその他の公的機関の何らかの措置が必要とされる。しかし、いまや競争市場が形成されサービスは質的にも量的にも向上した。

2-2 外部効果の存在
【根拠】
　交通における外部効果とは、当事者以外の第三者に経済的な利益または損害を与えることである。前者を外部経済、後者を外部不経済と呼ぶ。これらは市場を通して影響を与えるわけではないので、市場の資源配分の効率性を歪めてしまう可能性が高い。たとえば、移動能力の増大によって、地域の企業が他の地域への進出により発展する。しかし、それと同時に競争相手にある他地域の企業は不利益を受ける。また、地域によって利便性を高めるところや交通公害などの損害を受けるところも生じる。交通投資は、こうした利害関係を調整しなければならない。

① 外部経済

外部経済を交通に関してみれば、主に旅客輸送によって現れる効果である。たとえば、鉄道の開通により地元住民の利便性が増大し、地価の高騰などの利益を地元住民や関係地方公共団体などに与えているのがその好例である。

このように鉄道事業者が、当事者である乗客以外の第三者に利益を与えている場合でも、事業者はその利益を回収できないことが多い。こうした場合、資源の公平な分配のためにも、国その他の公的機関が第三者に利益の徴収などの措置を講じることが必要となる。

② 外部不経済

外部不経済とは、その事業が当事者以外の第三者に不利益を与えているにもかかわらず、事業者がその費用を負担しないことである。顕著な例としては、自動車の運行により生じた排気ガス、騒音、振動などのいわゆる沿線住民に環境破壊の損害を与えている事業者がその損失を負担していないことがあげられる。

こうした損失に対して、損害を受ける人が特定の少数の場合であれば、当事者間との交渉により解決することが可能であるが、その対象が不特定多数の場合は、国などの公的機関が何らかの措置を講じる以外に方法はない。

【問題点】

交通投資による外部効果の発生は認識できても、そうした社会的費用や便益の計算が困難であり、いまだにその手法は解決していない。そのため、その効果測定結果は、計画者の意図に左右されやすく、必ずしも適正な判断が行われるとは限らない。

他方、外部不経済については、とくに自動車による大気汚染、地球温暖化などの環境破壊、交通事故の増大などが注目される。これらは、将来にわたっても公的介入が求められる分野である。しかし、交通サービスは派生需要であるため、それらの原因は本源需要者である荷主企業や消費者にもあるはずである。つまり、この種の対策は交通サービスの供給側のみでなく、荷主企業や消費者などの協力が必要とされる。

2-3 独占的性質

【根拠】

　交通サービスを提供する事業は、独占的になりやすい性質がある。とくに、通路と輸送具を一体的に所有・運営している鉄道においては、可動施設である車両と線路、停車場など固定施設に巨額な費用を必要とし、生産量の増加とともに平均費用は低減する。このような費用逓減産業には、規模の経済が存在し独占が発生しやすい。かつ、その事業を廃止する場合にもその固定費用を回収することがきわめて困難であるので独占化しやすい。

　独占化した事業においては、事業者は利潤を最大にするように生産量および価格を設定する。このことは利用者である一般の人々の利益を害するおそれがあることから、国は何らかの措置を講じる必要がある。

【問題点】

　1970年以降、交通は鉄道に対抗できる民間の交通事業者の成長によって競争市場となった。その結果、長期にわたって陸上交通を支配してきた鉄道の独占は崩壊してきた。当然、鉄道の運賃も単独で設定できるはずもなく、他の輸送機関との競争のなかで決定される。交通市場での競争は、今後ますます厳しくなることが予想される。競争市場が成立すれば、公的機関の介入の必要性はなくなる。

　他方、自動車運送事業、航空運送事業などは、輸送具のみ保有し運営しているので、投資費用は少なく、また事業を廃止する場合にも、輸送具を売却して費用を回収できるため、独占化する可能性は低い。とくに、自動車運送事業や内航海運事業などは、鉄道と異なり少ない資本でも参入でき、規模の経済性も発揮しない。同じ交通サービスで寡占的な状態を維持しているのは、航空事業や外航定期船事業くらいである。ただし、近年のLCC（low cost carrier）の台頭により、航空業界は寡占状況から競争状態へ移行しつつある。

2-4　情報の非対称性

【根拠】

　サービスの提供者と利用者が保有している情報にはもともと格差（非対称

性）がある。このように情報に非排除性がある場合、提供者側は自己の都合の悪い情報を伝えようとはしないことから、利用者の合理的判断が困難となる。そのため、市場の効率性が歪められないよう情報開示の何らかの措置が必要となる。

【問題点】

いかに市場経済のなかにあっても、情報は平等ではない。言い換えれば、いかなる状況になろうとも情報の完全性は満たされないということである。今日インターネットを利用すれば多くの情報が無料に近いコストで手に入る。しかし、ネットで入手できる情報は世界中で共有化されているので、その情報価値は限りなくゼロに近い。本当に価値のある情報はネットでは決して入手できない。このことは、交通産業に限った問題ではない。

以上でみたように、いずれの根拠にも正当性は認められるが、だからといってこれらが交通に対する公的介入の理由にはならない。なかには過去には適切な根拠とされたものでも経済の成長とともにその意義を失ったものもある。公的機関の介入のあり方については、個々の交通が追求する公共性の内容が抽象的でかつ多様であるため、それぞれの趣旨や目的に照らし合わせて個別的に対応する必要がある。

3　公的介入を必要とする交通サービス

今日もなお交通のすべての分野で競争が成立しているわけではない。交通は即地性、即時性があるため、どうしても競争が機能しない分野が残る。たとえば、災害時の緊急輸送や過疎地域の交通である。こうした分野は官と民が協力して交通サービスを確保しなければならない。

3-1　災害時の緊急輸送の役割

2011年3月11日に発生した東日本大震災[3]を契機に、交通の有する公共

3　2011年3月11日に日本周辺で観測史上最大（世界観測史上4番目）マグニチュード9を記録した東北地方太平洋沖地震により発生した東日本大震災は、震度7で震源域は岩手県沖から茨

性の高さについて広く一般に認識された。とくに、貨物輸送においてはこれまで専門用語であった「物流」という言葉が一般に認知されるほど頻繁にマスコミに登場した。

こうした輸送を通して、鉄道や船舶、航空の利用は、通路の寸断や拠点施設の崩壊などの影響があり、トラックとの連携の重要性が明らかにされた。同時にトラックのもつ機動性を十分発揮できるようにインフラおよび通信機能(情報管理)の充実が求められた。防災対策での交通は、被災地との間で迅速に行われなければならない。国家的緊急時の交通サービスは、いうまでもなく交通企業の基本的義務である。しかし、こうした要請に応えるには、私企業だけでは困難であり、国や地方公共団体と一体にならなければならない。

3-2 過疎地域における交通

公共交通においては、その事業の範囲により、採算性が著しく異なるのが通常である。とくに、過疎地帯の鉄道やバスの維持が問題となる。しかし、これらの交通サービスは、不特定多数を対象にしているけれども、規模も小さく利用者も少ない。このため、ナショナルミニマムやシビルミニマムとして必要とされる交通サービスは、通常採算性が低く事業として成り立たない。

こうしたサービスが地域の福祉の維持増進のために必要とされる場合は、公的機関が何らかの措置を講じる必要がある。この場合、交通利便を確保するために必要となる交通手段は、鉄道かバスなのかという問題がある。常識的には鉄道は大量輸送、バスは中量輸送に適していることから、利用者の少ない地域での輸送はバスが最適と考えられる。しかもバスはどこでも乗降車が可能なことから、利用者の少ない地域では有利であることは間違いない。しかし、現実としてはバス輸送にすべきなのに、地域住民は鉄道の整備を要求することが多い。

城県沖までの南北約 500 km の広範囲に及んだ。被害は地震後に発生した津波によりさらに拡大し、震災後 2 年を経過した段階でも死者 1 万 5881 人、行方不明者 2668 人(2013 年 3 月 8 日現在『FNN ニュース』)に及んでいる。

第三セクターの鉄道においても、同様な問題を抱えている。この方式は国鉄（現 JR）が廃止した路線を、地方公共団体が地域住民のためにその路線を存続する必要があると認めた場合に採用される。この場合の運営方式は、地方公共団体が第三セクターを設立し、それに運営を任せることになる。いわば官民共同の事業体による経営方式である。この方式で存在するのは鉄道だけであり、バスにはその例がない。これらの第三セクターの経営は、もともと国鉄が廃止した路線なので容易ではない。発足当時 37 社あった会社は 2002 年度では 31 社に減り、そのうち黒字を維持しているところはわずか 2 社である。ちなみに、鉄道以外の第三セクターも経営上重大な問題を抱えているところが多い。

　過疎地帯の鉄道やバスの維持には、常に費用負担をめぐる困難な問題が存在する。過剰な費用負担（援助）は経営努力を衰退させるおそれがある。また、その規模が自治体や国の能力を超えるものであれば、いずれ住民の負担が増大することになる。しかも対策が遅れれば、それだけ負担が増大する。

　また、事業者に対する無利子貸付でも、その投資が施設の使用開始後に減価償却費を含む営業経費を償う収入がなければ、営業を存続することができない。公共性、公益性といえども事業者の限界を超えた投資を要請すべきでない。今後の第三セクターの動向に注目したい。

4　公共性とその功罪

4-1　根拠の変化

　交通事業に対する公的介入の根拠は、一部の過疎地域や災害時などの緊急時の輸送を除き失いつつある。地域独占の場合でも、代替輸送が存在する場合は、そのサービスを中断しても経済社会へ打撃を与えることはほとんどない。まして貨物輸送のように供給量が増えればなおさらそうである。

　19 世紀の郵便事業や鉄道は完全な政府独占であった。当時は、情報の伝達にしても人や物の輸送にしても国有の郵便や鉄道に依存するしかなかった。しかし、今日では競争市場が形成され、郵便や鉄道の独占力は急激に失われつつある。それでも公益事業としての目的が阻害されないほど交通産業

は発展した。このような競争状態にある交通産業であっても、公益事業として、電力、ガス、水道などと同様な規制を受けている。同じ無形財でもガスや電力は、鉄道に対するトラック、乗用車のような競争者はまだ現れていない。交通産業はガスや電力と同じ公益事業とはいってもその性質は大きく異なるのである。

　交通の目的でもある公共の福祉の増進には、官民との違いはない。ただし官と民とで交通事業を運営する目的は異なる。官の場合は、公共の福祉の確保そのものであるのに対し、民の場合は利益確保である。利益を得る行動を通して、公共の福祉が確保され増進されるのである。それができない企業は市場から退場することになる。

　交通が独占市場から競争市場に変化したとはいえ、それらがもつ公共性の意味は、何ら変わりはない。しかし、今日では交通産業は発達し、公的介入がなくてもほとんど公共の福祉が阻害されることはない。交通に対する公的介入のあり方についても変化が求められる。常に公的介入は最小限度のものでなければならないのである。

4-2　公共性という名の功罪

　国およびその他の公共団体などが、交通サービスに果たした役割は大きい。しかし、一方で公共性、公益性の名のもとに効率性や採算性に基づかない空港、港湾、道路などの整備が多数行われてきたのも事実である。これらの整備の理由づけに使用される需要予測も費用便益も、計画者が有利に計算するため、両者とも実績は予想よりはるかに小さくなる場合が多い。それだけ財政の負担が増大する。公共性あるいは公共財の概念の曖昧さが、経済学でいう「政府の失敗」という現象を生む要因の一つになっているともいえる。政府の失敗という「負の遺産」の清算は、最終的には国民の負担となる。

　さらに、問題となるのは、市場メカニズムでは、人々が必要と考えるニーズが満たされないとする政策判断である。しかし、ニーズがどのような段階で満たされなくなるのか、誰がどのような段階でそれを判断するのかなどの基準が明確に示されているわけではない。そのため、この種の政策判断に

は、計画者の意思が大きく影響することが避けられない。しかも計画者の判断は、必ずしも国民の意思が反映されたものであるとは限らない。

　判断の基準が曖昧ならば、責任の所在も曖昧となる。責任が不在となれば必要以上の規模が計画されても、一度実行されれば規模の縮小や中断は容易ではない。同様の問題は、国や地方自治体が特別の法律で設立した公団、特殊法人にもある。それらの設立の趣旨は、公共の福祉の維持増進のために必要であるというものだが、その数は財団、社団、公益法人合わせて2万数千にも及ぶといわれている。これだけの数の団体や法人が、公共性という名目で国民の知らないところで設立され存続している。どれだけの数が適正なのかわからないが、多すぎることは間違いない。とすれば国民のためというよりは、公的機関自身のための組織も多く存在することも否定できない。たとえば民間でできる事業であっても認可の取得には公的機関からのOB受け入れが条件になっていたり、わざわざ民間にできないような要件を設定しているなどのケースは多い。また、こうした団体の多くは、経営責任が存在しないため、管理がずさんになる傾向がある。こうした状況をつくりだしたのも公共性の概念の曖昧さと無縁ではない。

　そもそも政府以外のものが行える事業は、民営化するか、民間委託すべきなのである。政府活動の有効性を失った後は、それらを存続させるべきではない。

第5章　供給組織

　交通における生産形態は、自己生産から商品生産、いわゆる自己輸送から他人輸送に発展する。交通が産業部門で独立した産業として確立するのは、広範な社会的分業が確立してからである。つまり、そのサービスの社会的需要の大部分が市場経済において充足されなければならない。人々が必要とするほとんどのサービスを、市場に供給することができるということである。そのためには資本と労働という基本的生産要素が成熟していなければならない。

　わが国において、開国と維新によって新しい陸上交通の組織改編、鉄道の建設および近代的商船隊の育成が要請された。これらは国の指導および外国からの圧力のもと強制的に推進されたものであったが、今日の基礎となる会社組織が形成されたのである。終戦後まもなくは、占領軍という外からの権力によってであったけれども、あらゆる分野において改革が急ピッチで進められ、交通部門では民主化に向けての法制度が整備された。これによって、陸・海・空とも新たな体制で出発することとなり、これらの事業の多くは公益事業として国の規制を受けることとなった。

　しかし、新しい会社組織の誕生にあたっては、その成り立ちから古い習慣や伝統などの封建制が払拭されるのにかなりの時間を要した。それは上からの強制的な力ではあったとはいえ、一方でそれを阻止しようとする強烈な反発があったからである。国鉄からJRに改組したときもそうだったように、国の関連する組織の改編にあたっては、その目的が何であれ、常に強固な既得権益をめぐる抵抗勢力が存在するのは今も昔も変わらない。

　他方、交通労働の地位が確立するのは、明治以降の会社組織の形成を待た

なければならなかった。すなわち、明治初期における汽船の導入、1869年の電気通信の公開、71年陸運元会社の設立および郵便制度の導入、72年の鉄道の開通、90年の電話の公衆化は、新しい交通労働者層を誕生させた。

厳密な意味での交通労働とは、自動車、鉄道、船舶、航空機、通信電話などの専門的手段の導入によって成立したといえる。それに伴い、労働者の名称も自動車は運転者、鉄道は運転士、船舶の小型は操縦者（士）、大型は操舵手、航空機は操縦士、通信電話は技師としてそれぞれ確立した。

1　交通産業の形成

（1）陸運

明治新政府の手によって半強制的ではあったが、宿駅・伝馬制度から新しい組織としての陸運会社、さらには陸運元会社への改編により、不完全ではあったものの交通が産業として形成された。しかしながら、それは企業形態と生産関係だけであって、生産方式は旧態依然たるものであった。陸運元会社からはじまった日本通運は、戦後体制の撤廃と民主化のなかで1950年に一般の民間企業として再出発することとなった。その後、鉄道や自動車の発達により生産方式の近代化が展開され、陸上交通は資本と労働の両面で独立した産業としての分野を確立した。

その後、経済が豊かになり、1960年代には交通手段の供給力も豊富になり、90年代には鉄道は民営化、自動車は規制緩和が行われた。規制緩和は合併、提携などの方法による再編を加速させた。その範囲はヤマト運輸と日本郵船（2006年5月）、佐川急便と中国郵政（2006年12月）の例でみるように地域や業界の垣根を越えた大型提携のみならず、欧米を代表するUPS、フェデックス、DHLなどのインテグレーターが相次いで日本に上陸した。わが国の陸運業界は、こうした厳しい環境を経て、産業として経済的にも社会的にも完全に独立した分野を確立した。しかし、江戸時代にみられた商人や問屋などとの従属関係は、形は変えても今日も完全には払拭されていない。それは交通サービスが派生需要であるという宿命かもしれない。

(2) 水運

　幕末明治初期の水上交通は、外航と内航（沿岸航路）の海上交通が主体となった。しかし、貨客輸送とも外国船が圧倒的優位性をもっていたが、1872年に日本国郵便蒸気船会社、84年に大阪商船会社、翌年には日本郵船会社が誕生し、わが国の重要な産業としての地位を確立した。とくに、外航海運の発展には目を見張るものがあり、明治末から大正初期にかけてすでに世界の一流国の地位を確立していた。

　しかし、第二次世界大戦により船舶の運営は、すべて国家管理下におかれた。終戦を迎え、内航船は1946年（昭和21年）に国家管理が解除され、自主運航体制が復活した。49年（昭和24年）6月「海上運送法」が公布された。そして翌年の50年（昭和25年）4月に海運の民営還元が行われ、外航船を含め全船舶の船主への返還、船主による自主的運航が実施された。海運の民営移転までは日本船の自主的運航は禁止されていたが、移転後の外航定期航路の再開は比較的早いテンポで進められた。

　その後の5年間で沖縄定期航路開設を皮切りに南米東岸航路、バンコク航路、インドパキスタン航路、ニューヨーク航路など中国航路を除いてほとんどの航路で再開した。一方、わが国の船腹は1952年の外航船腹拡充4ヵ年計画などにより、外交航路適格船が整備され、新造船のほとんどが定期航路に投入された。

　1960年頃には、先進国間の貿易の拡大、世界的石油輸送需要の増大など世界の海運市況も活況を呈した。日本の造船業も世界的レベルに達し、高経済船の建造や大型タンカーが建造された。また、海上コンテナが出現し外航定期航路の輸送の近代化に大きく貢献した。不定期船においても経済復興とともに活況を呈し、船舶の大型化、バルクキャリアの専用船が出現した。

　1963年（昭和38年）には、「海運2法」（海運の再建整備に関する臨時措置法、外航船舶建造融資利子補給臨時措置法の一部改正）が成立し、これに伴い、海運集約が行われ、89年（平成元年）には大手6社体制（日本郵船、昭和海運、山下新日本汽船、ジャパンライン、大阪商船三井船舶、川崎汽船）、99年（平成11年）には3社体制（日本郵船、商船三井、川崎汽船）となった。

外航のコンテナ定期船は、とりわけグローバル化の影響を強く受け、大型船の建造と保有や世界航路網の維持など莫大な投資が必要となるため、共同運航やターミナルの共同使用などによるグループ化とM＆Aによるグループ化が進んでいる。現在太平洋航路では、五大グループとしてCKYHグループ（川崎汽船、COSCO、陽明海運、韓進海運）、グランドアライアンス（日本郵船、ハパグロイド、OOCL、MISC）、TNWA（商船三井、APL、現代商船）、ニュースクシーランド、エバーグリーンが形成されている。

一方、内航は外航航路とは別に沿岸航路として船腹の調整や企業再編を行い、独自の進化を遂げている。船種も開発され、今日では製鉄会社主体の一般在来型、石油会社主体のタンカー、旅客輸送も行う長距離カーフェリー、製紙会社主体のRO-RO船など多様である。

(3) 航空

わが国での航空産業は、第一次世界大戦で陸軍が航空機の有用性を認識し国内での生産を進めるようになった。しかし、当時航空機の知識が乏しく、生産に際し多くは欧米に依存することとなった。国内での生産には中島飛行機（現富士重工）、三菱造船（現川崎重工）などが参入した。

終戦になると、航空に対する占領軍の抑止政策は海運以上であった。すなわち、日本国籍の一切の航空飛行の禁止、日本人による航空機の運航・保有・開発・製造・修理をはじめ学術的な研究や資料収集など航空に関するすべてが禁じられた。そのため、日本との国際航空は外国の航空会社によって行われていた。1950年（昭和25年）6月に日本の航空会社による運航禁止が解除され、翌年の8月に半官半民の日本航空株式会社が設立された。

しかし、この時点ではまだ日本による運航はできず、ノースウエスト航空社に運航を委託していた。その後外国民間機の出入国および領空飛行の管理権が日本に返還され、航空機の生産禁止も解除された。そして1952年（昭和27年）、日本での飛行機の生産や運航が可能となり、航空事業が産業として確立した。また、同年7月に乗客・飛行場などに関する諸規定のほか、路線免許、運賃料金の認可制などを定めた「航空法」が制定された。

「航空法」とともに設置された航空審議会の審議に基づいて「日本航空株

式会社法」が制定され、これにより日本航空は特殊法人として国際線と合わせて国内幹線を運航することになった。ローカル線については、大阪以東は日本ヘリコプター輸送株式会社、大阪以西は極東航空株式会社が行うことになった。

しかし、航空企業の経営は厳しく、そのため政府は日本ヘリコプター輸送株式会社、極東航空株式会社の両社の合併を指導し、1957年12月に全日本空輸株式会社(全日空)が誕生した。全日空は59年4月には幹線輸送が認められ、その後62年東亜航空と業務提携したのを皮切りに中日本航空株式会社、長崎航空、藤田航空を合併ないし路線移譲によって系列下においた。64年4月に北日本航空、富士航空、日東航空の3社が合併して日本国内航空株式会社が設立された。

さらに、1970年(昭和45年)10月運輸政策審議会から「航空政策のあり方について」答申が行われた。これに基づき、71年5月日本国内航空と東亜航空の合併により、東亜国内航空株式会社が発足し航空3社体制が確立された。その翌年の7月運輸大臣通達「航空企業運営体制について」によって、改めて日本航空、全日空、東亜国内航空の事業分野、輸送力調整、協力関係のあり方が示された。ここにわが国の航空輸送の枠組みを決めた「45・47体制」が確立された。これはいわゆる「航空憲法」といわれるほどの重みをもつものであった。

「45・47体制」は、1985年に廃止され、東亜国内航空も国内幹線や国際線の就航が可能となった。東亜国内航空は、88年4月に日本エアシステムに、2004年10月に日本航空ジャパンに社名を変更し、日本エアシステムが商号として消滅した。同社は06年10月株式会社日本航空インターナショナルに吸収合併される形で消滅した。

一方、1972年(昭和47年)12月には航空審議会より離島辺地の航空輸送についての答申が出され、これに基づき74年3月に日本近距離航空株式会社が設立された。また南西航空株式会社(1967年6月設立)は、72年5月沖縄復帰後も運行を続けることになった。日本近距離航空株式会社は87年4月に全日空のグループ企業として社名をエアーニッポン株式会社に、西南航空は93年7月日本航空のグループ企業として社名を日本トランスオーシ

ャン株式会社に変更した。

さらに、1970年代以降の規制緩和の圧力および競争の激化により、世界的規模での航空連合が形成され、コードシェア便やマイレージサービスの相互乗り入れなどの業務提携が行われている。今日主要な企業連合はとしてスターアライアンス（1997年5月設立）、ワンワールド（1999年2月設立）、スカイチーム（2000年6月設立）が形成されており、全日空グループはスターアライアンスに、日本航空グループはワンワールドに所属している。

(4) 倉庫

営業倉庫業としては、問屋あるいは問丸から発生したものと両替屋から発生したものとがある。問屋あるいは問丸は、荘園の年貢輸送から出発したものであり、江戸時代には生産を異にする沿岸地域と農村地域の結節地点や宿駅において、一般の輸送や保管業務、委託販売を行うようになった。その後、問丸から問屋と名称が統一される頃には輸送業務から離れた。

当時の問屋の多くは、倉庫を保有しており、これらのなかには借庫（かしぐらの意味）して保管する貨物に対し、今日の保管料にあたる蔵敷料を収受していたところもあった。明治に入り貿易の増大などに伴い、民間業者は大量の貨物を取り扱うようになり、それまでの倉庫を買収し職業分化の再編が進められ、1877年頃から倉庫業は独立企業として成立しはじめた。

他方、両替屋は足利時代末に現れ、徳川時代に発達した金融機関である。これが今日の銀行の前身である。両替屋の主業務は、掛屋（かけや・藩の御用金融業者）として大名貸しであったが、この貸付担保物件を保管する施設として倉庫を保有していた。しかし、問屋の倉庫と異なり倉敷料は収受せず、利息のなから費用を補っていた。その後も銀行業と倉庫業は密着した関係を保ちながら、倉庫業は分化し発達したが、1927年（昭和2年）銀行法公布によって銀行業者は倉庫業を兼業することが禁止された。こうしてそれぞれの倉庫業は独立した産業の地位を確立した。

(5) 通信

通信事業の発達も陸運業と並行する。飛脚業は郵便事業を本業とし、貨物

輸送はその副業的存在であった。1871年（明治4年）には飛脚制度・伝馬制度が廃止され、郵便事業が官営事業として確立した。しかし、通信業務はそれまでの陸上交通と何ら変わりはなく、その変革の重点は組織の再編であり技術にはなかった。通信技術の変革は電気通信の導入によりようやく実現した。

すなわち、明治維新当初は国内的政治不安に対する取り締まりなどの必要性から、迅速な通信手段の整備が急がれた。明治政府の設立と同時に電信の設置を決定し、翌年の1869年（明治2年）、官営による電気通信事業が東京・横浜間で開始された。同じ電気通信手段である電話の公衆化は通信よりかなり遅れ、90年であった。1949年（昭和24年）郵便事業と通信事業を管轄していた逓信省は、郵政省と電気通信省に分割され、電信電話事業と設備は電気通信省が所管することとなった。電気通信省は、52年（昭和27年）に特殊法人としての日本電信電話公社（電電公社）となり、その業務は85年の民営化により日本電信電話株式会社（NTT）に引き継がれた。

2　供給形態と種類

2-1　供給形態と費用負担

　交通インフラ、輸送サービスの供給を公私のいずれで行うのが望ましいのか、また、費用を公私どのように分担するのかについては判断が分かれ、種々の形態が発生した。すでに述べたように、通常、鉄道以外の交通基盤施設は、国や地方公共団体が建設・運営しており、民間の事業者がみずから建設・保有することはない。これらの下部施設は、公共財として一般に開放され、不特定多数の利用者が使用している。これは下部施設の建設には、膨大な費用が必要となり、民間企業による供給能力が著しく低いため、中央政府や地方公共団体の介入が必要とされるからである。その際、整備の資金を調達する仕組みが必要となるが、1954年（昭和29年）からのガソリン税導入[1]は道路財源をつくるための一方法であった。

1　道路財源の確保策として、1954年（昭和29年）道路特定財源制度が当時一議員であった田中角栄（元首相）による議員立法からはじまった。当初道路整備に回せる財政余力は乏しかっ

鉄道については、鉄道会社がレールなどの下部施設や、それを使用する車両などの上部施設もサービスに必要な施設は、一体として建設、運営するのが一般的である。新線の建設や複線化などの工事費用は、巨額になるため国が鉄道会社に建設費補助金を交付している。ただし、新幹線の場合、建設費が他の鉄道施設の場合よりはるかに巨額であり、膨大な額の建設補助金を交付する必要がある。このため、新幹線を建設する場合には、国が建設しJRに貸し付ける方式を採用している。つまり、下部施設と上部施設の負担を分離する上下分離方式が導入されている。この場合でも運営は上下一体である。

鉄道建設における費用負担は、利用者からの利用料金の徴収が可能であることから、利用者負担による自立採算性が原則とされている。それでもそれらにかかる費用が巨額になるため、国が鉄道会社に補助金を交付している（補助率1/3または1/2）。

道路においては、有料道路の建設がはじまるまでは納税者などの責任とされ、利用者負担ではなかった。有料道路では利用者からの利用料金の徴収が可能であることから、受益者負担の自立採算性が原則になっている。財源の確保を行う方法として借入金を用い、完成した道路から通行料金を徴収しその返済に充てるという方式をとっている。今日では道路の種類により費用負担の方法が異なっている。運営管理の方法は自立採算が可能な道路では株式会社方式を採用し、それ以外では公社方式などをとっている。

ターミナル（鉄道主要駅、自動車ターミナル、港湾、空港）の運営については、特定の企業が専用で使用する場合は、その企業が所有、管理を行う。これに対し複数の企業が利用する場合は、独立の経営主体を設けるのが普通である。ターミナルは地域社会の開発のために誘致されることがない。その

た。そこでクルマをもつ富裕層の道路利用者に税金をかける「受益者負担」の同制度が考えられた。

道路特定財源は燃料に課税する揮発油税、地方道路税、軽油引取税、石油ガス税、自動車に課税する自動車取得税、自動車重量税があり、石油ガス税を除く五つの税は1970年（昭和45年）以降、税率を高くする暫定税率が適用されている。石油ショックの際の石油消費抑制の狙いなどから、74年（昭和49年）暫定的にガソリン税（揮発油税、地方道路贈与税）の税率を高めた。その後赤字国債発行という財政逼迫状況に至り、暫定税率は今日まで延長されている。

ため、地方自治体などが建設費の一部を負担し、あるいは開設後の運営に補助金を与えている。

港湾の経営は、出入船からの収入があるとはいえ、自立採算はきわめて困難な状態にあるため、官庁会計のもとになされている。一方空港では、空港整備の国の負担部分においても自立採算が原則となっている。自立採算が可能な空港では株式会社方式を採用し、それ以外では公社方式などをとっている。

ただし、自立採算が原則といわれる交通施設や輸送サービスのうち、地域開発や国民生活に最低基準の確保（ナショナルミニマム）のために自立採算が徹底しない場合がある。

国や地方公共団体により建設・運営管理が行われる道路、港湾、空港整備の財源は、旧来それぞれの特別会計により賄われてきたが、2008年（平成20年）度から「社会資本整備特別会計」に統合され、道路整備勘定、港湾勘定、空港整備勘定となった。それ以外に治水勘定、業務勘定がある。仕組みは各勘定で経理されている事業に必要な財源を一般会計から受け入れるとともに、直轄事業に係る地方公共団体からの負担金、着陸料などの空港使用料を歳入とし、受益と負担の関係を明確に区分して各事業に係る使用を歳出としている。

なお、社会資本整備事業特別会計は、特別会計に関する法律の一部改正に伴い、2013年（平成25年）度をもって廃止され、特別会計およびその勘定について廃止、統合の措置がとられた（空港整備勘定は、経過勘定として自動車安全特別会計に統合された）。具体的には次のとおりであり、道路、港湾とも一般会計からが90％前後占めているのに対し、空港は過半数が空港使用料となっている。

①道路

一般会計からの繰入金、地方公共団体の負担金などを財源として道路整備を行っている。

②港湾

一般会計からの繰入金、港湾管理者などの関係する受益者からの負担金収入などを財源として港湾整備を行っている。

表Ⅱ-5-1　2014年度施設整備予算　　（億円）

施　設	合　計	一般会計	空港使用料
道　路	18,289 (100%)	16,579 (91%)	
港　湾	2,666 (100%)	2,312 (87%)	
空　港	3,669 (100%)	884 (24%)	2,018 (55%)

出所：国土交通省総合政策局情報製作本部『交通経済統計要覧』。

③空港

　空港使用料収入（雑収入、着陸料など）、一般会計からの繰入金（一般財源および航空機燃料税収入の11/13）、財政融資金からの借入金などを財源として空港整備を行っている。

　わが国の空港使用料の多くを占める着陸料は、世界で比較的高い水準であるが、その多くを直接負担するのは航空会社である。一方、欧米では乗客が支払う施設使用料が高額に設定されており、空港利用料の大半が旅客が直接負担する仕組みになっている（表Ⅱ-5-1）。

　これらの管理主体が国や地方自治体のいずれかである場合でも地方が費用を分担することが多い。それは国が必要とし、国が管理するときも、それらの施設が一地方の交通にも使われ、地方にとって重要と認めているからである。

2-2　供給組織の種類

　今日の供給組織は、①交通インフラの建設管理、②輸送具の貸付、③輸送サービスの供給、④輸送サービスに付帯する業務の供給の四つに大別される。このうち、鉄道以外の交通インフラは、共有の方が費用が軽減されるので共有が原則である。輸送具は、利用者の目的および安全面に適した規格を採用することから専用が多い。

　その場合、輸送具の所有者から借りることもある。輸送具が高価で規模の大きい航空機や船舶の場合はそうならざるをえない。交通インフラの整備が進み交通サービスや輸送具の貸付の事業が高度化すれば、利用者にそれらの情報を提供し、その業務を代行するサービスも発達する。それに付随して宿

泊や保管などの関連機能が必要となる。

(1) 交通インフラの建設管理

交通インフラの建設管理は、交通手段別に道路、自動車ターミナル、鉄道、港湾、空港などに分けられる。

①道路

道路法に基づく道路の種類には、高速自動車国道、一般国道、都道府県道、市町村道がある。道路の建設運営管理者は、その種類により国、地方自治体などに分かれる。補助国道、都道府県道、主要地方道、市町村道については、国は必要がある場合に道路管理者に補助することができることになっている。道路法以外の道路は、林道、農道、港湾法に基づく道路などがある（表Ⅱ-5-2・3）。

②自動車ターミナル

自動車ターミナルには、バスターミナルとトラックターミナルとがある。

表Ⅱ-5-2　道路法で定められる道路

道路の種類 L＝1,212,664 km		定　義	道路管理者	費用負担
高速自動車国道 L＝7,920 km		高速自動車国道法第4条	国土交通大臣	高速道路会社 （国、都道府県（政令市））
一般国道	直轄国道 （指定区間） L＝23,368 km	道路法第5条	国土交通大臣	国 都道府県（政令市）
	補助国道 （指定外区間） L＝31,854 km		都府県（政令市）	国 都府県（政令市）
都道府県道 L＝129,343 km		道路法第7条	都道府県（政令市）	都道府県（政令市）
市町村道 L＝1,020,286 km		道路法第8条	市町村	市町村

出所：国土交通省総合政策局情報製作本部『交通経済統計要覧』。
注：道路延長は平成24年4月1日現在実延長。
　　高速自動車国道の（　）書きについては新直轄方式により整備する区間。

表Ⅱ-5-3　道路法に基づく有料道路の種類と事業主体

有料道路の種類	事業主体
高速自動車国道	東日本高速道路株式会社
一般有料道路（一般国道、都道府県道、指定市道）	中日本高速道路株式会社
	西日本高速道路株式会社
都市高速道路（都道府県道、指定市道）	首都高速道路株式会社
	阪神高速道路株式会社
	指定都市高速道路公社
	（名古屋、福岡、北九州、広島）
本州四国連絡高速道路（一般国道）	本州四国連絡高速道路株式会社
一般有料道路（一般国道、都道府県道、市町村道）	地方道路公社
一般有料道路（都道府県道、市町村道）	地方公共団体
有料橋、有料渡船施設（都道府県道、市町村道）	

出所：国土交通省総合政策局情報製作本部『交通経済統計要覧』。
注：高速道路株式会社が事業を営む道路は独立行政法人日本高速道路保有・債務返済機構との協定および協定に基づく国土交通大臣の許可を受けた道路のみ。

表Ⅱ-5-4　自動車ターミナル（2016年4月1日）

	バスターミナル	トラックターミナル
一般	25	22
専用	149＊	1,688＊＊

出所：国土交通省。
注：＊2011年3月31日実績。
　　＊＊1996年（平成8年）自動車ターミナル法改正により、専用トラックターミナル規制が廃止されたため、専用トラックターミナルは1996年3月31日実績。

両ターミナルとも事業者専用の専用ターミナルと「自動車ターミナル法」（1959年〔昭和34年〕4月制定、同年10月施行）に基づくターミナルがある。後者においては、一般の乗合バス、一般の積合せトラックを対象にしている（表Ⅱ-5-4）。

③鉄道

日本では、比較的人口密度が高く、鉄道は都市内輸送、都市間輸送で重要な役割を担っている。しかし、人口密度の低い地域では人口減少やモータリゼーションの影響によりかなり厳しい経営を行っているところも多い。事業

表Ⅱ-5-5　鉄道事業者数および営業キロ（2012年7月）

区分		事業者数	営業キロ
普通鉄道	JR	6	20,135.3
	大手民鉄	16	2,901.8
	準大手	5	109.9
	公営	11	548.8
	中小民鉄	121	3,639.3
	貨物	12	8,413.7
モノレール		9	111.9
新交通システム		9	159.6
鋼索鉄道		14	22.5
無軌条電車		1	9.8
合計		204	36,052.6

出所：国土交通省総合政策局情報製作本部『運輸経済統計要覧』。

者はJRグループ以外に私鉄も多く存在する（表Ⅱ-5-5）。

　大手、準大手私鉄は、主に大都市圏にあり、都心と郊外を結ぶ路線網を形成している。中小私鉄は、JRの駅を結ぶものが多い。大都市では地下鉄もあるが、いずれも特殊会社または地方公営企業（公営交通）の形態をとっている。これ以外に地方部では主に旧国鉄の赤字ローカル線を継承した地元自治体などの出資による第三セクターがある。

④港湾

　港湾は、船舶が安全に停泊し人の乗降や貨物の積卸、荷役が行える海域と陸地の結節点を指し、その数は994港と多い。港湾には、旅客輸送、物流が円滑に行われるための各種の施設が整備され、ポートオーソリティ（港湾局）、地方自治体などの組織によって管理、運営されている。

　港湾の種類には、港湾法に基づくものとして、機能を基準にした国際戦略港湾、国際拠点港湾、重要港湾、地方港湾、56条港湾がある（表Ⅱ-5-6）。それ以外では港湾運送事業法、港湾労働法、港則法、関税法に基づくものがある。

　なお、国際戦略港湾、国際拠点港湾は2011年4月1日に従来の「特定重

表Ⅱ-5-6　港湾の種類および数（2015年4月1日）

区　分	管理者					合　計
	都道府県	市町村	港務局	一部事務組合	知事	
国際戦略港湾	1	4	0	0	－	5
国際拠点港湾	11	4	0	3	－	18
重要港湾	82	16	1	3	－	102
地方港湾	504	304	0	0	－	808
（うち避難港）	(29)	(6)				
56条港湾	－	－	－	－	61	61
計	598	328	1	6	61	994

出所：国土交通省港湾局監修『数字でみる港湾2015』。

要港湾」から名称を変更したものである。国際戦略港湾、国際拠点港湾のなかで国際コンテナハブ機能が求められる港湾を「指定特定重要湾」（スーパー中枢港湾）とし、現在、東京港、横浜港、名古屋港、四日市港、大阪港、神戸港が指定されている。

表Ⅱ-5-7　空港の種類および設置数（2015年4月1日）

種　類	設置主体	設置数	管理主体		
			国土交通大臣等	都道府県知事等	空港株式会社
拠点空港		28	19	5	4
会社管理空港	空港株式会社	4	0	0	4
国管理空港	国土交通大臣	19	19	0	0
特定地方管理空港	国土交通大臣	5	0	5	0
地方管理空港	都道府県知事	54		54	
共用空港	防衛大臣等	8	8	0	
その他の空港	国土交通大臣 都道府県知事	7	1	6	
合計		97	28	65	4

出所：国土交通省総合政策局情報製作本部『交通経済統計要覧』。

⑤空港

わが国の空港は、航空法により拠点空港、地方管理空港、共用空港、その他の空港の四つに分類され、さらに拠点空港は会社管理空港（成田国際空港、中部国際空港、関西国際空港、大阪国際空港）、国管理空港、特定地方管理空港の三つに分類されている。わが国には97ヵ所の空港が整備されているが、海外の空港に比べ国土面積あたりの数が多く、規模が小さい傾向にある（表Ⅱ-5-7）。

(2) 輸送具の貸付

輸送具の貸付は、それを専業とする場合と、輸送具を企業自らが使用しないときや保有せず必要なときに貸借する場合などがある。輸送具の貸付を専業とするものには、リース事業とレンタル事業とがある（表Ⅱ-5-8）。リース事業の対象は、中古、新品を問わず企業は自社で購入した場合とほぼ同様に使用できるため、日本をはじめ世界各国で設備投資手段として広く普及している。交通での対象は自動車、船舶、航空と多岐にわたっている。

貨物の場合、海運事業における船舶貸渡業（船舶の貸渡、運行の委託）の貸渡は専業に属する。さらに船舶や航空機においては、運送スペースの一部を賃貸するシステム（スペースチャーター方式）も普及しているが、これは自己が使用しない場合である。鉄道車両の相互乗入は運行の都合による貸借である。

船舶や航空において貸借が増加したのは、定期事業の運営において輸送具などに巨額の投資を必要とし、世界の多くの定期運行会社は単独による経営

表Ⅱ-5-8　リース事業とレンタル事業の相違

区　分	リース事業	レンタル事業
使用目的	計画的長期利用	一時的利用
契約期間	長期（通常2年以上）	短期（時間・日・週・月）
所有者	リース会社	レンタル会社
使用者	ユーザー	レンタル会社
ユーザー	特定ユーザー（主に法人企業）	不特定多数（個人・法人）

表Ⅱ-5-9　外航海運における船腹確保の方法

区　分	方　法
自社 （グループ）	社船（日本籍船） 海運会社みずから保有する船舶を社船という。日本籍船とは日本の官公庁や国民（法人を含む）所有船で一定数以上の日本人船員を配船させる必要がある。
	仕組船（便宜籍船） 運送会社が主として、他国に設立した子会社に船舶を建造・保有させた船を仕組船という。当該子会社から傭船契約により親会社が借り受けて保有すること。
	共有（ジョイント・ベンチャー） 高価な船舶について投資リスクを回避するため、船舶を共有したり、船舶保有会社を共同で設立して船舶を保有すること。
傭船	傭船（用船） 荷主または運航業者が船舶を船主から借り受けて貨物の輸送を行うこと。船員の配乗の有無によって一定期間の契約は定期傭船と裸傭船に区分される＊。航海単位の契約である航海傭船もある。これ以外にリースによる船舶の調達も行われている。

出所：新日本有限責任監査法人『海運業研究会資料』(2009)。
注：＊一定期間を定めた貸借は「定期傭船契約（time charter）」と呼ばれる。船は通常乗組員を乗せて管理されており、一定期間、船員づきで貸し出している。これに対し船員をつけない場合があり、それは「裸傭船契約（bare charter）」と呼ばれる。

が困難になったからである。とくに日本の海運事業では、1949年（昭和24年）の海運事業法制定以来、法律において船舶の貸渡事業が存在している。2005年（平成17年）4月1日改正内航海運事業法の施行において内航海運事業と内航船舶貸渡業の区分がなくなったが、それでも規模の大きい内航海運事業者において貸渡事業者の方が運送事業者よりはるかに多い。

外航海運での貨物船の場合は、輸送コストや航続距離などの関係により大型船舶の確保が必要となるため、自社グループによる便宜籍船、共有方式や他社からの傭船（用船）によって調達している（表Ⅱ-5-9）。

(3) 輸送サービスの供給

輸送サービスの供給は通常「運輸交通業」に該当する部分である。その形態には、輸送具を保有してサービスを提供するもの（実運送：carrier）とそれを利用してサービスを販売などするものがある。サービスの提供につい

ては、利用者の不特定、特定により「公共運送人 (common carrier)」と「特定運送人 (contract carrier)」とに分かれる。公共運送人は、「定路線」と「不定路線」に分かれ、さらに、前者は「乗合」、「積合」の方式となる。

販売などに関するものとしては、他の輸送企業のサービスを使用するものと特定企業のサービスのものとがある。前者においては貨物利用運送事業[2]、後者においては人や貨物を対象とする代理店[3]（船舶、航空）、貨物を対象とする取次業（宅配便などの窓口）、海運仲立業などがある。

(4) 輸送サービスに付帯する業務の供給

輸送サービスに関連する機能としては、代表的なものは宿泊、保管などがある。さらに、輸送具、動力、通路、運行管理に係る施設の建設や機器の製造、保守あるいはエネルギーの供給などの業務があげられる。これらの業務は、交通企業が兼業として行っている場合が多い。

---

2 貨物利用運送事業とは、荷主から貨物を預かり、他の運送事業者（実運送）を利用して運送を引き受ける事業である。広義にはトラック事業者のJRコンテナ列車、長距離カーフェリーの利用も含む。また、国際運送を取り扱う事業者をフォワーダー (forwarder) と呼び、このうち航空輸送を得意とする事業者をエア・フレートフォワーダー、海上輸送を得意とする事業者をNOVOCC（非船舶運航事業者：non vessel operation common carrier）と呼ぶこともある。
3 このほか旅行業において代理店業があるが、これは貨物利用運送事業の仕組みに近いサービスである。

第III部

交通の技術開発と選択

第6章 交通技術の発達

　交通サービスの供給は、通路、輸送具（運搬具）、動力そして運行管理の四つの技術的要素の組み合わせによって行われる。これらの要素は、相互に依存しながら発達し、さらに輸送具ごとの規制を通して、常に与えられた自然的、歴史的、社会的制約のもとで成り立っているのである。

　また、交通の技術要素の高度化は、多様な輸送手段選択の組み合わせを可能にした。それはまた輸送サービスの供給者側と需要者側の両方の能力向上に貢献することでもあった。

1　技術的要素

　技術的要素のうち、輸送具は、動力をみずから備えているが、通路と結合しなければ、交通サービスの提供はできない。また、その際サービスの利用量が多くなれば、運行管理技術が必要となる。

　そして、交通が空間における場所的移動を意味している限り、通路の地理的状況や物理的性質が決定的意義をもつことは明らかであり、輸送具（動力）の構造や発達の可能性は通路の性質によって基本的に制約される。

　そこでここでは、通路、輸送具（運搬具）、動力、運行管理について、それぞれ解説し、この四つの要素の関係について述べていく。

1-1　通路（ターミナルを含む）

　通路については、道路、鉄軌道、航路、航空路およびターミナルが対象となる。これらは交通サービスの生産が行われる場所であり、その設定には交

通空間の確保が前提となる。交通空間は、自然的条件と社会の既存の土地利用とがしばしば制約条件となり、通路はこれらの事情とその時代の技術能力と費用負担能力のもとで設定される。

通路のうち、道路と鉄軌道およびターミナルは、自然的、物理的制約により軌幅や構造および規模に一定の限度がおかれている。これらの制約条件は、輸送具と動力における発達の限界を規定している。これに対して、海洋航路と航空路は、それらの影響をほとんど受けることはないが、その両端では陸路での制約を受ける。

1-2 輸送具（運搬具）

交通は、その克服すべき空間の種類によって、陸上、水上、空中の各輸送に分類され、さらに現在使用されている輸送手段のなかから、自動車、鉄道、船舶、航空に分担される。（図Ⅲ-6-1）。

また、旅客輸送と貨物輸送ではその仕様が違うことは当然として、貨物輸送では、通常の貨物を対象としたもののほか、貨物の形状に適した専用化したものとがある。専用化は特定の貨物の積載能力および荷役能力を高めるための特殊な構造設備をもったものである。

以下に、各輸送具につき、その用途別種類を挙げておく。

図Ⅲ-6-1 輸送手段の種類

注：船舶が航行する通路として、内陸水路（河川、運河）と海洋があるが、わが国では19世紀後半に鉄道との競争力を失い、現在では船舶輸送は海上輸送を指しているのが一般的である。

(1) 自動車

トラックの大きさは、「道路運送車両の保安基準」によって最高限度が、長さ12m、幅2.5m、高さ3.8m、車両総重量通常20トン（最大25トン）、軸重10トンと定められている。このような制限のなかで、用途別に普通トラック、トレーラ、特殊トラックに分かれる。特殊トラックには、物資別輸送を効率的に行うため、ダンプ・トラック、タンクローリ（セメント、液体など）、コンクリートミキサー車、冷凍車などがある。

(2) 鉄道

貨物車には用途に応じて、通常の貨車とコンテナ車とがある。鉄道コンテナの種類には、普通コンテナ以外に、冷蔵コンテナ、タンクコンテナなど特殊な形態のものがある。

(3) 船舶

船舶輸送には、主にコンテナ船と専用船とがある。船舶輸送は、長距離で1回に運ぶ量が多くなるほど、そのコストが低減するので、船舶の大型化と専用船化が進んでいる。主な専用船の種類としては、石油タンカー、LPGタンカー、セメントタンカー、ケミカルタンカーをはじめ、自動車専用船、石炭専用船などある。また、自動車航送船としてカーフェリーがある。

(4) 航空

航空貨物は、旅客機のベリー（機体下部の貨物室：belly）による輸送と貨物専用機によるものとがある。

1-3 動力

動力とは、機械装置を動かすためのエネルギーのことで、輸送具に搭載しているエンジン、モーターなどはエネルギーの動力源となる。輸送具は、動力の技術開発とともに発展してきた。20世紀以降、陸、海、空の輸送具の速度と輸送能力（長距離輸送能力、積載能力）の技術は著しく向上した。しかし、輸送具と動力の発達は、通路の制約により限界を規定している（表Ⅲ

表Ⅲ-6-1　速度と輸送能力

輸送手段	速　度	貨物輸送能力
自動車	高規格幹線道路　100 km/h ただし大型貨物車 80 km/h 一般道　60 km/h	車両総重量　20〜25 t[1] 積載量　10〜15 t
鉄　道	新幹線　300 km/h 在来線　110 km/h[2] 貨物列車　110 km/h	コンテナ列車最高 26 連結（5 トンコンテナ 130 個積載可能）
船　舶	外海は制限なし 最高速度　約 50 km/h	コンテナ船（国内企業製造）　約 100 千 GT、最大 10 千 TEU[3]
航　空	管制圏内以外は制限なし 最高速度　約 860 km/h	ボーイング 747　100 t 以上[4]

注：1）「道路法」では道路の構造の保全と交通の危険を防止するため、道路を通行できる車両の幅、重量、高さ、長さなどの最高限度が定められている。幅→2.5 m、高さ→3.8 m（ただし指定道路を走行する車両の高さは 4.1 m）、長さ→12 m（ただし高速自動車国道を走行するセミトレーラは 16.5m、フルトレーラは 18 m）、車両総重量は 20〜25 t（ただし高速自動車国道、指定道路を走行する車両は、車長および軸距に応じて最大 25 t、またバン型セミトレーラおよびフルトレーラは軸距に応じて高速自動車国道で最大 36 t、その他の道路で最大 27 トン）。
2）JR 西日本の一部区間のみ 130 km/h。
3）GT（gross tonnage：船の大きさを示す指標、総トン数）。
　TEU（twenty-foot equivalent unit：20 フィートコンテナ換算、コンテナ船の積載能力を示す単位）。
4）ボーイング 747 はわが国において 2014 年 3 月に終焉を迎えた。

-6-1）。

(1) 自動車

　自動車の動力は、内燃機関、電動機である。車両のさらなる大型化やスピード化に関わる技術開発は可能であるが、通路の制約条件からこれまで以上の能力向上は、ほとんど意味をなさない段階に達した。

　現在での動力源の技術開発の関心は、排気ガス、騒音などの環境対策や燃費向上などに向けられている。また、燃料多様化の必要性の面から、新たな動力源の開発が進められている（表Ⅲ-6-2）。

表Ⅲ-6-2 主な環境対応の車両の開発

車　種	ハイブリッド自動車（hybrid electric vehicle）	天然ガス自動車（NGV/natural gas vehicle）	電気自動車（electric vehicle）
構　造	二つ以上の動力源を合わせ、走行状況に応じて動力源を同時または個々に作動させる自動車。一般的な動力源は（ガソリンやディーゼル）エンジンとモーターで方式は3タイプある。	天然ガス（搭載形態としては圧縮天然ガスが主流）を燃料とするエンジンを搭載し走る自動車。通常は燃料が圧縮された天然ガスであることからCNG車（compressed natural gas）ともいう。	エンジンの代わりにモーターと制御装置を搭載し、ガソリンの代わりにバッテリーに蓄えた電気を使って走る自動車。
長　所	・燃費の向上による排出ガスの低減。 ・騒音が少ない。 ・既存のインフラで燃料補給が可能。 ・充電が不要。	・走行中の排出ガスがきれいで、とくにPM2.5の排出量はほぼゼロ。 ・振動騒音が少ない。	・走行中の排出ガスがまったくない。 ・振動騒音が少ない。
課　題	・システムの小型軽量化と適用車種の拡大。 ・車両価格の低減。	・システムの小型軽量化と適用車種の拡大。 ・航続距離の延長。 ・充塡所の確保。 ・車両価格の低減。	・充電時間の短縮（現在は4～12時間）。 ・航続距離の延長。 ・充塡所の確保。 ・車両価格の低減。

注：その他の次世代自動車といわれるものに、燃料電池自動車（水素と酸素の化学反応により燃料電池で発電した電気エネルギーでモーターを回して走る自動車）。DME（ジメチェルエーテル）自動車（天然ガス、石炭層ガス、石炭およびバイオマスなどの多様な炭素資源を原料に合成される燃料を使用）などがあるが、いずれもコストが膨大となるため、実用化はかなり先になるとみられている。

(2) 鉄道

　鉄道の動力源は、ディーゼル機関である。鉄道においても安全性と環境保全の確保のため、能力が制限されている。現在、わが国で運行している鉄道（新幹線）の最高速度は、300 km/h である。これは環境面で最も問題となる騒音対策を考慮した限界速度である（実際は 320 km/h まで可能といわれている）。

　貨物列車は、電車や気動車に比べ、重量も重く制限速度は抑えられており、コンテナ列車では 26 両が最大となる。速度においては現在、旅客列車

との調整もあり、最高速度が 110 km/h（JR 西日本の一部区間で 130 km/h）に抑えられている。

他方、リニアモーターを動力とするリニアモーターカー（500 km/h[1]）の開発が実用化に向けて進められている。

(3) 船舶

船舶の動力は、ディーゼル機関、タービンとスクリューである。通路は海洋なので大型化、速度に対する制約は少ない。大型化もスピード化も、その支持力は浮力によるため、他の輸送具と比べ容易である。船舶の大型化は、とりわけタンカー、コンテナ船などの特殊船において進められた。スピード化は、主に定期船において進められた。しかし、大型化もスピード化も燃料を大量に消費するため、経済性が重視される。

(4) 航空

航空機の動力は、ジェット機関である。航空機は、航路上での大型化、速度に対する制約は少ない。しかし、これらの動力の開発には、大きなコストを要するため、安定した需要がなければ存続できない。

わが国では、20 世紀半ば以降ジェット化が進められ、1972 年には座席数 500 席以上、貨物搭載量 100 トン以上（貨物専用機）の大型航空機であるボーイング 747（愛称ジャンボ・ジェット）が就航した。ボーイング 747 の登場は、本格的な大量高速輸送を可能にし、わが国の高度成長期の象徴であるかのように華々しいものであった。しかし 2014 年 3 月、ボーイング 747 は燃料費と人件費の負担が大きく経営的に耐えることができず、ついに日本の空から姿を消した。

---

1 「リニア中央新幹線」は 2011 年 5 月 26 日に整備計画が決定され、JR 東海が建設することが同年 5 月 27 日に定められた。2016 年度中着工を予定している。区間は東京都から大阪市であり、最高設計速度 505km/h の高速輸送が可能な超電導磁気浮上式リニアモーターカー「超電導リニア」により建設される。首都圏・中京圏は 2027 年の開業を目指している。東京・名古屋間を最速 40 分で結ぶ予定。東京・大阪間の全通開業は 2045 年で最速 67 分で結ぶ予定である。国土交通省の小委員会は、リニアがもたらす経済効果を東京・大阪間が全通した段階で、年間 8700 億円と見込んでいる。建設費は、名古屋まで約 5 兆円、大阪まで 9 兆円と試算している。

また、高速化を求めて、超高速輸送機（SST：supersonic transport[2]）が導入されたが、2003年10月以降取りやめとなった。これは経費が高く安定した需要が確保できないためと推測される。イギリス・フランスが共同で開発したコンコルドは、速度はジェット機の2倍以上であったが、座席数が100人程度であり、座席あたりのコストが高く普及しなかった。

1-4　運行管理

運行管理の領域には、国や地方公共団体などが行うものと私企業が行うものとがある。前者に属するものは、道路交通管制、航空管制、港湾管理などで主に安全かつ円滑な運航を目的にしている。後者に属するものは、輸送具（運搬具）の保守点検、運転者の安全、健康から貨物や乗客の行き先、積替え（乗り換え）場所の設定、移動途中の状態の把握などその範囲は広い。

運行管理技術は、20世紀後半から通信と電子工学の発達により、とりわけ移動に係る分野において目覚ましい発展を遂げた。現在は運行管理の手段として、高度なものはGPSから身近なものは携帯電話まで幅広く利用されている。

大都市圏の高密度運転線区や新幹線の運行、航空機の頻繁な離発着は、運行管理技術の発達により可能になっている。また運送企業においては、複数の利用者と複数の輸送具を利用し、広域にわたるサービスを提供し、かつ移動途中の状態を常時把握している。もし、運行管理技術の向上がなければ、全国ネットワークの宅配便は発展しなかったかもしれない。また、近年災害対策として運行管理技術の重要性が認識され、さらにその活用範囲は拡大している。

1-5　4要素の関係

交通が他の産業と異なるのは、通常の生産財では、一つの経営主体がその生産費のすべてを支出し、需要者から価格の形で生産費を回収しているのに

---

[2] 「超高速輸送機（SST：supersonic transport）」は超音速の速度で飛行し、人や物を輸送する航空機のことである。超音速旅客機ともいう。かってはロシア（ソ連）のTU144、イギリス・フランスの共同開発のコンコルドが商業飛行を行っていたが、TU144は1978年6月、コンコルドは2003年10月に取りやめた。

対し、鉄道以外ではこの形がとられていないことである。鉄道以外では、輸送具、動力、運行管理が同一主体に属し、通路とは相互協力関係にある。費用においても鉄道以外は、通路を除いて輸送具、動力、運行管理が利用者の負担となるのが普通である。鉄道では原則として、4要素とも単一の経営主体に管理され、すべて利用者の負担となっている。

鉄道においては、通路による輸送具の拘束力が強く、車両開発には線路、車両、架線とATC、CTC[3]を一体的に管理する必要があった。新幹線の運行は4要素とも同一単体の管理のもとではじめて可能となった。

鉄道以外の通路は、道路、港湾、空港とも不特定多数の利用を前提にしている。不特定の所有者の輸送具を通すことにより、共有の利益を上げることができるからである。専用はごくわずかの例外である。

しかし、共有することが輸送具の所有者の要望の制約要件になることもある。船会社が船舶を大型化したければ、港湾の水深の対応が求められる。飛行機の大型化、高速化をしたくても滑走路の規模が対応できないという事態が生じる。輸送具の大型化には、それに見合う通路やターミナルの規模と能力が必要となる。そのため、いずれかの技術開発の展開のためには、他の要素の管理主体との協力が求められる。輸送技術の合理的展開は4要素の協力関係が成立する範囲において可能となるのである。

1-6 通路における海外との比較

交通技術の発展は、その国の地理的歴史的条件などに大きく支配される。とくに通路はその傾向が強く、そして通路は交通手段の能力に影響を及ぼす。わが国の通路の整備には、欧米に比べ克服しなければならない条件が多くあり、何倍もの費用を必要とする。

そのため、通路の拡幅については、明治以降道路や鉄道において、その是

---

[3] 「ATC（automatic train control：自動列車制御装置）」とは、鉄道における信号保安装置の一種である。その定義は「先行列車との間隔及び進路の条件に応じて、車両の列車との許容運転速度を示す信号を現示し、その信号の現示に従って、列車の速度を自動作用により低下する機能を持った装置」（運転安全規定）である。
「CTC（centralized traffic control：列車集中制御装置）」とは、鉄道において路線・一定区間の単位で信号や分岐器の連動装置を運転指令所または列車制御所において遠隔制御できるようにしたシステムをいう。

表Ⅲ-6-3 軌幅の種類

狭　軌	762 mm、1000 mm、1067 mm
	日本ではJR在来線や私鉄の多くが1067 mmを採用
標準軌	1435 mm
	欧米を中心に採用され、全世界の路線の6割を占める。日本では新幹線や一部私鉄で採用
広　軌	1524 mm、1600 mm、1676 mmなど
	ロシアやブラジルなどで採用されているが日本にはない

出所：浅井（2004）、p. 21。

非をめぐって激しい論争があった。道路においては1923年の関東大震災[4]や第二次世界大戦での大火による大きな被害の最大の要因は、道路の貧弱さであったとの反省から、後藤新平による「東京復興計画」が打ち出された。さらに、第二次世界大戦後にも壮大なスケールの「東京戦火復興都市計画」が打ち出されたが、いずれの計画も実現には莫大な費用を要するという理由から、ごく一部が実施されるにとどまった。

　鉄道においては、明治政府がイギリスの指導で官設として導入する際、狭軌（軌幅1067 mm）か標準軌間（軌幅1435 mm）かといった軌幅論争があった。当時は標準軌広軌の高速化の有利性を認識しつつも、財政的理由から狭軌を選び、以後わが国ではそれが鉄道の主体となった（表Ⅲ-6-3）。その後、明治・大正にかけて輸送力増強を目的に軌幅改築論議が繰り返されたのは周知のとおりである[5]。

---

[4] 1923年9月1日神奈川県西部を震源とするマグニチュード7.9の大震災（関東大震災）が起きた。この地震により南関東一帯の広い地域で家屋の倒壊をはじめ、火災、津波などの大きな被害があった。死者、行方不明者は約10万5000人といわれ、このうちの約88％にあたる約9万2000人は火災による犠牲者だったといわれている。ちなみに、この大震災において自動車の機動性が広く認識され、自動車が躍進する要因ともなった。

[5] 鉄道導入時における軌幅論争について、富永（1953）は次のように紹介している。
「工事は明治3年3月25日東京横浜間の測量開始をもって着手された。かくして明治3年より11年に至る9年間、設計・測量・建築・工作・運転・運輸等悉く英国人の指揮の下に進められたのであった。日本が何らかの技術準備期もなしに最初から比較的順調に鉄道の建設経営を行い得たのも、これらの英国人が母国における半世紀の経験を背景としてもっていたからである。この意味で日本の鉄道は英国にその前史を有する、といって過言でないだろう。尤も、英国における鉄道の最新技術がそのまま日本に齎されたわけではない。日本の経済的発展の未熟さが種々の点でこれを妨げた。当時のイギリス鉄道はベッセマー鋼の発明（1856年）により鉄軌條から鋼軌條への転換期にあり、レーが日本鉄道について技術顧問と

第6章　交通技術の発達

　通路による輸送具、動力への影響は避けられない。その結果、トラックと鉄道の貨物輸送の能力は、わが国と欧米とでは大きく異なっている（表Ⅲ-6-4・5）。もし、わが国が欧米のように広大で平らな地形であり、当時の経済が豊かであったならば、状況は一変していたかもしれない。交通技術の発展は、その国の地理的・歴史的条件および経済状況に大きく左右されるのである。

して選んだプレストン・ホワイト（Preston White）も鋼軌條を推奨したのであるが、日本政府はその使用が外国においても近年のことに属する故をもってとらず、鉄軌條に決めた。特に決定的な意義をもったのは軌幅の問題である。英国では有名な 1845 年の「軌幅論争」（Battle of Gauge）を経て標準軌幅への統一に向いつつあり、最大の広軌鉄道たる Great Western Railway も 1868 年から軌幅変更を開始していた。しかるにホワイトは日本の経済的発展性の予測に当たってこれを印度的水準に見たのであろうか、3 尺 6 寸の狭軌を選び、日本政府自らもインドの例に倣い、且つは財政的理由から黙許した。ここに技術的にみた日本鉄道の植民地的性格が決定されたのである。従って軌條重量が英国では London and North Eastern Railway の如きはすでに 75 封度（ポンド）レールを使用していたのに、60 封度（ポンド）の軽軌條が輸入された、車両の性能も当然軌幅によって制約される。――（略）――。このことはやがてこの国の生産力の発展と必然的に矛盾し、それが明治 20 年以来繰返されて今日に至った広軌改築問題となって現れているのである。」（上掲書、pp. 49-50）。

その後の軌道幅論争の評価について、角本（1989）は次のように述べている。

「「広軌改築論」はまず、1887 年ころ陸軍参謀本部が主張し、日清戦争中の経験により輸送力増強の必要性が痛感されて、さらに盛んになった。しかし政府は費用の点で難色を示した。なお私鉄では 1899 年に標準軌間採用の実例が現れた。

　その後論争がくりかえされ、一時はそのための実験も行われた。しかし遂に 1919 年に「政府は財政上・経済上困難であることを述べ、また現在の狭軌でも単線区間は複線とすることにより、また適当な改良を加えることにより、広軌とする必要なく、将来広軌に改築する必要は絶対起こらないと断定し」論争は終わった。

　いずれが妥当であったかは歴史の論評において興味のあることである。しかし当時も今日も、これを机上の抽象論で扱うことは許されない。数字を入れて見ると、陸軍の支援や後藤新平鉄道院総裁の声望があっても、広軌論を押し通せなくなった事情が理解できる。幸い中山隆吉がその数値を残している。1911 年後藤新平が総裁のときにこの問題が議論され、広軌鉄道改築準備委員会が検討した。

「――（略）――広軌にしなければ輸送できないといっていた数字は、狭軌でその数割多くを輸送している現状である。このように今日から見れば、広軌、狭軌の議論は結局過去の夢のように感じられる。しかし列車の速度による危険、動揺等については軌幅がほとんど死命を制していることは十分に想像できる。欧米各国の広軌の車両は、現在のわが国の車両と、車両自体の幅員はさほど違わないけれども、走行させる速度においては大きな差があることを認めねばならない。」

　次に中山は日本の場合に旅客の速度向上をねらっての広軌改築には意味があるとしても、貨物輸送力のためには、米国とは事情が違いその必要がないと述べ、次のように結んだ。

「特殊の輸送繁忙になる区域に対し、別に広軌の線路を設けるべきかどうかは考慮できるけれども、全線にわたって改築する時期はすでに過ぎ去った感じがする。」

　中山の理解は今日のわれわれから見てまことに正確であった。逆に明治 20 年（1887 年）ごろの陸軍であれば仕方がないが、1910 年代、明治から大正にかけての国鉄人が輸送力に関しこの程度の理解で議論をしていたのはふしぎな気がする。そのような広軌論であれば敗退するのは当然であった。それにしても、明治時代の鉄道輸送力がいかに小さかったかが以上の数字で理解できる。」（上掲書、pp. 238-240）。

表Ⅲ-6-4　主要トラック積載能力の比較

	総重量	積載能力
日本	20〜25t	10〜15t
アメリカ	48 ft バン型トレーラ	20〜25t
主要ヨーロッパ	40t	24t

出所：国土交通省。

表Ⅲ-6-5　鉄道コンテナ列車積載能力の比較（20 ft 換算）

	総重量	積載能力
日本	60個〜78個	約600t〜780t
アメリカ	コンテナ1段積 220個	約4,000t
主要ヨーロッパ	87個	約1,700t

出所：国土交通省。
注：アメリカではコンテナ2段積の列車が運行。

2　技術開発の影響

2-1　技術開発と効果

　1960年以降輸送の供給者は、主に新商品の開発、コスト低減などを目指し、輸送技術の近代化を積極的に進めた。それらの内容を大きく分類すると、①輸送の迅速化を図る技術、②輸送具の性能を促進する技術、③コスト低減を図る技術、④輸送の効率化を図る技術の四つに分けることができる。以下に、少し詳しく述べる。

（1）輸送の迅速化を図る技術

　迅速性の基本は、輸送機関の速力を上げることである。速力の向上は、輸送の品質を高めることでもあり、新商品としての輸送をつくりだすための技術でもある。輸送機関の速力が上がれば、それだけ輸送機関の回転率が高まり、一定期間内における利用が増えることになる。つまり、生産性が向上するということである。このように輸送機関の速力を上げることは、品質の向

上、新商品の開発、生産性の向上の三つの効果が期待できるのである。

(2) 輸送具の性能を促進する技術

輸送具の性能を促進する技術としては、主に安全性と環境に係るものとがある。安全性に係るものとして事故、故障、振動などの削減以外に正確性も含まれる。環境に関しては、主に自動車交通から発生する排気ガス、騒音の削減技術である。これらの技術は結果として、輸送の品質向上に結びついている。技術開発が成熟していくなかで安全と環境は、今後もさらなる努力が求められる分野である。

(3) コスト低減を図る技術

輸送コストの低廉化における技術開発は、主に貨物輸送で輸送具の大型化、専用化などで進められた。大型化は、まさに生産性向上に直結するものである。効果として(1)と同様に一定期間内における利用量が増え、コスト低減が図られるというものである。

専用化は、タンカー、冷凍車、コンテナ専用車など、従来の輸送機関では運べない貨物を輸送できる手段をつくりだしたという意味で新商品としての技術開発といえる。専用輸送は特定の貨物を運ぶ場合には、非常にコスト低減になる。しかし、専用輸送は輸送具の形状が特殊なため、他の貨物を運ぶことが著しく困難であり、特定荷主企業の景気の影響を強く受けることが避けられない。

(4) 輸送の効率化を図る技術

輸送具の大型化、専用化に対応して、貨物の積卸に適したターミナル整備と荷役設備の開発が進められた。それにより、大幅に輸送時間が短縮され生産性が向上した。このように技術の進歩により、新商品の開発やコスト低減が可能となった。

2-2　供給者と需要者

(1) 供給者

　新商品の創設は、新たな需要を生み出し、コスト低減は価格低下に直接結びつくことから、交通手段選択に大きな影響を及ぼすこととなる。しかしながら、こうした効果を発揮させるためには、上記の (1)、(2) については安全と環境との調和均衡を配慮しなければならない。(3)、(4) については、船舶や飛行機の大型化のように発着施設の規模と能力との調和均衡を配慮しなければならない。

　そのため、多方面にわたる関係機関との高度な調整能力が必要となる。また、新たな技術開発には多額の費用を要するため、交通の供給側はその費用を賄うだけの需要を確保しなければならない。このように技術開発は供給者側の能力に大きく左右される。

(2) 需要者

　自動車が発達し長距離化が進んだとき、鉄道は痛手を受けた。新商品の登場は、他の商品の衰退を意味する。とくに、需要量が停滞すればその傾向は顕著となる。しかし、新商品もやがては成熟期に入り、新たな商品にその地位を譲ることになる。需要者側の意識の変化は速い。供給者側は、技術開発により交通手段の品質を向上させたが、それは需要者側の選択能力を向上させることでもある。

第7章 交通手段の選択

　交通の需要を考える場合、常に他の交通手段との比較が問題とされる。交通手段の選択は、各交通手段がもつ品質（低廉、迅速性、快適性、安全性など）を中心に総合的な評価に基づいて行われる。

　輸送手段選択の結果には、交通手段別の激しい盛衰があり現在に至っている。各交通手段にはそれぞれ特徴があり、それらの特徴は交通手段選択の主要な要因となるけれども、利用者が選択の基準にするのは、戸口から戸口間における費用と時間である。

　貨物の場合、大量貨物は料金が安いから船の方がよく、エネルギー効率はトラックより鉄道の方がよいといわれる。しかし、戸口間で比較すると必ずしもそうとは限らない。貨物を発送する荷主企業は、こうした要件を考慮しながら常に輸送全体の効率性に注意を払っている。その結果が輸送手段の選択や工場、倉庫などの配置を決定している。

1　選択基準

1-1　多様化する基準

　交通の需要は特殊な場合を除き、派生的である。したがって、同一の目的達成のために利用できる交通手段が複数ある場合に選択の問題が発生する。交通手段の選択においては、人や物を最小の費用で希望の時間内に移動させたいというのが、需要者側の共通の意識である。その際、種々の条件がつく。それらを整理すれば、迅速性、安全性、快適性、便利性（運行回数）、正確性などがあげられる。これらの項目を総称して「品質」と表現する。品

質向上の程度は、交通の技術要素である輸送具、動力、通路そして運行管理の開発に大きく依存する。

　技術開発は、新商品の創出にも貢献した。新商品が出現する場合、通常は費用が高いけれども品質のよいものが登場し、経済成長とともに品質を重視する人たちの利用が増加して費用を低下させる。所得（支払い能力）の向上と供給価格の低下の関係である。反対に、費用が安くても品質の劣るものは衰退した。航空、自動車と鉄道の関係がそうであった。

　こうした背景のもと、供給者側の提供する品質が高度化し、需要者側の選択基準が多様化した。需要者側の要求の内容と程度は、その目的や交通手段によって異なるが、通常時間に係るものは最小が求められる。

　しかし、一部の旅客においては、時間の最小より運行時間帯や到着時刻の適切性が望まれ、貨物においては到着日時の正確性が重要視される。自家用と貸切輸送には運行回数の重要度は低い。安全性、快適性などは通常、程度が高いほどよいとされている。ただし快適性は旅客においては重要視されるが、貨物においてはそれほどではない。同じ旅客においても通勤、通学では利便性が重視されるが、レジャーでは快適性の方が求められる。輸送手段選択の基準は、同じ輸送手段で同じ利用者であっても、それぞれの目的により異なるのである。

2　各交通手段の長所と短所

　自動車、鉄道、船舶、航空には、それぞれ次の特徴がある（表Ⅲ-7-1）。

(1) 自動車

　自動車による輸送には、営業用と自家用がある。営業用とは、有償で人および他人の貨物を運ぶ場合をいい、自家用とは、無償で人および自分の貨物を運ぶ場合をいう。自動車は、近距離・中距離輸送に適しており、戸口から目的地および戸口までの移動が可能である。同時に鉄道、船舶、航空の輸送手段の前後にも使用される。自動車輸送は、自動車性能の向上と道路整備の拡充により長距離輸送が可能となり、人、物の両面で自動車輸送の比重が増

第7章　交通手段の選択

表Ⅲ-7-1　輸送機関の特性

輸送手段	優れた点	不利な点
自動車	1　戸口から戸口の一貫輸送が可能で、迅速である。 2　近距離、中距離輸送に適しており、とくに近距離輸送では運賃が割安で経済的である。 3　貨物輸送では、中間荷役が少なく、輸送途上の衝撃も軽微なため、荷造り梱包が比較的簡易にすむ。	1　輸送単位が小さく、大量輸送に適さない。 2　長距離輸送の場合は運賃が割高になる。 3　運転者不足や排気ガス、騒音などの環境対策が求められる。
鉄　道	1　大量、定型、継続の輸送に適している。 2　大量貨物で長距離輸送の場合は運賃が割安となり経済的である。 3　軌道輸送のため、安全性、定時性が高い。	1　戸口から戸口の一貫輸送が望めない。 2　少量で近距離輸送の場合は運賃が割高となる。 3　戸口から戸口の輸送時間は、両端で乗換え、積換えが必要なため、その間の距離が長くなければ不利である。
船　舶	1　かつ大品、重量品、大量品の輸送に適している。 2　運賃負担力の小さい大量貨物の長距離輸送の場合運賃が割安で経済的である。	1　輸送速度が他の輸送機関に比べ遅い。 2　天候により荷役や航行が影響されやすい。
航　空	1　輸送速度が速い。 2　運賃負担力の大きい少量物品の長距離輸送に適している。 3　輸送途上の振動や衝撃が少ないため、貨物の損傷が少ない。	1　低価格商品の輸送や大量輸送には適さない。 2　重量制限がある。

大した。

　他方、自動車は、沿線地域への影響が大きいため、排気ガス・騒音・事故などの環境および安全対策が求められる。そのため、鉄道、船舶、航空に比べて、大きさと速度の制限が厳しく、同量のものを輸送する場合、他の輸送手段に比べ輸送具と運転要員を多く必要とする。また、大都市のように交通需要が増大すると、混雑現象を生じ速度が低下する。この速度の不安定さが自動車交通の弱点になっている。

(2) 鉄道

鉄道は、全区間にわたって線路の敷設が必要とされる。列車の積載能力、速度、安全はすべて線路の影響を受け、列車の運行も線路に拘束される。線路に拘束される長所としては、大量輸送が可能であり、安全性や定時性に優れている点である。

線路に拘束される短所としては、一部専用線の利用を除いて、戸口から戸口までの一貫輸送は望めず、その両端では自動車への乗換え、積換えが必要となる点である。そのため、線路上では道路より高速で運行できるが、その間の距離が長くなければ戸口から戸口の輸送時間は自動車に比べ不利である。

企業経営としては、線路、駅舎、ターミナルなどの施設に膨大な投資が必要となるため、とくに大量・定型・継続の需要がなければ費用の面で不利である。

(3) 船舶

船舶輸送には、河川や運河などの内航水路を利用する内航海運と海洋を利用する外航海運とがある。わが国では、内航水路は19世紀の後半の鉄道の出現によりその競争力を失い、20世紀にはモータリゼーションにより衰退の一途をたどった。いまでは限られた河川で観光船が行き来しているに過ぎない。このため、わが国での船舶輸送については、物資輸送の利用が多く、海洋を通路とする海上輸送を指しているのが一般的である。

いずれにしても四面を海に囲まれたわが国では、内外における貨物輸送の役割は大きく、内陸へは必ず積換えを必要とすることも考慮し、その経費と時間の節約のため、1960年代後半頃からコンテナ利用や長距離カーフェリー（輸送距離300 km以上）などが普及している。

船舶は通路の制約がほとんどなく、自動車や鉄道に比べ大型化が容易である。通路費だけでみれば、大量貨物については輸送費が安く、輸送距離が長くなるほどその効果が発揮される。反面、船舶の速度は、水の抵抗を受けるために遅い。また、燃料を大量に使用するため、燃料価格の変動の影響が大きく、その度合いによってはさらに低い経済速度で運行することになる。ま

た、天候により荷役や運行に影響を受けやすいことから、他の輸送手段に比べ正確性、安全性の面で劣る。

（4）航空

　航空輸送は、国内を移動する国内航空と、国際間を移動する国際航空とに分けられる。航空輸送は、通路が空であることからそのための制約はないが、輸送具の大型化とスピード化は、空港のターミナル規模と機材能力によって制約される。その制約を逃れようと、空港は広大な土地入手と騒音防止のため遠距離に建設されることになった。しかし、いま、この間のアクセス方法がとくに旅客においては課題となっている。

　航空輸送は、航空機の高速性により他の輸送手段に比べ、長距離の広範な地域に短時間での運行が可能である。航空輸送は、こうした特徴を生かして人、物の移動の利用を増加させている。反面、航空機の搭載能力に限界があり、他の輸送手段と比べ運賃が割高となっている。

　また、飛行中の振動や衝撃が少なく、かつ航空機の貨物室と外部との接触がないことから、貨物の損傷、紛失、盗難などの危険性が少ないなどの特徴がある。このため航空の利用は、「輸送時間に制限がある貨物」、「高価な貨物」、「破損しやすい貨物」などが多くなっている。

3　交通手段を取り巻く環境の国際比較

　輸送機関の性質は、交通手段選択の一要因に過ぎない。そのため、輸送機関選択の分析にあたっては、単なる輸送機関の比較ではなく、たとえば、人口密度あたりの国際比較や、代替的ないしは競争的輸送手段の活動状況などを考慮しなければならない。この点で日本の場合は旅客輸送において代替手段が少ないこと、貨物輸送において海上輸送の優位性（主要工場地帯は海岸部に多い）があることに留意すべきである。

　なお、国際比較の場合、各国の統計はデータの入手方法も異なり一様ではない。そのため、各国の状況は、おおよその傾向を示すものと理解しなければならない。

第Ⅲ部　交通の技術開発と選択

(1) 自動車

　わが国の人口あたり自動車保有台数はアメリカより少ないが、ヨーロッパとの間ではほとんど差がなくなった（表Ⅲ-7-2）。

　自動車の走る道路は、とくに地形と人口密度の影響が大きい。山地の多い地域においては、道路の建設にコストがかかり、同時に面積あたりの必要度は小さくなる。人口密度が高ければ、道路の建設に障害が多く、かつ必要度が大きくなる。表Ⅲ-7-2をみるとおり、わが国の人口密度は最も高く、国土面積あたり保有台数も多い。こうした状況を反映して道路密度は著しく高い（表Ⅲ-7-3）。

表Ⅲ-7-2　国土と自動車（2013年）

国　名	自動車保有台数（百万台）	人口（百万人）	国土面積（千km²）	人口密度（人/km²）	人口あたり保有台数（台/人）	国土面積あたり保有台数（台/km²）
日　本	76.62	127.30	378	337	0.60	202.7
アメリカ	252.72	313.91	9,834	32	0.81	25.7
イギリス	36.28	63.90	242	264	0.57	149.9
フランス	38.20	63.79	552	116	0.60	69.2
ドイツ	47.01	80.65	357	226	0.58	131.7

出所：国土交通省自動車交通局監修、（一社）日本自動車会議所『数字でみる自動車2015』。
注：人口は、総務省統計局『2015年版世界の統計』による（2013年央の数値）。
　　保有台数は、（一社）日本自動車工業会『世界自動車統計年報2015年版』による。

表Ⅲ-7-3　道路総延長と密度

国　名	道路総延長（千km）	道路密度（km/百km²）
日　本	1,208	320
アメリカ	6,546	67
イギリス	420	172
フランス	951	187
ドイツ	644	180

出所：グローバルノート（http://www.glob9/note.jp/）2015年12月。
注：道路は高速道路、国道、一般道などすべての道路を含む。
　　道路総延長は2013年3月3日、道路密度は2010年の数値。

(2) 鉄道

上記のような自動車利用の状況は、鉄道利用に影響する。一般に人口密度が低密度であれば鉄道の集客力は低くなり自動車を利用しやすい。人口規模が大きく人口密度が高いほど鉄道への依存比率は高くなる。とくに、人口密度の高いわが国では、欧米と比べ鉄道の利用が多く、旅客密度が著しく高い（表Ⅲ-7-4）。

(3) 船舶

水運は、一部の区間において旅客輸送を行うが、今日の主要な役割は貨物輸送である。わが国は島国であり、国内、国際とも海運依存を高めた。そのためわが国の保有船隻数および海上コンテナ取扱量は大きい（表Ⅲ-7-5）。

表Ⅲ-7-4　鉄道営業キロと輸送量

国　名	億人キロ	営業キロ (千キロ)	営業キロあたり人キロ (百万人)
日本（2009年）	3,939	28	14.1
アメリカ（2006年）	87	254.7	0.03
イギリス（2008年）	629	16.2	3.9
フランス（2008年）	999	29.9	3.3
ドイツ（2008年）	969	33.9	2.9

出所：国土交通省。

表Ⅲ-7-5　保有船隻数

国　名	隻　数 (隻)	総トン数 (千トン)	海上コンテナ取扱量 (千TEU)
日　本	5,521	18,527	17,727
アメリカ	6,345	11,594	35,602
イギリス	1,996	31,179	6,702
フランス	792	5,926	5,118
ドイツ	778	13,300	14,268

出所：隻数および総トン数は、（一社）日本船主協会『海運統計要覧2014』。
　　　海上コンテナ取扱量は、『Containerization International Yearbook 2012』。
注：隻数、総トン数は2012年12月31日現在。
　　海上コンテナ取扱量は2010年。

表Ⅲ-7-6　主要航空会社の定期輸送量（2012年）

国名	百万人キロ		百万トンキロ	
	国内	国際	国内	国際
日本	76,698	61,361	6,752	12,106
アメリカ	915,182	409,568	99,309	61,449
イギリス	8,062	243,564	698	28,170
フランス	25,308	140,885	2,465	17,510
ドイツ	10,694	208,208	1,066	28,240

出所：(一財) 日本航空協会『航空統計要覧 2014 年版』。
注：原資料は ICAO "Annual Report of the Council"

(4) 航空

　航空の利用は、距離が長いほど有利になる。国内の人キロ、トンキロともアメリカの数字が大きいのは、広い国土に航空が適するからである。逆にイギリス、フランス、ドイツは少ない。わが国の場合は、南北に長くかつ山地が多いため、航空輸送の利用が多い（表Ⅲ-7-6）。

4　輸送機関選択の結果

4-1　旅客輸送

　1950 年代は人口増加に対し交通能力が著しく不足していたため、鉄道能力の回復、大都市の復興とともに、都市間および都市内の交通量は急増した。急速な人口増加は 60 年代前半まで進み、こうした状況を反映し、鉄道とバスの利用が増加した。60 年代は全世界の交通体系を革新した時代であり、わが国では自家用乗用車と航空機とが台頭しはじめた。70 年代に入ると両者の利用はなお伸び続けたのに対し、鉄道とバスは停滞した。

　しかし、日本の鉄道とバスの分担率は、欧米と比べ最も高く、反対に乗用車の比率が低くなっている。これは一般的には人口密度が高い地域ほど公共交通機関が有利となるためである。わが国では道路混雑解消のため、乗用車から鉄道やバスへの公共輸送機関の利用を主張するが、すでに欧米と比べ公共交通機関の利用が多く、かつ鉄道においては輸送密度が著しく高い。わが

表Ⅲ-7-7　主要国の旅客輸送（2011年）　　　　　　　　　　　　　　　（億人キロ）

	日本	アメリカ	イギリス	フランス	ドイツ
鉄道	3,950（73%）	609（1%）	680（9%）	1,040（11%）	854（8%）
JR	2,469（45%）				
民鉄	1,481（27%）				
道路	739（14%）	50,457（84%）	6,950（90%）	8,638（88%）	9,904（88%）
公共車両	667（12%）	4,702（8%）	430（6%）		780（7%）
乗用車両	72（1%）	45,755（76%）	6,520（85%）		9,124（81%）
航空	712（13%）	9,264（15%）	83（1%）	135（1%）	552（5%）
船舶	30（1%）				
合計	5,431（100%）	60,330（100%）	7,713（100%）	9,813（100%）	11,310（100%）

出所：国土交通省鉄道局監修、（一財）運輸政策研究機構『数字でみる鉄道2015』等により作成。
注：（　）内はシェアを示す。四捨五入の関係のため合計が100%とならない場合がある。

国は公共交通機関の利用が最も進んだ国なのである。

　一方、アメリカは広大な国土で移動距離が長いことを反映して、航空の利用が鉄道より多い。長距離は鉄道に有利といわれるが、ある程度の範囲を過ぎればそうとはいえなのである（表Ⅲ-7-7）。

4-2　貨物輸送

　戦後の重化学工業を背景とする経済復興と産業立地の進展により、貨物輸送量が急増するとともに、海運とトラックの分野が確立し、必然的に鉄道の分野が縮小した。1970年代に入り、産業構造が加工型産業型に変化するとともに海運の伸びが鈍化し、これに対し航空の利用が多くなった。金額でみれば、航空の分担比率は数量でみる場合よりはるかに大きい。

　次に、国際比較であるが、その際根強い誤解がある。それは日本に比して欧米において鉄道の貨物輸送分担率が高いのは、トラックに対して規制が行われてきたからという説である。実態は、トラックの分担率はアメリカを除き各国とも同程度である。これに対して、水運の利用が低い。このように鉄道の分担率が高いのは、トラックの分担率が低いためでなく、海運の分担率が低いことに大きく影響されていることがわかる。一方、アメリカでは産業

表Ⅲ-7-8　主要国の貨物輸送（2010年）　　　　　　　　　　　　　（億トンキロ）

	日　本	アメリカ	イギリス	フランス	ドイツ
鉄　道	202　(5%)	27,464　(30%)	192　(9%)	342　(9%)	1,133　(18%)
トラック	2,462　(59%)	40,434　(44%)	1,505　(68%)	3,159　(84%)	4,576　(71%)
水　運	1,499　(36%)	8,082　(9%)	419　(19%)	79　(2%)	550　(9%)
航　空	10　(0%)	202　(0%)			15　(0%)
パイプライン		15,385　(17%)	103　(5%)	181　(5%)	156　(2%)
合　計	4,173　(100%)	91,567　(100%)	2,219　(100%)	3,761　(100%)	6,430　(100%)

出所：国土交通省鉄道局監修、（一財）運輸政策研究機構『数字でみる鉄道2015』等により作成。
注：（　）内はシェアを示す。四捨五入の関係のため合計が100％とならない場合がある。

が内陸部に多く立地されていることから、内航コンテナ輸送はなくその多くは鉄道輸送に依存している。

　統計の取り方において、欧米ではパイプラインが計上されているが、わが国は工業国として珍しくパイプラインがほとんどない。これはわが国の国土が長細く、海運を利用できるため、パイプラインが普及しなかったからである（表Ⅲ-7-8）。

第Ⅳ部

交通政策の展望

第8章 交通政策の必要性と課題

　わが国の交通政策は、1960年代までは鉄道と海運が中心であった。20年代には自動車と航空機の利用がはじまり、戦後の一時期に鉄道と自動車の調整という政策もなされたが、交通政策といえば鉄道、海運主体の傾向が続いた。60年代に入り自動車の急激な普及および鉄道経営の悪化が表面化し、鉄道と自動車の分担問題が脚光を浴び、ここに交通政策という概念が社会的に認識されるようになった。

　交通政策の理念には、「効率」と「公正」とが掲げられる。交通政策においてはその目標を達成するため、これまで様々な方策が立てられ、またそのための研究も多く行われてきた。しかしながら、これまで時代の推移と経済発展による交通政策の枠組みの変遷は明らかにされているものの、交通研究の影響についてはほとんど観察できていない。

　あえていうならば実態は、理論が政策を先導するのではなく、費用便益や需要予測のように政策遂行のための手段となったり、規制緩和のように現実の事象に追随するものが多いということである。それでも政策が正しければ、理論の存在価値は認められる。しかし、政策は政治化する可能性が高く、その場合既得権益化して陳腐化したものも存続することとなり、必ずしも適正であるとは限らない。

　第Ⅳ部ではこのような経緯のなかで、①交通政策の必要性と課題、②規制と規制緩和、③総合交通政策、④都市交通と地域開発、⑤環境政策においてどのような対応が行われたのかを述べることにする。

第8章　交通政策の必要性と課題

1　交通政策と課題

1-1　交通政策とは

　交通政策の定義に関していえることは、広義では交通企業やその連合組織などによる私的な交通政策（private transport policy）も含まれるが、通常狭義の意味で政府や地方公共団体の実施する社会経済政策の一環としての交通政策（public transport policy）と捉えるのが一般的である。交通は、公権力による政策への依存度がきわめて高い。それは公共部門が交通施設の供給に直接責任をもち、輸送サービスの需給について介入するなどの必要があるためである。交通政策の内容は、従来、①交通市場政策、②交通投資政策、③交通規制政策の三つに分類されていたが、今日では①の存在意義は失われた。

　①交通市場政策

　交通市場では、一般産業の市場における完全競争は行われにくく、適正な資源配分が行われないという理由である。しかし、今日における交通市場は通常の市場と同様競争状態にある。競争市場が形成されれば、もはや公権力が介入する余地はない。

　②交通投資政策

　輸送力整備や効率化を図るための施設整備が必要とされる。しかしながら、とくにインフラ整備にあたっては、費用負担と空間の確保に限界があるため、常に公権力による調整が求められる。また、「過疎バス」の存続にあたっては費用負担の調整が必要となる。

　③交通規制政策

　交通において規制緩和が進んだとはいえ、安全の確保と環境保全については、その対象とはならず、逆に強化が必要になる場合もある。また、規制緩和が行われた分野でも何か不都合なことが生じた場合、新たに調整が必要となる。

　以上のほかに、国際競争力、国土・地域開発、技術開発などの強化・促進のための政策もある。

　今日の交通政策の一般的目標ないし理念は、道路運送法、鉄道事業法その

他の各事業法の常套句である「公共の福祉」を増進するために、交通セクターに投入される資源の最適配分とその成果の分配に公正を期すことであるといえる。つまり、経済政策一般におけるのと同じく「効率」と「公正」とが交通政策の二大目標であるということになる（運輸経済研究センター編、1990、p. 4）。

交通においてみれば、効率は交通における資源の最適配分であり、交通手段の選択、輸送サービスの供給の経費削減がこれにあたる。公正は受益および費用負担の公平の問題であり、地域ごとの最小限の公共交通の維持や運賃や自動車関係諸税の体系がこれにあたる。

しかし、この両者の目標に関して具体的な政策を実践する場合、しばしば次の三つにおいて合理的な見解の対立に直面する。たとえば、①道路整備にあたって、通行することによって利益を受ける集団と、通行されることによって被害を受ける沿線の集団の両者が存在する場合、何が両者を満足させる「公共の福祉」なのか一義的に決定することが困難となる。②過疎鉄道や過疎バスの存続の場合のように「効率」と「公正」が並立するとき、いずれが優先されるべきかの対立がある。③経済政策への交通政策の整合・従属化現象がしばしば発生する。たとえば、経済成長のために道路や鉄道などの交通社会資本計画が影響を受けたり、物価安定のために交通の運賃・料金の値上げが抑制されたりすることがある。このように国民経済における資源配分の効率性や所得配分の公正を達成するため、交通セクターの効率や公正に圧力が加わることがある。すなわち、経済政策と交通政策との対立である。

交通市場において、価格メカニズムを通じて効率と公正が達成されるのならば、公的介入の必要がなければ、当然政策の必要もない。そこに公的介入の意義を求めるならば、効率と公正において、何らかの形での「市場の失敗」（market failure）が存在することである。すなわち、交通市場機構の限界や欠陥を補うことが交通政策の役割とされている。

1-2 交通政策の課題

交通政策の目的の一つである適正な資源配分や所得配分の判断は、きわめて困難とされることから、利害関係者の力関係に大きく左右されることが多

い。そのため政治的権力が入りやすく、導入される交通政策が必ずしも適正であるという保証はない。さらに、その政策の期限がきたころには、既得権益化し活動の更新を拒否できなくなる。事実、そうした事例を探すのに困難を要しない。過剰ともいえる鉄道路線、道路建設や空港や港湾の整備などはその代表的な例である。この悲劇的な事例として、いたずらに巨額の補助金を出し続け国鉄の消滅に加担した国鉄政策がある。

このように、ある時代には必要とされる政策、制度であっても、時代が変わればその長所が失われ不用となる。交通政策は、こうした状況のもとで時代の変化に応じるものとして試行錯誤を繰り返してきた。交通政策の評価は、時代背景や地域の制約などの影響が大きいとはいえ、どこまでを市場メカニズムに委ね、どのような形での公的介入が望ましいのか、今後の交通研究の大きな課題である。

こうした経過によって判明したことは次の三つである。
①政府の歳入と歳出によって行えることには限界がある。
②政策の有効性を失った後は、継続させてはならない。
③いかに有効なものであっても政治化させてはならない。

しかし、これまでの事例が示すように、政治権力や行政が一度獲得した既得権益を放棄することは、ほとんど期待できない。このため、これらの課題の克服には、かなりの労力と時間を要する。

今日経済政策として各国が最も重要視しているのは、①経済成長、②国際収支、③完全雇用、④少子高齢化、⑤グローバル化などである。これらはいずれも交通政策に何らかの影響を及ぼすことになる。交通政策は、このような経済の要請にどのように対応すべきか、重要な課題である。

2　政策の手段と問題点

2-1　政策の手段

交通政策は制度（規制）や財政措置によって遂行される。効率あるいは公正のために規制が必要なときもあれば、財政措置が必要なときもある。財政措置には助成金と補助金があり、通常前者は資格要件を満たせば誰でも受け

表Ⅳ-8-1　助成金と補助金の違い

区　分	助成金	補助金
支給元	国・地方自治体	国・地方自治体
支払時期	後払い	後払い
返済義務	なし	なし
条　件	原則条件を満たせば受けられる	事業の必要性を書類に整理しなければならない
書類整備	なし	事業に使ったことを証明する書類を整備する必要がある
申し込み期間	比較的長めに設定	大抵期間が設けられている
会計監査委員の検査	なし	受けないといけないものもある

られるが、後者は公益上の事業の必要性が求められる（表Ⅳ-8-1）。しかし、この両者に明確な定義の違いがあるわけではなく、曖昧な意味で使用されることが多い。

2-2　補助と根拠

　経済学的見地からの補助の根拠は、「市場の失敗」といわれている。すなわち、通常の市場メカニズムでは、社会的に必要とされるサービスの提供が困難な場合、補助によってその供給を維持させるということである。補助を受ける対象は、原則として民間であるが、独立採算によって交通事業を運営する公共企業体もこれに含まれている。交通補助政策の歴史は古く、戦後まもなく海運や鉄道に普及促進のために行われてきた。近年では、都市交通整備、過疎地域の交通整備など拡大している。

　補助政策が必要とされるケースとしては次の六つが指摘されている（片山、1982、pp. 285-288）。

　1番目に開発効果があげられる。これは経済発展の初期段階において行われるものであり、わが国の戦後復興期における鉄道や海運の補助政策がその例である。

　2番目は幼稚産業育成を目的にするもので、戦後復興期に欧米の企業との

競争に対抗するために海運、航空に対して行われた。これらはいずれも経済復興とともにその根拠を失った。今日では前者は地域的な経済復興、後者は私企業では困難とされる新交通システムの実験事業などに姿を変えた。

3番目は費用逓減産業に対するもので、これは国鉄の民営分割によりその根拠を失った。今日では費用が巨額となる鉄道、道路、港湾、空港などのインフラ整備などの補助事業に姿を変えた。

上掲書では4番目は利用可能性の論議、5番目は次善論を補助の根拠としてあげているがここでは省略する。

6番目は所得分配の観点による補助である。すなわち、過疎地域におけるバス事業、離島航路の旅客船事業など、いわゆるシビルミニマムを根拠にするものである。

2-3 補助の方法と問題点

財政学上では、中央政府から地方政府に向けた財政資金の移転であれば、そのすべてを「補助金」と称する。補助による効率性や経済効果などを発揮させるため、通常次の三つの方法によって行われている（斎藤、1991、pp. 224-228）。

①資本費補助と運営費補助
②事業者補助と路線補助
③特定補助と一般補助

公共交通に対する最も一般的な公的補助は、①交通施設整備に対する「資本費補助と運営費補助」である。これらの補助の主な対象は地方の交通空白地域である。このうち資本費補助は一度限りの補助であり、代表的な例としては地方都市における鉄道の施設整備、過疎地域などにおけるバス車両購入費、交通施設のバリアフリー化施設整備などがある。これに対し運営費補助は、事業団体の運営のために交付されるもので、使途は限定的でない。

この補助金は、年ごとの補助額査定を通じて継続的に実施される。主な対象は、交通空白地帯において存続を目指す公共交通であり、離島航路、中小私鉄輸送、地域コミュニティバス、閑散バス路線などがある。輸送密度の低い地域では資本費補助と運営費補助との両方を交付することがある。たとえ

ば、閑散バス路線事業に対して資本費補助による車両購入と運営費補助の両方がしばしば実施される。また、旧国鉄の廃止路線のうち特定地方交通線の対象で民間委託される代替バスや第三セクター鉄道の場合、資本費補助による施設改良工事と開業後の欠損補助が行われる。

　これらの補助制度には、交通におけるシビルミニマムの確保という長所がある反面短所も存在する。資本費補助においては開発地域における需要見通しや金利上昇に対するリスクがある。そうしたリスクが顕在化した場合、新たな方策を検討しなければならない。とくに自治体の過剰な期待により需要見通しを甘くみるケースが多い。運営費補助においては、補助金への依存度を強め、経営努力を希薄にさせる危険性が高い。そのため、事業の見通しが明らかになった段階で、使途を限定する事業費補助への切り替えなど、経常的な経費に対する補助は、段階的に縮小・廃止していくことも必要と思われる。

　②「事業者補助と路線補助」は、不採算公共交通に対する運営費補助に関連するが、前者は事業活動を行う事業者に対して経費を補助金として助成するのに対し、後者は路線や系統を限定し、その運行を維持するために必要な経費相当分の補助を行うものである。したがって、事業者補助は当該事業を行っている事業者に対し、補助金の使途を限定しないで交付するため、その事業にどのように活かされているのかが判然としない。路線補助は本来の目的に沿った役割を発揮しやすい制度となっている。

　③通常使途を特定した形での財政移転を「特定補助金」、使途を定めない財政移転を「一般補助金」と呼ぶ。前者は中央政府が定める特定使途に対する直接的な補助方式であり、後者は地域交通に対する補助金の配分を地方政府に委ねる方式である。日本の地域公共交通の補助制度は、交通企業の経営形態や補助目的ごとに実施される典型的な特定補助型である。しかし、特定補助制度方式には、使途が制約されているため、地域の実情に即した効率的な資金配分が行いにくく、地方政府や交通企業双方の創意工夫のできる範囲が制約されるという問題点を包含している。

　これに対して、一般補助金は地域の実情に即した効率的な資金配分が可能となり、地方政府や交通企業双方の創意工夫の入る余地が大きい。その反面

一般補助金には、①交通政策に関する地域間の整合性が失われ、交通に関するナショナルミニマムの破壊を招く可能性がある、②外部効果が地方政府の管轄領域を越えて発生する交通政策に関しては、関係団体全体の効率的改善につながらないおそれがあるとの指摘もある（藤井、1977、pp. 142-143）。

　資源の効率的利用と負担の公平のためには、交通企業ごとに自立採算できることが望ましい。しかし、地域開発、ナショナルミニマムの確保、開業初期段階の欠損処理などのために、経費の一部を補助・助成などによる納税者負担とすることが必要とされるが、重要なのはその程度である。

　地方自治体法第232条の2において、「地方公共団体は、その公益上必要がある場合においては、寄付または補助することができる」と規定している。しかし、公益上の必要性の有無についての判断には、明確な基準がない。また、中央政府と地方政府のいずれが責任と権限をもつかの判断基準も存在しない。そのため、その判断はもっぱら政治に依存し、したがって中央政府や団体の長などの関係者は常に自己に有利な内容を主張する傾向にある。

　さらに、資本費補助以外の補助は長期化しやすく、その場合補助内容の硬直化を招くおそれがある。補助を受ける側においては、補助金が既得権化し、経営努力は補助金獲得に向けられ、本来の目的から逸脱する結果を招きやすい。現実の制度には長短があり、必ずしも好ましい効果が得られるとは限らない。補助制度は補助金を提供する側も受ける側も、こうした問題を含んでいることを十分認識しなければならない。

3　規制と規制緩和

3-1　規制の目的

　交通における法規制は、主に鉄道、自動車、船舶および航空といった輸送機関の種類によって、個別の法律が設けられている。これは交通に関する法律がそれぞれの輸送機関の発達に応じて別々に制定されたことに由来する。したがって、交通に係る法制の中核の一部を占める交通事業に関する法制も輸送機関ごとの法律によって規制されている。

しかし、それぞれの法規制の目的とするところは、交通政策の目標である「効率」と「公正」を求めていることには変わりない。そのため、初期段階では産業育成と利用者保護を主目的として、「輸送力の整備」、「輸送の効率化」に関する法律が整備された。その後、経済成長により人や物の移動が増大すると、「安全確保」、「環境保全」のための法律が整備される一方で、国際競争力の確保の立場から規制緩和政策が導入された。このように、法規制は実態の変化に対応すると同時に、立法の考え方が変われば法規制にも変化が求められる。

3-2 規制の方法

規制とは、企業、国民の自由な経済活動に対して、政策的に制限を加えることであり、その方法としては、行政的規制、司法的規制、自主的規制などがある。これらの規制のうち、規制緩和という観点から問題とされるのは、国や地方公共団体などの特定の政策目標を達成するために国民生活や企業活動に対して行われる公的規制である。

公的規制には、「経済的規制（量的規制）」と「社会的規制（質的規制）」とがある。経済的規制とは、市場競争に委ねていたのでは、財やサービスの供給に際し、望ましい価格水準や適切な供給量が確保されないおそれがある場合に、運賃・料金規制や参入・退出規制などの規制を事業者に課すことである。経済的規制の代表的なものとして、事業経営に対して行政官庁が与える免許、許可、認可、特許などの、いわゆる免許制度がある。免許制度は、法律により一般的に禁止された事業の経営を、特定の場合や特定の人に対して解除する行政行為である。免許などを受けた者は、一般的に禁止された事業の経営を行うことができるため、その違反行為に対しては罰則が設けられている。

これに対して、社会的規制とは、消費の保護や労働者の安全や環境の保全などのために、財やサービスに一定の基準を設定したり、特定の行為に禁止や制限を加えることである。社会的規制の代表的なものとして、公害対策基本法、大気汚染防止法や排出ガス規制などがある。

3-3 免許などの種類

経済的規制の主体である免許の種類とその意味について、以下に述べていく（山口、1985、pp. 227-241）。

(1) 免許

免許とは、一般に禁止されている行為を特定の場合に特定の人だけに許す行政処分で、行政学上免許は権利を設定する行為であるとされている。その禁止の実行性を担保するため、違反行為に対して罰則規定が設けられている。免許の審査にあたっては、(2)以下の場合と異なり、若干の行政官庁の裁量の余地を認めることがある。資格付与の方法として免許を採用する場合には、通常免許証を交付する。免許を必要とする事業には、道路運送法における自動車道事業がある。

(2) 許可

許可とは、本来私人が有している権利を包括的に禁止したのち、それを個別に解除し、権利を行使できるようにする行為である。許可申請にあたっては、通常文書の提出によって行われるが、それは事業の遂行にあたり一般に危害を生じることのないような最小限度の能力が審査される。事業の継続を意図するものでないから、供給と需要の適応性に対する審査や事業の成否の審査も行われないのが通常である。

許可を必要とする事業は、鉄道事業法では鉄道事業、専用鉄道事業、索道事業、道路運送法では旅客自動車運送事業、貨物自動車運送事業、海上運送法では船舶運搬事業、港湾運送事業法では港湾運送事業、航空法では国際航空運送事業、国内定期航空運送事業、航空機使用事業などである。

(3) 届出

届出とは、一定のことがらを公の機関に知らせることをいう。その主な目的は、当該事業の実態を把握し、行政上の参考にするとともに、当該事業に他の法律の規制がある場合に、その執行のための資料を得るためである。届出は口頭でも認められる例もあるが（戸籍法27条）、事業の開始に関する届

出は文書で提出することになっている。届出があった場合、行政官庁はその内容に形式上の問題がなければ、原則としてその受理を拒否することはできない。問題があった場合でも届出を行う者がそれを補正すれば受理される。

届出を行う時期は、事業開始前に行うものと事業開始後一定期間内に行うものがある。前者に該当するものは、海上運送法では対外旅客定期航路事業、貨物定期航路事業、航空法では航空運送代理店業、航空運送取扱業、港湾運送事業法では港湾運送関連事業などがある。後者に該当するものは、海上運送法では不定期航路事業、船舶貸渡業、海運仲立業、海運代理店業などがある。

(4) 登録

登録とは、一般に一定の法律事実または法律関係を行政庁などに備える特定の帳簿に記載することをいう。その主な目的は、その事実関係を公表し、また証明することにある。登録という行為は、第三者に対する対抗要件、国籍の取得あるいは証明、選挙の投票のための選挙人名簿、さらにはある種の事業を経営するために登録を受けることが必要とされるものもあり、その範囲はきわめて広範にわたっている。

登録の手続きは、行政官庁に備える特定の帳簿に記載することにはじまる。行政官庁はこれを審査し、登録の場合は各種の登録簿に登録する。行政官庁は一定の要件に違反する場合登録の拒否を行うが、その場合運輸審議会の諮問を受ける義務はない。この点で免許事業の場合と異なっている。現在登録を必要とする事業は、運送取次事業、内航運送業、倉庫業、旅行業、旅行代理店業などである。

(5) 特許

特許とは、国が特定の個人や法人に対し、本来私人が有しない権利を新たに付与し、また包括的な法律関係を設定する行為である。つまり国に属するとされる事業の権利を法律によりその権利を他の者に設定することとされており、この点で私人が有している権利を対象としている許可とは異なる。

また事業の特許は、事業の提供する役務が一般の利用に適合するものであ

るから、その事業を確実に遂行し得る能力および意思の有無と事業の成否の見込みについての審査が行われる。特許を必要とする事業には、軌道法に基づく軌道事業がある。

(6) 認証

認証とは、一定の行為が正当な手続きよって行われたことを公の機関が証明することである。申請が認証基準に適合する場合には、行政庁はその事業を認証しなければならない。認証事業者に法律違反があった場合には、行政官庁は一定の期間において事業の停止や認証を取り消すことができる。認証事業に該当するものとして、道路運送車両法の自動車分解整備事業、(公社)全日本トラック協会が実施している「Gマーク」制度（貨物自動車運送事業安全評価事業）、(公財)交通エコロジーモビリティ財団が実施している「グリーン経営認証」制度などがある。

3-4 規制の範囲

輸送機関の性質は、種類によって異なっており、また活動範囲が鉄道や自動車のように国内に限定されるものから、船舶や航空のように国内の領域を離れて移動するものまで多様である。しかも、それらの移動が人であっても貨物であっても、それに関わらない人々にもきわめて大きな影響を与える。このため、交通に関連する法律の範囲は、商法、刑法、行政法など国内の法規にとどまらず、国際法にも及んでいる。

しかし、このように広範にわたる法制を体系的に捉えることは、きわめて高度な知識と膨大な作業が必要とされる。そこで、ここでは法制の範囲を交通の活動との関係で分けて整理することとする。

交通の機能と必要とされる法制を対応させてみると、①空間を移動する交通の主体に関する法制、②交通技術に関する法制、③移動に関する法制、④移動に伴って派生する事項に関する法制に分類できる。

(1) 空間を移動する交通の主体に関する法制

交通の主体には次の二つがある。一つは自動車や鉄道の運転、船舶や航空

機の操縦など空間の移動を直接行う者に対する法制であり、その主なものとして、それぞれの輸送機関の移動を行うことができる資格がある。いま一つは、これらの行為を行う法律上の主体者に関する法制である。その最も主要なものは、交通に対する事業を経営する事業者に関する法制である。

まず、資格制度を必要とする理由についてみると、第一に安全の確保である。輸送機関は空間を移動する手段であることから、その運行により利用者のみならず周辺住民や通行人の危険を生じるおそれが多いのでこれを防止する必要がある。第二に当該業務の性質が多数の利用者を対象とすることから、それらの利益を確保させるため、従事する者の資格を定める必要がある。

前者においては、当該業務の技術的な性質上、運行のための高度な技術、技能、経験および知識を必要とする。資格に係る業務の大部分はこの種に属するものであり、自動車運転者、自動車運送事業の運行管理者、鉄道の動力車操縦者、航空機、船舶の操縦者などが対象となる。後者においては、利用者を保護するために高度な知識と経験を必要とする業務である。旅行業務取扱主任者、通訳案内業、海事代理士などがこれに属する。

次に事業の主体者に関する法制についてみると、交通に係る法制の中核をなし、主として輸送機関の種類によって個別の法律が設けられている。たとえば、貨物自動車運送事業については「貨物運送事業法」、鉄道事業、索道事業については「鉄道事業法」、船舶運航事業およびそれに係る事業については「海上運送法」、航空運送事業およびそれに係る事業については「航空法」などが定められている（表Ⅳ-8-2）。

(2) 交通技術に関する法制

移動に伴う技術要素は、直接的には輸送具（運搬具）であるが、これらが移動するための通路および運行管理がある。したがって、移動技術に関する法制も移動手段に関する法規制、通路を形成する固定的な施設に関する法規制、運行管理に関する法規制が対象となる。

輸送具である鉄道、自動車、船舶、航空機などの交通機関は、空間を移動することから、その構造や機能に関し、必要な規制をおいている。これらの

第8章 交通政策の必要性と課題

表Ⅳ-8-2 主な事業に関する法規制の種類（2014年）

事業法	規制	内容
鉄道事業法		
鉄道事業	許可	2本のレールの構造をもつ鉄道、モノレール、リニアモーターカーなどを経営する事業
専用鉄道事業	許可	工場の引込線のように自分の専用鉄道で鉄道事業用路線に接続している事業
索道事業	許可	ロープウェイ、スキーリフトを経営する事業
軌道法		
軌道事業	特許	道路に敷設している路面電車を経営する事業
道路運送法		
旅客自動車運送事業	許可	他人の需要に応じ有償で自動車を使用し旅客を輸送する事業であり、旅客により一般旅客自動車運送事業、特定旅客自動車運送事業に区分される。
貨物自動車運送事業	許可	他人の需要に応じ有償で自動車を使用し貨物を輸送する事業であり、取扱貨物により一般事業、特定事業、貨物軽自動車事業（届出）に区分される。
自動車道事業	免許	私営の有料道路を経営する事業
貨物運送取扱事業法		
利用運送事業	許可	荷主より貨物を預かり、他社の輸送機関を使用して運送する事業
運送取次事業	登録	荷主より貨物を預かり、他社の行う運送事業を取り次ぐ事業
道路運送車両法		
自動車分解整備事業	認証	自動車が通行に支障なく稼働するために、メンテナンスや修理、車検などを行う事業
海上運送法		
船舶運航事業 　　定期航路事業 　　不定期航路事業	許可 届出	海上において船舶により人や物を運送する事業で港湾運送事業以外のものをいう。これには「定期航路事業」と「不定期航路事業」がある。定期航路事業のうち「一般旅客定期航路事業」および「特定旅客定期運航事業」は許可、「対外旅客定期航路事業」と「貨物定期航路事業」は届出が必要である。不定期航路事業のうち「旅客不定期航路事業」は許可、「貨物不定期航路事業」は届出が必要である。
船舶貸渡業	届出	船舶の賃渡または運航を委託する事業

第Ⅳ部　交通政策の展望

海運仲立業	届出	海上における船舶による物品の運送や船舶の貸渡し、売買もしくは運航の委託を媒介する事業
海運代理店業	届出	船舶運航事業または船舶貸渡業を営む者のために通常その事業に属する取引の代理をする事業
内航海運業法		
内航運送業	登録／届出	内航船舶を所有して内航運送事業者にその船舶を貸渡しまたは運航の委託を行う事業
港湾運送事業法		
港湾運送事業	許可	港湾運送事業には荷主や船社の委託を受けて、船内荷役、はしけ運送、沿岸荷役、いかだ運送を一貫して行う「一般港湾運送事業」以外に「港湾荷役事業」、「はしけ運送事業」、「いかだ運送事業」、「検数事業」、「鑑定事業」、「検量事業」がある。
港湾運送関連事業	届出	船舶に積み込まれた貨物の位置の固定や積載場所の区画、船倉の清掃などを行う事業
倉庫業法		
倉庫業	登録	寄託を受けた物品を倉庫に保管または倉庫証券の発行（許可）を行う事業
航空法		
国際航空運送事業	許可	航空機を使用してわが国と外国間において旅客、貨物を運送する事業
国内定期航空運送事業	許可	航空機を使用して日本の国内を定時、定路線で旅客、貨物を運送する事業
航空機使用事業	許可	航空機を使用して旅客、貨物以外の行為を請け負う事業
航空運送代理店業	届出	航空運送事業者のために運送の契約締結の代理を行う事業
旅行業法		
旅行業	登録	旅行者に対して、運送、宿泊の手配および旅行業代理店との契約を締結する事業であり、その業務の範囲により第一種から第三種に区分される。
旅行業代理店業	登録	旅行業者の代理として契約を締結する事業

注：これらの基準は法律の改正により変更されることがある。

基準は主として生命、身体、財産などの保護に焦点を当てて規制されるが、その他に快適な輸送の確保や騒音などの公害防止を目的として規制される。とくに近年後者の規制が厳しくなっている。

輸送具のうち船舶や航空機については、公海上あるいは他国の領域を航行することから、構造や機能に国際的統一が図られている。船舶や航空機が他国の領域にある間は当該他国地域の法令のもとにおかれる。そのため、これらの国々は条約を締結し、国際的な航行を容易にする措置をとるのである。

国内の輸送具に関する規制は、大別して①国が法令により、構造および設備などの基準（定員、最大積載量、最高速度、排ガス量など）を定め、それを守らせること、②国の行う検査（車検など）などを受けさせること、③輸送具の使用者に国の定める検査、整備（運行前点検、定期点検整備、保守および小修理など）などを行わせることの三つがある。

一方、通路において許可などを必要とする事業には、道路運送法における自動車道事業、自動車ターミナル事業、飛行場または航空保安施設の設置および管理に関する事業がある。これらの施設は、一般の自動車や航空機などが共同で利用するものであることから、施設の位置、構造、管理が利用者や一般住民の利益および安全に係る影響が広範にわたる。そのため、これらの調整などの手段として規制が設けられている。

(3) 移動に関する法制

移動に関する法制は、かなり広範な内容が対象になる。交通は空間的移動の行為を指すため、陸域、空域、水域などの空間自体に関するものから、輸送具、通路、運行管理の方法、さらには移動を行う主体と移動を利用する者との関係にも及んでいる。

(4) 移動に伴って派生する事項に関する法制

空間的移動の増加に伴って、排出ガス、騒音、振動などの環境問題や交通事故が発生し、これらは社会に大きな影響を及ぼすことから、これらに関する事項も交通法規の対象となっている。

公害対策に関する基本法として「公害対策基本法」がある。これは国が国民の健康を保護し、および生活環境を保全する使命を有することにかんがみ、公害防止に関する基本的かつ総合的な施策を策定したものである（第4条）。そして公害防止に関する施策として、環境基準の策定などについて定

めている(第9条)。これに基づいて、「大気の汚染に係る環境基準」、「騒音に係る環境基準」、「航空機騒音に係る環境基準」、「新幹線鉄道騒音に係る環境基準」などが定められている。しかし、この基準の強制力はなく、政府の努力目標の位置づけとされるものである。

交通における公害に関する具体的な法律は、公害の種類によって個別に定められている。たとえば、航空機騒音などについては、「公共用飛行場周辺における航空機騒音による障害の防止等に関する法律」、「特定空港周辺航空機騒音対策特別措置法」、「防衛施設周辺の生活環境の整備等に関する法律」などがある。それ以外に「航空法」、「公害紛争処理法」にも騒音対策に関する規定がある。

自動車においては、公害対策基本法による「大気の汚染に係る環境基準」、「騒音に係る環境基準」が定められている。その具体的な対策として、道路運送車両法において自動車の構造および装置の技術的基準を定めているが、その基準は保安上の見地からだけでなく、大気汚染、騒音などの公害防止の見地からも定められている。

鉄道においては、公害対策基本法による「新幹線鉄道騒音に係る環境基準」が定められているが、直接的法的規制を受けていない。騒音規制法、振動規制法についても同様である。その理由として、騒音対策は安全確保の対策と密接な関係があるので、安全のための規制と整合性のとれた方法で規定することが望ましいとされるからである(新幹線鉄道構造規則第58条の2)。

船舶の運行に関する公害防止に関しては、「海洋の汚染及び海上災害の防止に関する法律」がある。この法律は油その他の物質の排出などを規制し、海洋汚染や海上災害を防止しようとするものである。

3-5 規制緩和の背景(欧米からの影響を中心に)

1980年代に入り、アメリカなどから規制緩和の圧力が加わる一方で、国内でも規制があると高値安定となり利用者が不利になるという主張が盛んになり、規制緩和の先進国である欧米との運賃格差[1]が注目された。

---

1 日本の物流サービスを含めたコストが他の先進諸国と比べ割高であるという認識が一般的になり、1994年7月の物価安定政策会議報告ではトンキロあたりの運賃収入がアメリカより日本

第 8 章　交通政策の必要性と課題

　欧米の経済成長として市場の重要性が強調される動きは、アメリカのロナルド・レーガン、イギリスのマーガレット・サッチャー政権下の 1980 年代にはじまり、共産主義の崩壊後ますます高まった。市場開放を求めるアメリカは、政府の介入を排除し、民営化と規制緩和（規制の撤廃と政府支出の削減）を進め、貿易の自由化（輸出入と資本の流出入に対する障壁を取り除く）を推進することを重要視した。そして、日本をはじめ多くの国々もアメリカに追随した。

　しかし、アメリカではすでに 1970 年代の初めから、運輸、通信、製造業、金融業が起点となり規制緩和の動きはあった。70 年代は対外的にはベトナム戦争やウォーターゲート事件[2]、国内的にはエネルギー危機、高い失業率、急激なインフレと金利の上昇などの問題を抱え経済が低迷していた時期であった。勢いづく技術革新によって、それらの分野の企業が新規参入を求めて政府に圧力をかけるようになった。

　一方、従来の大企業も市場拡大を図るためには従来の規制の見直しが必要と認識しはじめた。1981 年にレーガンが大統領に就任し、経済回復のため、社会保障歳出の拡大と減税と規制緩和を行う必要があると提案したのである。そして市場拡大を目指し規制緩和と経済のグローバル化が一挙に進んだ。

の方が高い（1 ドル 110 円として、トラック 1.3 倍、鉄道貨物 3.8 倍、航空貨物 2.1 倍）とされ、内閣総理大臣の指示により、物流サービスを含めた内外価格差調査を行うことになった。
　1995 年の調査結果によると、平均値でみると欧米の方が安くなるが、日本の競争市場（輸送距離、輸送規模など）の範囲でみればいずれの輸送機関とも日本の方が安い結果が検出された。宅配便の比較では、日本のサービスレベル（輸送日数など）と比べると、日本の方が安いが、単に価格だけで比べれば欧米の方が安くなっている。
　ちなみに、アメリカの輸送の実態と比較すると、平均輸送距離は約 700 km であるのに対し、日本は約 80 km である。そのため 1 車あたりの積載量の規模は、すでにみたようにトラックにしろ鉄道にしろ比べものにならないくらいアメリカの方が大きい。
　また、日本のトラック輸送の人件費比率が欧米に比べ高いという批判がある。これは欧米の雇用形態に違いがあることが認識されていない主張である。欧米では日本で認められていないオーナードライバー制度（1 人 1 車）が主流であり、これらの人件費は大手事業者の外注費として計上されることから、人件費比率は日本と比べ著しく低くなる。日本と同じように自社でドライバーを採用している大手事業者の人件費比率は、欧米とも約 40% と日本と同程度との調査結果がある。

2 「ウォーターゲート事件」とは、1972 年 6 月ワシントン DC の民主党本部で起きた盗聴侵入事件にはじまったアメリカの政治スキャンダルである。1974 年 8 月にリチャード・ニクソン大統領が辞任するまでの盗聴侵入、裁判、もみ消し、司法妨害、証拠隠滅、事件報道、上院特別調査委員会、録音テープ、特別検査官解任大統領弾劾、大統領辞任のすべての経過を称してウォーター・ゲート事件という。

とくにグローバル化においては、新興のコンピューター産業の急成長と輸送技術の発達が大きく影響した。コンピューター産業は、大陸間の電気通信を可能にする衛星から身近なものはインターネットや電子メールなど様々な分野に進出を果たし、産業間の障壁を取り払った。輸送技術は、コンテナ輸送の普及によって費用や所要日数が大幅に削減された。1967年には日本とアメリカを結ぶコンテナサービスは存在しなかったが、1年後には7社がこのビジネスに参加した。こうしてコンテナ貿易は増加した。同時に従来の規制下の安定的な生産システムに代わり、少量の物を低コストで生産、輸送する方式の道が開かれ、グローバル・サプライチェーンが台頭することとなった。

グローバル・サプライチェーンの浸透は、大規模生産による価格決定力を低下させ、動きの速い多数の売り手を台頭させた。結果として、消費者はより多くの選択肢とよりよい条件を得られるようになった。その一方で、これまで規制を盾に繁栄を先導してきた自動車業界のビッグ・スリー（ゼネラルモーターズ、フォード、クライスラー）が象徴するような巨大企業が後退し、労働組合や監督官庁の影響力が小さくなった。これによって、輸送方式が大量輸送から少量多頻度輸送に変わり、価格決定権もサプライヤーから消費者に移行し従来の積み上げ方式が崩壊した。

一方、1900年初期のアメリカ経済は多くの分野において、価格や参入が規制されていた。その代表的なものは1887年に設立された州際通商委員会（ICC）であった。ICCは標準的な鉄道運賃を定め、これにより鉄道会社に健全なる利益を保証した。これにならい電力業界も政府規制化の独占企業体へと動いた。20世紀中頃には、アメリカの産業のおよそ15％が直接的な規制を受けていた。

たとえば、民間航空委員会（CAB）は航空運賃と航路を決めていた。ICCは鉄道、トラック、小型船舶による輸送を監視していた。連邦通信委員会（FCC）は電話、ラジオなどを管轄していた。連邦動力委員会（FPC）は天然ガスのパイプライン、水力発電所、原子力発電施設を監視していた。証券取引委員会（SEC）は銀行と証券会社、農務省農事局（FBDA）は農業関連産業、連邦海事委員会（FMC）は海運を監督していた（ライシュ著、

雨宮・今井訳、2008、pp. 31-32)。

しかし、1900年代半ばを過ぎる頃になると、勢いづく技術革新によって、上記の分野にも新たな参入への圧力が高まり、次第に規制緩和への道へ進んだ。代表的なのは規制を盾に安住していたアメリカ最大の電話会社であるAT＆T社が84年に反独占訴訟の結果、電話部門が分割され、市場競争へと開放されたことである。

航空産業においては、1970年代中頃には政府の厳しい管理は航空会社の非効率的な運営と利用者に高い運賃をもたらすものに過ぎないという認識が高まり、政府の介入の縮小への期待が広まった。78年10月にはアメリカ議会は航空事業規制緩和法（the Deregulation Act of 1978）を制定し、これにより航空会社の提供する航空輸送サービスの質、量、価格の決定は最大限市場メカニズムに委ねられることとなった。同時にCABの権限が縮小され84年には廃止された（タネジャ著、吉田訳、1989、p. 2)。

こうした動きにより、コンテナ革命の担い手である船会社やインテグレータ[3]（UPS、フェデックスなど）もルート選択、運賃設定、業務統合の一層の自由化を求めた。事実、これを契機にアライアンス（業務提携）やM＆A（mergers and acquisitions／合併と買収）が盛んに展開されるようになった。さらにこれまで鉄道やトラックなどに対して絶大な力をもっていたICCが1995年末に廃止されるに至った。

一方、イギリスではサッチャー政権下（1979年5月～1990年11月）において、電話会社（84年）、ガス会社（86年）、空港（86年）、航空会社（87年）などの国有企業の民営化などが勧められ、大幅な規制緩和が推進された。

3-6　アメリカにおける規制緩和の影響

規制緩和が行われた産業では、料金低下とサービスの改善によって消費者に利益を与えた。たとえば、トラック輸送料金は規制緩和政策が導入された

---

[3] 「インテグレータ」とは、ドア・ツー・ドアで自社の保有する輸送手段を使用し国際一貫輸送を行う輸送事業者を指す。世界の四大インテグレータとして、アメリカの「UPS」、「フェデックス」、ドイツのドイツポストの傘下にある「DHL」、オランダの「TNT」がある。

1980年から2000年にかけて実質30％下落した。長距離航空運賃も実質で低下し、以前は飛行機に乗れなかった何百万人ものアメリカ人が飛行機旅行を楽しめるようになった。60年では100人の乗客を1マイル運ぶ平均コストは約35ドルであったが、80年には約20ドルに下がり、2000年には15ドル以下になった。さらに2005年の片道1000マイルの飛行コストは2000年と比べ20％下がった（ライシュ著、雨宮・今井訳、2008、pp. 127-128）。

また、規制緩和は様々なビジネスチャンスと新たな競争の形態を誕生させた。小荷物輸送を専門に行っていたUPSは貨物航空機を買い取って航空輸送会社にもなった。対照的にフェデックスはもともと航空会社であったが、トラックを購入しトラック会社にもなった。

ただしその副作用も決して小さくなかった。とりわけ金融関係におけるそれは大きく、1997～98年の東アジア通貨危機や2008年のリーマンショックが象徴するように全世界の経済にまでも及んだ。航空やトラックにおいては、多くの倒産企業やそれに伴う失業者も増加した。たとえば、規制緩和以前の1978年におけるトラック運送事業者の倒産件数は年間162件に過ぎなかったが、これが80年以降になると毎年増え続け、86年には年間1561件、91年には年間2323件に達した（齊藤、1999、p. 97）。また規制緩和以前はほとんどの運転者がチームスターの組合員に加盟していたが、規制緩和後その数は急激に減少した。他の労働組合の力も同様に弱体化した。

さらに、規制緩和に伴う経済のグローバル化は、格差社会、環境問題、治安悪化、伝染病の拡大など新たな課題を発生させた。

以上のように1970年代のアメリカは、現実が理論や政策よりも早く進み、さらには新たな課題を発生させるなど、ある意味ではアメリカ経済の転換期でもあった。それはまた理論と現実の乖離のはじまりでもあった。同様の変化は、ヨーロッパや日本でも生じている。

3-7　わが国の規制緩和の経緯

わが国の戦後の交通産業に対する最初の規制は、1949年（昭和24年）に公共企業体として誕生した日本国有鉄道（1987年［昭和62年］4月に民営化）に対して行われた。当初は、経済復興のため国策として鉄道を独占的事

業とする必要があり、その一方で利用者を保護する必要があった。そのため、交通産業の需給の安定と事業の継続性を図ることを目的として、事業者には適正な利潤を保証する総括原価方式が採用されることになった。その後、自動車や航空が登場すると、それらにも鉄道に準じた規制が採用された。

経済の成長とともに各輸送機関が発達し、鉄道が独占的地位を喪失した後も、同様の目的で規制が継続された。1960年（昭和35年）代になると国鉄の放漫経営、トラック事業の実勢運賃やゴッツン免許[4]の常態化など規制政策の矛盾が顕在化した。つまり、わが国の規制緩和は1980年（昭和55年）代に主にアメリカからの圧力によって進められたが、実はそれ以前から規制政策の崩壊ははじまっていたのである。

こうした背景により、1980年代に入り政府も本格的に規制緩和に取り組むこととなった。まず、81年（昭和56年）に内閣総理大臣の諮問機関として設置された「臨時行政調査会」（臨調、土光敏夫会長）によりはじまる。同答申の「第三次答申」（1982年［昭和57年］7月）において、当時の日本電信電話公社（現NTTグループ）の民営化と電気通信事業の規制緩和を提言した。その後「最終答申（第五次）」（1983年［昭和58年］3月）において、許認可等の行政改革の対象として、銀行、損害保険、石油、貨物輸送など1350項目があげられた。

この答申の提出により臨調は解散したが、その役割は「臨時行政改革推進審議会」（第一次行革審、土光敏夫会長）（1983年［昭和58年］7月～1986年［昭和61年］6月）に引き継がれた。この第一次行革審において、臨調答申で対象となっていた項目の進捗状況の点検を行った。その結果「今後における行政財政改革の基本方向」（1986年［昭和61年］6月）のなかで金融や貨物輸送など約400項目に改善が顕出されるものの「いまだ道半ば」と結論づけた。

---

[4] 「ゴッツン免許」とは、白ナンバー（自家用）で実績を稼ぎ、どこの地域において当該貨物が確保できると申請し、それを認めてもらうことで免許が与えられるが、それまで白ナンバー営業を行っていたことに対しては道路運送法違反による自家用自動車使用禁止処分というゴッツンを与えたということである。これによって行政当局は免許基準の基本的条件である需給調整機能が保たれたとしていた。

第一次行革審は、第二次行革審（大槻文平会長）に引き継がれた（1987年［昭和62年］4月～1990年［平成2年］4月）。第二次行革審が提出した「公的規制の緩和等に関する答申」（1988年［昭和63年］12月）のなかで、①流通（大規模店舗、酒類販売、塩専売、医薬品販売等）、②物流（トラック、運送取扱、港湾輸送、倉庫業等）、③情報通信（電信、電波）、④金融（銀行、証券、保険）、⑤エネルギー（石油、電気、ガス、LPG販売）、⑥農産物（農業、農業生産資材）、⑦ニュービジネス（金融、自動車リース、労働者派遣、小包輸送等）の7分野で規制緩和、検査検定・資格制度の見直しが示された。この答申の趣旨に沿って、同年12月13日「規制緩和推進要綱」が閣議決定された。そして1990年（平成2年）4月に「最終答申」を提出し、その役割を終えた。

第二次行革審を受けて、第三次行革審（鈴木永二会長）（1990年［平成2年］10月～1993年［平成5年］10月）が発足し、原則として参入規制については、「10年以内にできるだけ早い時期に廃止する」とし、規制緩和措置の方向を具体的に示した。第三次行革審は、1993年（平成5年）10月に「最終答申」を提出し、そのなかで「官主導から民自律への転換」を基本的理念として、規制緩和や地方分権の推進および中央省庁体制の見直しなどについて言及した。

それと前後して、1993年（平成5年）9月に細川護熙首相（当時）の私的諮問機関として「経済改革研究会」（平岩外四座長）が設置され、同年11月「規制緩和について（中間報告）」（通称平岩レポート）を提出した。このレポートにより、規制緩和について「経済的規制は原則自由に」、「社会的規制は自己責任を原則に最小限に」という基本的方向が示された。これを受けて、同年12月の最終報告書（経済改革について）において、「経済的規制の原則自由・例外規制」、「社会的規制の透明化・簡素化」を強調した。

今日の規制緩和政策の基本的概念は、臨調から行革審（一次～三次）および平岩レポートを通して形成されたといえる。その後、規制緩和政策は、「規制緩和推進計画」（3ヵ年計画）の閣議決定（1995年［平成7年］3月）などへとつながる（表Ⅳ-8-3）。

第8章 交通政策の必要性と課題

表Ⅳ-8-3 規制改革の推移

時　期	主な審議会、答申等	付　論
1981年3月 (昭和56年)	臨時行政調査会（臨調、土光敏夫会長）	
1982年7月 (昭和57年)	第三次答申	電電公社の民営化、電気通信の規制緩和
1983年3月 (昭和58年)	最終（第五次）答申	許認可の改革（銀行、損害保険、物流等）
1983年7月 (昭和58年)	臨時行政改革推進審議会（第一次行革審、土光敏夫会長）	臨調答申の具体的推進方策の審議
1987年4月 (昭和62年)	臨時行政改革推進審議会（第二次行革審、大槻文平会長）	
1988年12月 (昭和63年)	公的規制の緩和等に関する答申 ※規制緩和推進要綱閣議決定	経済7分野での規制緩和、検査検定・資格制度の見直し
1990年4月 (平成2年)	最終答申	
1990年10月 (平成2年)	臨時行政改革推進審議会（第三次行革審、鈴木永二会長）	
1992年6月 (平成4年)	第三次答申	経済各事業分野における規制緩和措置の具体的方向を提示
1993年10月 (平成5年)	最終答申	官主導から民自律への転換を基本に規制緩和の推進
1993年9月 (平成5年)	経済改革研究会設置	
1993年11月 (平成5年)	規制緩和について（中間報告）	経済的規制は原則自由、社会的規制は自己責任を原則に最小限にを基本理念
1993年12月 (平成5年)	経済改革について（最終報告）	経済的規制の原則自由・例外規制、社会的規制の透明化・簡素化
1995年3月 (平成7年)	規制緩和推進計画（3ヵ年計画）閣議決定	規制緩和推進計画は、その後名称が変更され、現在は「規制改革推進のための3ヵ年計画」（2009年〔平成21年〕3月）として閣議決定

出所：山口（2009）、p.13より作成。

表Ⅳ-8-4 主な輸送機関の規制緩和

輸送機関	時　期	内　　容
トラック	1990年12月（平成2年）	○参入規制の緩和、需給調整規制の撤廃（免許制→許可制） ○運賃規制の緩和（認可制→事前届出制）
	2003年4月（平成15年）	○参入規制の一層の緩和（営業区域制度[1]を撤廃し、最低保有車両台数[2]を全国一律5台に変更） ○運賃規制の緩和（事前届出制→事後届出制）
鉄道	1987年4月（昭和62年）	○国鉄の民営分割化（六つの旅客会社、一つの貨物会社）
	1997年1月（平成9年）	○運賃制度の改正（上限価格制の導入、ヤードスティック方式の強化）
	2003年3月（平成15年）	○参入規制の緩和、需給調整規制の撤廃（路線ごとの免許制→路線ごとの許可制） ○運賃規制の緩和（上限価格制→上限認可制[3]）
	2002年6月（平成14年）	○貨物鉄道事業の需給調整規制の撤廃（免許制→許可制、運賃の事前届出制→事後届出制）
旅客自動車	2000年2月（平成12年）	○貸切バス事業需給調整規制撤廃（免許制→許可制）
	2002年2月（平成14年）	○運賃規制の緩和（認可制→事前届出制） ○乗合バス事業需給調整規制撤廃（事業区域ごとの免許制→事業ごとの許可制） ○運賃規制の緩和（認可制→上限認可制）
国内旅客船舶事業	1999年6月（平成11年）	○参入規制の緩和、需給調整規制の撤廃（免許制→届出制） ○運賃規制の緩和（認可性→事前届出制）
港湾運送事業	2000年11月（平成12年）	○特定港湾（主要9港[4]）において需給調整規制の撤廃（免許制→許可制） ○運賃規制の緩和（認可性→事前届出制）
国内航空事業	1986年6月（昭和61年）	○日本航空完全民営化
	1994年12月（平成6年）	○割引運賃設定の弾力化（割引率5割までの割引運賃設定については認可制→事前届出制）
	1995年12月（平成7年）	○幅運賃制の導入（標準的な原価を最高額とする一定の幅のなかで自由に運賃を設定することが可能）
	1997年4月（平成9年）	○参入規制緩和（ダブル・トリプルトラッキング基準の廃止により、㈱スカイマーク、北海道国際航空㈱が国内航空に新規参入）

	2000年2月 (平成12年)	○参入規制の緩和、需給調整規制の撤廃（路線ごとの免許制→事業ごとの届出制） ○運行ダイヤの変更（認可制→原則届出制〔ただし混雑飛行場においては認可制→許可制〕） ○運賃規制の緩和（認可制→事前届出制）

出所：国土交通省資料より作成。
注：1）「営業区域制度」とは、発地および着地のいずれもが営業区域に存在する貨物を輸送する制度をいう。
　 2）当時の営業区域制度では、トラック事業の認可基準となる車両保有台数は、拡大営業区域で15台とされていた。
　 3）「上限認可制」とは、上限運賃のみを認可対象とする一方、それ以下の基準であれば報告のみで足りるとした制度をいう。
　 4）「主要9港」とは、京浜港、名古屋港、大阪港、神戸港、関門港、千葉港、清水港、四日市港、博多港を指し、これらの港でわが国のコンテナ貨物の約95％を取り扱う。

3-8　わが国の規制緩和の内容

　こうした経過を経て、まず1989年（昭和64年）にトラックにおいて「貨物自動車運送事業法」、「貨物運送取扱事業法」が制定され（1990年〔平成2年〕12月施行）、事業の市場参入は免許制から許可制に、運賃は認可制から届出制に改められた。

　これによって、これまでの免許の基本的条件であった需給調整条項が廃止された。わが国で最初にトラック事業が規制緩和の対象になったのは、すでに実態が規制緩和の状況に近いことから混乱を招かないと予想されたからである。本来トラックは、規制になじみにくい性質であり、規制緩和の先がけになるのは当然であった。トラックに引き続き他の交通機関においても規制緩和政策が導入され、今日では概ねすべての交通において需給調整条項が撤廃された（表Ⅳ-8-4）。

3-9　需給調整機能の矛盾

　交通事業の主流である道路運送法、鉄道事業法、海上運送法、航空事業法などが制定された当時は、それぞれの事業の参入には、すべて免許制が採用されていた。その審査基準のうち最も基本的な条項が「需給調整条項」である。この条項は、本来過当競争を生じさせないことを意図するものであったが、立法者の意思とは別に既存事業者の既得権を保護する結果となった。こ

のため、既存事業者の放漫経営を助長させる一方で経営能力の向上を妨げる要因ともなった。免許条件のこのような条項は、交通市場が未発達な戦後復興期の時代には必要とされたが、1960年代に入り交通供給能力が豊富になり競争市場が形成されればその意義は失われたといえる。

　そして、1990年（平成2年）〜2000年（平成12年）にかけて交通事業全般にわたり参入方式が許可制になり、需給調整条項が廃止になった。それに代わって、「緊急調整措置」条項が追加された。これは著しい供給過剰により、輸送の安全や利用者の利便確保に支障をきたすおそれがあると認められるときは、地域を指定して一時的に新規参入や増車などを停止し、供給過剰による弊害の進行を抑えようとするものである。

　しかし、この条項の追加によっても、それまでの需給調整条項の弊害を拭い去ったとはいえない。そもそも緊急調整の基準が明確にされていないものを公平に判断することができるのかという疑問が残るし、まして運輸審議会がそのようなことができるとは思えない。たとえば、運輸企業が荷主企業の増車の要請を拒否したことにより荷主を失った場合、その運送企業に対し行政当局はどのように対処するのか。対処できないとすれば、それは立法者が能力以上の条項を規定したことになる。

　また、荷主側の立場からみると利用者の利便性を阻害することにもなりかねない。2008年（平成20年）9月から2年間にわたり仙台市においてタクシーを対象に緊急調整措置指定区域が指定された。その場合も何らかの政治的要請により、運輸審議会は形式だけでそれを承認したのに過ぎないと思われる。結果として、既存事業者の既得権を保護することとなった。その後、「特別監視地域」や「緊急調整地域」の指定による需給動向の監視などの措置が導入された。

　参入規制が緩和され、需給調整機能が廃止されたが、その内容が抽象的であり、行政官の裁量を待たなければならない場合が少なくない。このため、行政官の恣意的判断を生むおそれがある。いったん規制を行うと、行政官はその意義が喪失した後も、交通産業の需給の安定と事業の継続性を図るという名目で新たな規制を設けるか、あるいはあえて抽象的にして行政官の介入の余地を残すかの方法を採用することが多い。決して望ましいことではな

い。

3-10　グローバル化と規制緩和の影響

　わが国の規制緩和は、レーガノミクスやサッチャーリズムの目指す市場開放政策の一貫として導入されたものである。しかも、交通サービスは、即時・即地性をもち、かつ派生需要が多いという性質を有することから、規制緩和も市場開放に伴うグローバル経済の影響を強く受けることになる。グローバル化の定義は幅広い。世界的な経済活動も地球規模での環境問題も知識や情報の国際的な流出入も文化の共有もすべてグローバル化に含まれる。交通はこれらのグローバル化にすべて関連している。このうち規制緩和に最も大きく影響するのが経済面である。経済面のグローバル化は、交通技術の向上による通信コストと輸送コストの低下を通じて加速された。

　これまで経済のグローバル化により、各国に繁栄がもたらされた一方で、日本やアメリカなどの先進国内において格差問題が発生した。すなわち、東側世界が競争に参加したため、安い労働力コストを求めるグローバル資本は東側に移動した。その結果、先進諸国ではかつて中間層を支えた製造業が衰退し、賃金は切り下げられ、社会の二極化現象（格差）が顕在化した。これによって製造業の雇用者数の減少が招かれ、雇用市場での大きな枠組みの変化を促進させた。また、資本の東側世界を含んだ移動は環境問題のグローバル化を招来し、新たな課題を発生させた。

　交通サービスにおいても、大部分が派生需要である貨物輸送分野は、こうした影響を直接受ける。そのなかでも比較的参入が容易であるトラック業界は、規制緩和により小規模事業者の参入を中心に事業者数が増加（1990年度4万72社→2010年度6万2988社）した。その一方で、これまでトラック輸送の中枢を担ってきた中堅事業者は、製造業の衰退とともに苦境に立たされた。こうしてグローバルに展開できる少数の大手事業者と地場の小規模事業者に収斂し、二極分化が進んだのである。小規模事業者のなかには、価格競争を維持するために過重労働による事故などの反社会的行為を行うところも発生している。他方、港湾運送事業や内航運送事業（2005年3月末2819社→2013年3月末2165社）は、製造業の低迷が影響して、事業者数

や取扱量はいずれも減少傾向にある。

　一方、旅客部門ではトラックと同様に技術開発の余地の少ないタクシー業界では、規制緩和以降、大都市圏を中心に事業者数、車両数とも増加し、激しい運賃競争にさらされている。国内航空では、1998年にスカイマークエアラインズ株式会社（現スカイマーク株式会社）、北海道国際航空株式会社（現株式会社AIRDO［エア・ドゥ］）の2社が格安運賃を掲げて参入した。その後、スカイネットアジア航空株式会社（2002年就航）、株式会社スターフライヤー（2006年就航）などが参入した。同時にすでに述べたように航空会社間で激しい再編も展開された。

3-11　今後の規制緩和の分野

　今後、わが国において避けることができないのは、少子高齢化に伴う労働者不足への対応である。とくにトラックやバスなどの大型車両の運転者不足は、業界全体で大きな悩みとなっている。国土交通省では2008年に、15年にはトラック運転者が全国で14万人不足するとの試算を出したが、現実はもっと深刻な状況といわれている。それ以降公的な試算は公表されていないが、ピーク時の06年に全国で92万人いたトラック運転者は、13年時点で84万人までに減っている（『日本のトラック輸送産業—現状と課題—2015』全日本トラック協会、2015年）。

　現在日本では出入国管理法によって、就労が可能な在留資格のない外国人は運転者の仕事に就くことができない。政府内では外国人の活用などの議論も進んでいるが、運転者については具体的な検討の対象になっていない。しかし、事業者によっては、人口減を見据えて規制緩和を待たずに、東南アジアの現地で運転者教育を実施しているところもある。

　少子高齢化に伴い、交通において運転者以外にも外国人労働者に依存する業務があると思われるが、こうした分野での規制緩和が進むことになると思われる。反対に受け入れに伴う規制の強化や新たな規制の整備が必要となる。

　以上みてきたとおり、グローバル化を伴う規制緩和の影響は業界によって様々である。市場経済のもとで展開される規制緩和によって健全な競争がど

の時点で損なわれるのか、その判断は難しい。それでも、規模の格差の問題への対応、環境保全・安全確保への対応といった価値体系を維持することが重要であり、そのためには、ある種の不都合なことが生じた場合は、何らかの政治的介入や新たな規制が必要となる。とくに、環境や安全問題は、市場の自律性に任せておくと悪化する一方であろう。規制緩和といえどもすべてがその対象になるとは限らない。

第9章 総合交通に関する政策

　総合交通論がわが国の交通政策論議を席巻するようになったのは、1971年（昭和46年）の運輸政策審議会「総合交通体系に関する答申」を契機にしている。同時に高度な手法も開発され、輸送需要予測と運送費用の分析に基づき、各種交通機関の発展の方向を示し、この誘導目標に即応した交通体系を構築する方法がとられた。議論はイコール・フッティング論、モーダルシフト論、さらには環境問題などへと広がる。

　そこで、ここでは総合交通政策の経緯とそれに関連して論議されたイコール・フッティング論、モーダルシフト論および地域・都市交通、環境問題について述べる。

1　総合交通政策

1-1　総合交通政策の萌芽

　総合交通政策とは、各種の交通機関を総合的に発展させる目的をもって行う国の交通政策を指す。「総合」は「個別」に対立する発想である。すなわち、従来個別的に展開されてきた交通政策を、各種の交通機関を適材適所に配置して、十分にその特性を発揮させ、国民の交通負担を最も少なくするための方策に転換することが必要という主張である。そのために必要とされる効率的な「総合交通体系」の代表的な定義として、「国民全体の交通需要の充足を社会的労働の最小の消費をもって実現できる合理的な交通構造と交通網体系」との規定がある〔ロックリン：D. P. Locklin〕（運輸調査局、1971、p. 88）。なお、ロックリンはアメリカの交通学者であり、彼の *Economics of Transportation* は、1935年の第1版から1972年の第7版まで改訂されており、最も長く読まれた書物である。

　わが国において、政府が総合交通政策の必要性に触れたのは意外に古く、1955年（昭和30年）に策定された「経済自立五箇年計画」においてである。当時は経済成長のための隘路打開策として、交通整備の充実が強く認識された時期であり、同計画書では「総合的見地に立った国内輸送政策」という表現でその必要性を掲げている。

　1957年（昭和32年）策定の「新長期経済計画」では、「総合的輸送体系の確立」という総合交通体系と類似の用語が使用された。また、新たに大都市における交通の混雑緩和の必要性が主要課題として取り上げられた。当時の急激な経済成長を示すものである。

　その後、新長期経済計画の考え方が1960年（昭和35年）策定の「国民所得倍増計画」、62年（昭和37年）策定の「第一次全国総合開発計画」、64年（昭和39年）策定の「中期経済計画」、67年（昭和42年）策定の「経済社会発展計画」、70年（昭和45年）策定の「新経済社会発展計画」および「新全国総合開発計画」へと引き継がれている。この間、「国民所得倍増計画」、「第一次全国総合開発計画」を受けて、61年（昭和36年）経済企画庁から「総合的交通体系」が発表されている。

　当初の総合交通政策は、交通基盤の社会資本の整備の必要性などを主目的としたものであった。しかし、1960年代後半から自動車が普及して公共交通に打撃を与えたため、自動車の抑制策に基づく各交通手段の役割が強調されるようになり、自動車抑制型の総合交通政策に転換した。その主張は、71年（昭和46年）運輸政策審議会から「総合交通体系に関する答申」が発表されピークに達した。

1-2　総合交通政策の系譜

　1960代後半からの総合交通政策の主要な目的は、公共交通の復権であり効率と公正を掲げた自動車利用の規制政策であった。総合交通政策をめぐっては様々な議論が各方面で展開された。以下にその経過をみることにする（表Ⅳ-9-1）。

第Ⅳ部　交通政策の展望

表Ⅳ-9-1　総合交通政策の変遷

時　期	総合交通政策の主旨	備　考
総合交通政策の萌芽	1955年12月（昭和30年）「経済自立五箇年計画」 　鉄道、内航海運、自動車のそれぞれの分野における特質を勘案して、二重投資の弊害を避け、輸送機関相互の調和的発展を図るため、総合的見地に立った国内輸送政策を樹立する必要がある。 1957年12月（昭和32年）「新長期経済計画」 　鉄道、自動車、船舶、航空機は、それぞれの特質に応じて、独自の輸送分野をもつとともに、相互に補完的であり、またある程度代替的な関係にあるが、今後はこれらの合理的分業性を十分に発揮させるような総合的輸送体系を確立する必要がある。 1960年（昭和35年）「国民所得倍増計画」 1962年（昭和37年）「第一次全国総合開発計画」	高度成長期に入り、交通量が著しく増加し、そのための施設整備の推進が急務となった。 ブキャナン・レポート（1963年）※
交通基盤整備	1961年10月（昭和36年）「総合的交通体系」（経済企画庁） 　上記の考え方が引き継がれる。 1964年3月（昭和39年）「交通基本問題調査会答申」（総理府） 　自動車交通の急増の対策として交通政策が必要である。 1969年5月（昭和44年）「新全国総合開発計画」 　今後100年の国土利用の根幹をなす交通体系として、新幹線、鉄道、高速道路、航空といった高速交通手段により、全国主要都市を相互に連結させ、均衡ある国土開発を進めることが必要である。	アメリカ「ケネディ運輸教書」（1962年） 西ドイツ「レーバー・プラン」（1967年）
総合交通論議の本格化	1971年7月（昭和46年）「総合交通体系の在り方及びこれを実現するための基本的方策について」（運輸政策審議会） 　1960年代の自動車の急増、公共交通の欠損増加などを改善させるためには、自動車抑制、公共交通推進型の総合交通政策が必要である。 1971年9月（昭和46年）「総合交通政策に関する基本的考え方」（建設省） 　交通体系を国土計画の一環と位置づけ、各交通機関がそれぞれの特性と役割に応じた機能を合理的に分担し、最も適切な輸送システムを構築しなければならな	総合交通体系の主張は、公共交通の停滞、経営難が直接の動機であったけれども、はじめて自動車の普及が他の面に及ぼした影響への対策を含んだものとなった。ここにきて総合交通政策はイコール・フッティング論から適正分野論へ移行しはじめた。 自動車重量税の創設（1972年）、使途をめぐって総合交

160

第 9 章　総合交通に関する政策

	い。 1971 年（昭和 46 年）9 月「総合交通体系における道路交通管理」（警察庁） 　交通渋滞、交通安全および交通公害防止、交通管理など費用の分担方法として、自動車関係諸税の特定財源化が適当である。 1971 年（昭和 46 年）12 月「総合交通体系について」（臨時総合交通問題閣僚協議会） 　上記の運輸政策審議会の答申を受け、経済企画庁（現経済産業省）が各省庁の方針を総括し発表したものであり、閣議決定された。	通の議論が活発化。
総合交通論議の終息	1974 年（昭和 49 年）8 月「総合交通体系の検討に関する中間報告」（総合交通研究会、経済企画庁） 　エネルギー資源、労働力、環境、交通空間の四つの制約条件を勘案した上で、総合交通体系の再検討をする必要性がある。 1981 年（昭和 56 年）7 月「長期展望に基づく総合的な交通政策の方向」（運輸政策審議会） 　この答申は、副題の「試練のなかに明日への布石を」が示すとおり、長期的視野に基づく交通政策のあり方を総花的にまとめたものとなっている。注目すべきは、この答申においては総合交通という用語は消えており、"総合的"という表現に変わっていることである。	1973 年（昭和 48 年）にオイルショックが発生。 総合交通体系の見直し。 イコール・フッティング論、モーダルシフト論の限界を認識。

注：「ブキャナン・レポート」（C. Buchanan, "Traffic in Towns," 1963）は、ロンドンのブキャナンが自動車対策の困難と交通の環境に関して最初の問題提起を行ったものである。同じ頃の「スミード・レポート」（"Smeed Report," 1964）は混雑問題に対する解決策を提示するものとして注目された。

(1)「総合的交通体系」（経済企画庁総合計画局、1961 年〔昭和 36 年〕）

　この報告書は、1960 年（昭和 35 年）の「国民所得倍増計画」および「全国総合開発計画草案」で取り上げられた理念をまとめたものである。その内容は、経済計画、国土計画に関連して、交通体系の位置づけの明確化と交通基盤整備の必要性を主張したものとなっている。この報告書の特徴は、10 年間の総合的な交通体系を示し、その手法として交通需要予測値から必要とされる交通機関別投資額の推定をすることにより、交通体系（資本ストッ

ク）の将来像を描いたことである。

(2)「交通基本問題調査会答申」（総理府、1964年〔昭和39年〕3月）

交通基本問題調査会は、総理府の付属機関（1962年〔昭和37年〕5月～1964年〔昭和39年〕7月）として設置され、発足と同時に総理大臣から、「わが国の陸上交通に関する総合的施策について」についての諮問を受け、1964年（昭和39年）に答申したものである。

この時期は日本経済が高度成長期にさしかかる頃であり、都市化が急速に進行する一方で、自動車の普及により交通戦争という言葉が生まれるほど交通事故が多発するのを受け、交通政策の重要性が強調されるようになった。こうした背景のもと、答申の構成は、第一編「交通体系について」、第二編「大都市交通について」、第三編「交通安全について」となっている。

この答申の特徴は、それぞれの立場から総合交通政策の必要性を主張したものであるが、そのためには、①自立経営、②利用者負担、③公正競争の3原則を前提に、利用者の自由な選択による合理的な交通市場を確立することが必要であると指摘している。

(3)「総合交通体系の在り方及びこれを実現するための基本的方策について」（運輸政策審議会、1971年〔昭和46年〕7月）

1960年代の自動車の急増、公共交通の欠損増加、とりわけ64年（昭和39年）度に国鉄が単年度赤字を計上したこともあって、公共交通側は自動車抑制、公共交通推進型の総合交通政策を主張した。こうした主張を反映するものとして、71年（昭和46年）7月運輸政策審議会による「総合交通体系の在り方及びこれを実現するための基本的方策について」を運輸大臣に答申した。いわゆる「46答申」と呼ばれるものである。

総合交通の主張は、公共交通の停滞、経営難が直接の動機であったけれども、自動車の普及が他の面に及ぼした影響への対策を含んだものとなった。すなわち、環境保全、安全対策、エネルギーの有効利用などの対策として「総合交通」の名のもとに大きなテーマとして取り上げられた。交通ネットワーク整備や国鉄再建については、すでに交通施設の投資負担についてイコ

ール・フッティング論が主張されていたのを受け、交通財政制度が議論の対象となった。この財政確保の手段として 1971 年（昭和 46 年）に自動車重量税）が制定された。

なお、同年 9 月には、建設省から「総合交通政策に関する基本的考え方」、警察庁から「総合交通体系における道路交通管理」と題し、それぞれの立場からの総合交通政策の必要性を指摘した報告書が提出された。

(4)「総合交通体系について」（臨時総合交通問題閣僚協議会、1971 年〔昭和 46 年〕12 月）

この答申は、上記の運輸政策審議会の答申を受け、経済企画庁（現経済産業省）が各省庁の方針を総括し発表したものであり、閣議決定された。この答申では、「総合交通体系は、長期的展望にたった目標を達成するための諸施策を総合化し、体系化していく政策体系である」と定義し、そのための具体的な施策として、①交通機関別分担関係の確立、②交通需要調整策の推進、③総合的施設整備の方向、④費用負担と財源調達の合理化、⑤運賃料金政策の確立、⑥新しい体制の確立、⑦自動車交通、日本国有鉄道およびその他の公共交通機関についての考え方の 7 項目の方針を示した。

つまり、受益者負担の原則に基づき、かつ競争原理と交通機関の特性に応じた適切な輸送機関分担関係を想定し、それをガイドポストとして交通需要を調整し誘導していくことが必要であるとの考え方である。ここにきて総合交通政策はイコール・フッティング論から適正分野論へ移行しはじめたのである（斎藤、1982、p. 252）。

(5)「総合交通体系の検討に関する中間報告」（総合交通研究会、経済企画庁、1974 年〔昭和 49 年〕8 月）

上記答申後の 1973 年（昭和 48 年）にオイルショックが発生した。それを契機に総合交通体系の見直し作業が行われ、74 年（昭和 49 年）に総合交通研究会から「総合交通体系の検討に関する中間報告―新たな制約条件下において進むべき方向―」が発表された。ここではエネルギー資源、労働力、環境、交通空間の四つの制約条件を勘案した上で、総合交通体系の再検討をす

る必要性があることを述べている。その方法として社会的便益の最大を指向すべく交通手段選択に関する誘導的調整が必要であると述べているが、この意見をめぐって反対論も多く、具体的な見直し作業はしばらく行われなかった（斎藤、1982、p. 252）。

(6)「長期展望に基づく総合的な交通政策の方向」（運輸政策審議会、1981年〔昭和56年〕7月）

　この答申（いわゆる「56答申」）は、副題の「試練のなかに明日への布石を」が示すとおり、長期的視野に基づく交通政策のあり方を総花的にまとめたものとなっている。注目すべきは、この答申においては総合交通という用語は消えており、「総合的」という表現に変わっている。この表現は1971年（昭和46年）の運輸政策審議会の答申以前に使用されていた。その言葉が再び登場したことは、行政当局においても総合という可否をめぐっていかに迷走していたかがうかがえる。その後、運輸政策審議会から総合交通という名の答申は出されていない。

　こうした総合交通政策について、角本（1991、pp 133-134）は次のように述べている。

　　わが国では、1960年代半ばから70年代にかけて「総合交通政策」論が盛んであった。次節に詳しく述べるように所得倍増計画の下で客貨の交通需要が急増し、道路・鉄道・海運・航空への投資を必要としたこと、国鉄経営が他の三手段の進展の中で欠損となり、他手段と鉄道との交通調整が必要だとする人々がいたことがその原因である。

　　その当時は大真面目に「イコール・フッティング」論と「シェア」論とがたたかわされた。しかし交通施設への投資に一般財源が使われるので、公正な競争が行われるはずはなかったし、また人々の選択を政府が規制できるわけでもなかった。それにもかかわらず、総合交通政策は不可能と言い出すだけの自信が学会には欠けていた。

　　結果は1971年（昭和46年）、経済企画庁が次の文章を示しただけで幕切れとなった。

　　「総合交通体系を形成していく場合には、競争原理を活用しつつ同時に

あらかじめ各交通機関の機能に従って、その分担を想定し、これをガイドポストとして交通需要を調整し、誘導していくことが必要となる。」

この文章のおかしさは、まず「総合交通体系の形成」が可能との前提に立ち、次に、人間の能力に不可能な判断を手段として提言したことである。われわれが今、総合交通とは何か、それをどうすれば実現できるかを考えているのに、それには事前に「その分担を想定」せよという。「分担想定」の方法を求めるのが総合交通論議だったはずである。

実りのない政策論議をつづけているうちに、現実の交通手段分担率は国鉄の低下、道路および航空の上昇という形で推移した。この論議の動機は、自動車の普及に対し鉄道との間に調整を行おうとしたことであった。しかし本来それは学問から答えを出せる性質ではなかったし、政治も独裁政権でなければ不可能のことであった。1971年の失敗のあと、この種の論議はほとんどなされなくなった。

事実、世界で総合交通政策が成功している例はなく、その要因として、輸送機関ごとの費用便益分析が困難であること、利用者の動向の推定にしても正確な数字がつかめないことなどが指摘されている。

2　イコール・フッティング論[1]から適正分野論へ

わが国において交通調整という言葉が最初に登場したのは、1938年（昭和13年）に施行された鉄道企業間および鉄道企業とバス企業との浪費的競争を避ける目的で整理統合を目指した「陸上交通事業調整法」である。同法は戦時体制下という特殊な時代に施行されたもので、調整というよりは統制という意味合いが強かった（同法は現在の大手私鉄の基盤を形成させることとなり、法律自体は現存している）。また、戦後まもなく交通調整らしき政策として、エネルギーの鉄道や海運への優遇措置や49年（昭和24年）に発表された東京圏、近畿圏を中心に50 km以内の鉄道輸送をトラックに移転

---

[1] イコール・フッティング (equal footing) の用語は、1949年イギリスのW.A.Lewisの"Overhead Costs"の論文の中で用いられ、またケネディ運輸教書のなかにも登場するものの、諸外国ではわが国のように頻繁に用いられないし、術語化されてもいない（斎藤、1982、p. 257）。

させる「鉄道近距離貨物のトラック転換実施要領」などがあるが、本格的に交通調整論が論議されるようになったのは50年代頃からである。

1950年代当初の交通調整論の最大の論点は、鉄道輸送の停滞と自動車の進出を背景に鉄道対自動車における資源の適正配分論の適否などをめぐる議論であった。そこで、登場したのが「公正競争／イコール・フッティング論」と「適正分野論」である。

公正競争／イコール・フッティングとは、鉄道はみずから通路施設を建設、維持しなければならず自立採算性であったのに対し、道路施設は国や自治体が供給しているので、競争条件を公平にせよという競争基盤の平等化を求める議論であった。これに対し、適正分野論とは、価格メカニズムの作用を通して交通需要調整を図ろうとするもので、いわば公権力により交通手段の適正な分担を決定し実現すべきという議論であり、「シェア」(share) 論とも呼ばれた。

イコール・フッティング論をめぐっては、その可否について様々な議論が展開されたが、1969年（昭和44年）の自動車新税構想の論議において完全に定着した。欧米でも鉄道の復権を求めたイコール・フッティング政策構想があった。アメリカでは62年の「ケネディ運輸教書」、西ドイツでは67年の「レーバー・プラン」がある。ケネディ運輸教書は、①鉄道に対する公共規制の緩和、②道路、航空、水運に対する通路費負担の徹底、③大都市公共交通機関に対する公的助成の3本を柱とするものである。レーバー・プランは、当時のレーバー運輸相が営業トラック輸送の規制を強化する構想であり、わが国のイコール・フッティング論はこの影響を強く受けたものとなっている。しかし、両国ともこれらの構想が実現することはなかった。

わが国のイコール・フッティング論は、1971年（昭和46年）運輸大臣の諮問機関である運輸政策審議会から発表された「総合交通体系に関する答申」へ引き継がれることになる。しかし、総合交通の主張は、鉄道の衰退、経営難を直接の動機にしたけれども、自動車による人や環境への悪影響の防止、安全の確保、エネルギーの有効利用などの対策を含めた総合交通が強調されるようになり、議論の主眼は、イコール・フッティング論から適正分野論へと移行した。

さらに、1973年のオイルショックを契機に総合交通体系の見直しが行われ、省エネルギーの交通体系が主張されるようになった。その後も輸送量が停滞するなか自家用乗用車と営業用トラックの分担率は増加し鉄道の分担率は低下し続けた。イコール・フッティング論を歓迎していた鉄道側も経営状態が悪化の一途をたどり、補助金なしでは事業の存続が危うくなり、次第にこの主張を敬遠するようになった。事実、64年度から国鉄は単年度赤字を計上し、66年度決算では完全に赤字となり、政府による補助金の交付がはじまった。こうした経過によりイコール・フッティング論は沈静化した。これに対して適正分野論としての「モーダルシフト論」がにわかに脚光を浴びてきた。

3 モーダルシフト論

3-1 モーダルシフト論の背景

1971年（昭和46年）の「総合交通体系に関する答申」により、イコール・フッティング論および適正分野論を基調とした「モーダルシフト」構想が登場した。同答申で示されているモーダルシフトとは、トラック輸送の幹線分野を鉄道や海運などの大量輸送機関に移転させることを指している。

しかし、このような政策の歴史は、わが国では比較的古く、おそらく1930年代後半の戦時体制下で海運から鉄道への転移、不用不急品や50km以上のトラック輸送が禁止されたのがそのはじまりと思われる。戦後復興期の40年代半ば、鉄道輸送能力不足対策として鉄道から海運、鉄道からトラックへの移転が進められた。このようにこの期間におけるモーダルシフト政策の重点目標は、海運輸送能力不足の救済、鉄道の輸送能力不足救済であり、主に鉄道と海運相互間の移転が進められた。

1960年から70年代にかけて高速道路整備の進展とともにトラック輸送を中心に貨物輸送が急増し、それを要因とする鉄道経営悪化の救済、道路混雑や環境悪化が社会的問題としてクローズアップされた。その対策としてもモーダルシフト政策の必要性が主張されるようになった。このようにモーダルシフト政策の目的は時代によって変化しているが、戦後のモーダルシフト政

策には、一貫して自動車輸送の削減、鉄道輸送の復権が根底にあった。そのため、イコール・フッティング論にしろモーダルシフト論にしろ推進派は鉄道派であり、批判派は自動車派であると色分けされた。しかし、批判派のなかには健全な鉄道復権を期待する者も少なからず存在しており、このことが問題の焦点を複雑でかつ曖昧なものとした。

　他方、1992年（平成4年）に建設省（現国土交通省）の道路審議会が「今後の道路整備のあり方について」を発表した。そのなかでモーダルシフトのアンチテーゼとしてモーダルミックスという名称で、地域性、交通特性を活かし、各輸送手段の特性を十分発揮させ国民のニーズを満足しうる総合交通政策の推進政策を掲げた（別名マルチモーダル）。通産省（現経済産業省）ではインターモーダルと呼び名を変えている。おそらく、その背景にはトラックから鉄道への移転を求める運輸省、道路整備を求める建設省、自動車の増産を求める通産省との立場の違いがあったと思われる。

　その後、各省庁が協力し政府が一体となり物流施策を推進していくための「総合物流施策大綱」が1996年（平成8年）に閣議決定された。同大綱はそれ以降5年ごとに見直し作業が行われているが、ここではモーダルシフトという名称のみが存続している。

3-2　モーダルシフト論の限界

　「総合物流施策大綱」において、モーダルシフトの必要性について、以下のように述べている。「今後とも、鉄道、内航海運といった大量輸送モードへの転換を図るモーダルシフトの促進を含め、荷主、物流事業者の連携により物流の低炭素化に向けた取組を一層進めていく必要がある」。つまり、輸送機関別二酸化炭素排出量原単位（1トンの貨物を1km運ぶのに排出するCO_2）は鉄道が20グラム、船舶が40グラムであるのに対し、営業トラックは150グラムと7～4倍の多さであるので、低炭素化のためにはトラックから鉄道、船舶に転換せよという論法である。さらには1人あたりの輸送量や1回あたりの輸送量が取り上げられる。

　いま一つの主張は、「エネルギー効率の悪い自家用自動車より、効率のよい鉄道、バスを優先させなければならない。そうすることにより、自動車事

故、公害、混雑がなくなり、生活環境が快適となる。また、道路投資もあまり必要でなくなり、省資源、省エネルギーにもつながる」というものである。つまり、自動車から鉄道にモーダルシフトすれば環境もよくなり、省エネルギーにもなるという発想である。

上記の理由にしばしば用いられるのが、トンキロあたりエネルギー消費量および CO_2 排出量や1人あたりの輸送量、1回あたりの輸送量などの指標である。たしかにこれらの指標をみる限り、いずれの指標も鉄道が有利で自動車が劣る。しかし、鉄道はレールの上を走るときのエネルギーだけではすまない。レールの建設や施設の運営に多くの人手やコストとエネルギーを要する。また、乗客や貨物が少ないからといって、車両を間引きしたり、車両数を適宜減らすといった弾力性もない。

人が旅行するときも、駅から駅への移動だけではすまない。通常その前後にバスか自動車を利用することになる。また、鉄道といっても路線によって混雑状況が異なりエネルギー効率も著しく異なるはずである。いつもガラガラの鉄道では乗客1人あたりのエネルギー効率はきわめて悪くなるし、赤字を覚悟で新線を建設することになれば、まさにエネルギーの浪費となる。人々が乗物を選ぶとき、コスト、快適さ、便利さなどの総合的な判断によっている。決まった通勤先に移動する会社員の大半は、すでに鉄道を選んでいる。交通混雑のなかで自動車を利用する大部分の人は、必要に迫られ、やむをえず運転しているのである。

貨物輸送では、鉄道や船を利用する輸送は、一部の専用貨物を除いて通常はその両端はトラックが利用され単独では成立しない。複数の輸送機関が連続する場合は、貨物の積卸、中継、保管などのためのターミナル施設が必要となる。すなわち、各種の指標を用いての比較分析は、発着間の完結した輸送機関の組み合わせと、それに係るターミナルなどの施設で必要となる労働力、エネルギー、資本などを含めた総合コスト比較で行われたものでなければ、輸送の実態を反映したものとはいえない。

トラックから他の手段への移転には、どの発着区間でそれが可能かという論点と、その区間に他の手段の能力が供給可能かという論点がある。少なくとも東京域内や大阪域内の近距離では移転はほとんどありえない。東海道な

どの都市間では、能力と費用が条件となる。今日まで大量・定型・継続でない限りトラックが伸びたのは、消費エネルギーや輸送効率などの総合コストが利用者にとってそれが安いからである。

イコール・フッティング論にしてもモーダルシフト論にしても、いくら公権力であっても経済合理性を抑制する政策は成り立たないということである。

4　総合交通政策の限界

交通政策の目的である「資源の最高配分」、「効率」、「公正」などの理念が掲げられている。しかし、これらを現実に結びつける望ましい姿はみえてこない。まして交通需要を調整し、誘導して、その実行を期待することは本来不可能なのである。とするならば総合交通体系は本来政策や学問の限界を超えた論議であり、明快な回答が出せるはずがなかった。

一方、総合交通論が掲げているエネルギー削減、環境改善は実現しなければならない国家的課題である。しかし、輸送手段の供給者と需要者が民間である限り、そのために政府ができる範囲に限界があることを認識しなければならない。

政府と民間企業の最も大きな違いは、前者は決して経営に責任をもたない（もてない）が、後者は常に経営責任から免れることはできない点である。こうした違いがあるにもかかわらず、政府が民間企業に対し、輸送手段の選択にまで介入すべきではない。政府にできることは、輸送手段ごとのエネルギー消費量や排出ガス排出量などの指標を提供することまでである。本来ならば、トア・ツー・ドアにおける全行程での総合的な比較分析が必要とされるが、現実的にはそのような計算は困難が大きく、これまでその種の分析は行われていない。せいぜいできるのは事例を収集し類型ごとに分類するまでであろう。

民間企業はこうした指標を参考にして国民や荷主企業の要請に応えつつ、交通網と輸送手段を選択し、省エネルギーや排出ガス削減に努力している。その総合的判断の結果が今日の姿なのである。そうした現実を踏まえるなら

ば、総合交通という言葉は民間企業の立場でみれば成り立つのかもしれない。総合交通体系の名のもとに、輸送機関の分担を求めても、それは利用者の選択意思と遊離するし、この種の試みがこれまで成功した例はない。

5 地域と都市の関係

5-1 地域開発と交通

　総合交通政策の理念は、1960年（昭和35年）の「国民所得倍増計画」および62年（昭和37年）の「第一次全国総合開発計画」で用いられ、それがその後の交通政策論の問題提起に反映している。

　わが国で本格的な都市集中と都市化は、1950年（昭和25年）代後半からの経済成長とともにはじまった。こうした状況を反映して、62年（昭和37年）の「第一次全国総合開発計画」では、交通ネットワークの整備と都市機能の集積と人口・産業の地方分散化が重要項目として掲げられた。全国総合開発計画は、その後四次にわたり見直し作業が行われている（表Ⅳ-9-2）。

　それらの内容は、時代とともに変化してきたけれども、交通ネットワーク整備の重要性と都市機能の集積および地域開発の考え方は一貫している。これらの計画書は、それぞれ理念については、かなり完成度が高いという評価があるが、実際の行政上の国土計画に十分反映されたかといえばそうではない。すなわち、この計画当初からの課題であった「均衡ある発展」については、五次にわたる計画においても克服されていない。太平洋ベルト地帯のなかでも関西圏や北九州の地盤沈下が目立つ一方、その一部である首都圏への一極集中が進んでいる。また、地方開発拠点は、工業開発拠点と並んで強調されたが、その後いずれも目立った進展はない。その結果、第五次計画書では、「均衡ある発展」は困難であるとの見方からか「地域の自立の促進」と方向転換している。

　第一次から第五次の36年の間には、都市間では新幹線や高速道路の建設、都市内では地下鉄網や都心と近郊とを結ぶ大量高速輸送力の増強など交通ネットワーク形成が着々と進行した。結果として、交通投資と「均衡ある発展」とは、直接的には結びつかないということが証明された。この両者の相

表Ⅳ-9-2　全国総合開発計画の推移

	時　期	時代背景	概　要
全国総合開発計画 （全総）	閣議決定 1962年 目標年次 1970年	1. 高度成長期へ移行 2. 過大都市問題 3. 太平洋ベルト地帯構想	〈拠点開発〉 日本の国土利用、開発、保全に関する総合的かつ基本的な計画であり、住宅、都市、道路その他の交通基盤を整備し、地域間の均衡ある発展を実現する。
新全国総合開発計画 （新全総）	閣議決定 1969年 目標年次 1985年	1. 高度成長経済 2. 人口・産業大都市集中 3. 情報化・国際化・技術革新の進展	〈大規模プロジェクト構想〉 新幹線、高速道路等のネットワーク整備と大規模プロジェクトを推進し、過疎過密、地域格差を解消する。
第三次全国総合開発計画 （三全総）	閣議決定 1977年 目標年次 1987年	1. オイルショック 2. 省資源、省エネルギー重視 3. 人口・産業の地方分散化	〈定住構想〉 大都市への人口、産業集中を抑制する一方で、地方振興、過疎過密問題に対処し、国土の総合的環境の形成を展開する。
第四次全国総合開発計画 （四全総）	閣議決定 1987年 目標年次 2000年	1. 東京一極集中 2. 地方圏での雇用問題の深刻化 3. 国際化の進展	〈交流ネットワーク構想〉 特定地域への人口集中や経済機能、行政機能等諸機能の過度の集中なく地域間・国際間で相互に補完・触発しあう国土を目指す。
21世紀の国土グランドデザイン （五全総）	閣議決定 1998年 目標年次 2010～ 2015年	1. 国民意識の大転換 2. 地球時代 3. 人口減少高齢化時代 4. 高度情報化時代	〈参加と連携〉 21世紀にふさわしい国土づくりを進めていくため、国土構造形成の流れを太平洋ベルト地帯への一軸集中、東京一極集中から転換する必要がある。

出所：『全国総合開発計画（一次～五次）』より作成。

関関係を解明することは、今後の交通学の大きな課題である。

5-2　都市の形成

　都市については、統一された定義はないが、「商業、流通などの発達した結果、限られた地域に人口が集中している領域」とする言葉として使用されることが多い。都市の形成は、人類の有史とともにあり、宗教施設、行政施設、流通施設のいずれかが拠点となり発展している。都市の発展の仕方としては、日本やヨーロッパでみられるような発達史的分化、あるいはアメリカに多い機能的分化というおよそ二通りの系列があるが、いずれも共通していることは、都市の空間的構造や機能の土地利用は、常に過去の歴史に規定されていることである。

　すなわち、都市の位置は水運が唯一の安い交通手段であった時代においては、可能な限り水運の利用できる河口や川の途中、あるいは海岸港の場所が選定された。その理由は物資の輸送に便利であり、川沿いの場合は飲料水の確保である。明治時代に京都から東京に遷都された主要な要因として水運の利用のしやすさがあった。今日の世界の大都市もこうした傾向は変わらず、多くは水運を前提に立地している[2]。例外もあるが、いずれも物資の補給路の確保のための交通路が整備されている。

　これらが示すように都市の形成は、交通体系を前提にしており、位置と規模は、その時代の交通技術と交通路に左右される。わが国では、19世紀代には鉄道開通に伴い内陸水運都市が衰退し、都市の盛衰もそれに影響を受けた。20世紀には鉄道や電車、飛行機、自動車が人や物の移動能力を飛躍的に向上させ、都市の規模を拡大させた。反対に整備新幹線の開通により、在

---

[2] 角本は、海上交通を背景とする理由を次のように述べている。
　「都市の構成は職場があって住宅が可能と考えるべきなのである。（略）職場ができるためには、その土地が他地域と便利に交通できるように交通手段にめぐまれていなければならない。今日、世界の大都市のほとんどが、海または河の水運にめぐまれた場所に位置するのはまさにそのためである。鉄道以前においては水運は唯一の大量輸送手段であったし、今日においてもそれは最も安い貨物輸送方法である。都市構造を見れば、その下町、あるいは都心部という地区が港や河岸に接しており、そこが最初の物資集散の場所であった。（略）都市の発生、発展が交通に依存するので、各都市の職場は交通に便利な地区に集中するのは当然であった。東京の日本橋、大阪の船場、ロンドンのシティ（ロンドン市）やニューヨークの下町はそれを示す。しかも一度この集中地区ができると、次に追加される交通施設もここを中心とするので、さらにその地区が発達することになるのであって、水運によって発達した下町に鉄道のターミナルが設けられた。東京では新橋まで鉄道が入り、やがて東京駅まで入ったのはその好例で、ヨーロッパの諸都市では下町に密集市街地内部までは入れなかったけれども、その周辺にターミナルを置くことができた。」（角本、1970、pp.18-19）。

第IV部　交通政策の展望

来線沿線都市が衰退し、苫小牧港や石狩新港の新しい港の開発により、小樽、室蘭の地位が低下した。

　すなわち、水運依存の時代には、港からの輸送は人力が主体であり、そのため産業地域と住居地域も徒歩の範囲でしか成立しなかった。鉄道が開通した段階では、その沿線上に工場や住居地域が増えた。1960年代以降のバス、マイカー、トラックの進出がこうした状況を一変させた。バスやマイカーは鉄道沿線以外の地域の利用を容易にし、住宅地域の広域化を促進した。トラックは、市場や工場を郊外に移転させるようになり、市街地を港や工場から分離することを可能にした。

5-3　都市の交通問題

　都市には、人、物、情報が集積するが、その規模の限界は職場と住居および行政機能との間の時間と距離と費用との関係によって決定される。つまり、都市問題の要因は、過度の集積と空間の限界なのである。都市交通の対策とは、混雑解消と環境保全である。交通需要が集積して、空間に立地している施設能力以上に大量であればこれらの問題は避けられない。それでは施設の供給能力を向上させればよいと考える。しかし、交通能力の供給には、即時性と即地性が存在するため、それが発生する時にその場所で行わなければならない。しかも、交通能力を得るための空間確保は大都市ほど困難である。

　空間確保が困難であれば、議論は単なる交通論ではなく、機能の再配置と需要抑制論へと展開する。しかし、都市の空間には歴史が集積しており、その土地利用の修正は容易ではない。他方、地方の農山漁村では労働力の機械化により、人口収容力が低下した。工業やサービス分野で働かなければならないとするならば、雇用の機会を求め、それらが発達した都市部に人口が集まるのは当然である。

　すでに、トラック依存型の機能は周辺に分散し、また都市鉄道の発達により、居住地域の延伸化も進んだけれども、依然として大都市では都心部の業務機能は膨張している。機能再配置の目玉として、首都移転論[3]が長らく議論されてきたのは周知のとおりであるが、現実は議論とは関係なく霞ヶ関の

官庁施設は増強し続けた。国政においても理論と現実は別物ということか、機能の再配置と需要抑制論がいかに困難であるかが理解できよう。都市問題として、機能の再配置と需要抑制論を進めるのか、空間および施設能力の限界に応じて需要が減少するのを期待するのか、このいずれを基本にするかによって、今後の交通政策は違ってくる。

5-4 地方拠点開発問題

　大都市問題の受け皿を担う地方の開発計画も問題を含んでいた。全国総合開発計画が過疎過密解消策として一貫して取り続けてきたのは、地方に開発拠点を設け、その開発を促進することによって、人口、産業の分散、定着を図ろうという方向であった。しかし、この計画の問題は次の二点にあった。その一つは第一次計画においてGNPが予測以上に伸び、社会資本整備計画の容量を大幅に超え、その結果環境問題が激化したことである。すなわち、国土総合開発のきっかけとなった「所得倍増計画」は、いうまでもなくGNPを10年間で2倍にする計画であり、それを実現するために社会資本の整備が急がれた。ところがGNPの伸びは実に4倍に達し、この結果、四日市コンビナート、千葉県京葉コンビナートなどにおいて甚大な産業公害を発生させたことは周知の事実である。

　いま一つは、その後の計画において、その延長上でGNPの伸びを加味して作成したため、反対に全国の新産都市の規模を持て余すことになったことである。現在では、新産都市の遺産である余った工場用地の使用方法に悩んでいる。計画は常に現実の経済社会に翻弄される危険性を含んでいるにもかかわらず、軌道修正する努力を行わなかった。皮肉にもGNPの予測の過小

3　「首都移転論」は、東京都区部に立地する政府機能を東京から60 km圏外に移転する構想である。1960年には富士山への新都建設構想が提案された。バブル期には、東京の地価が暴騰したこともあり、首都移転構想が再浮上した。90年（平成2年）には、衆参両院で「国会等の移転に関する決議」を議決し、「首都機能移転を検討する」という基本方針を確認した。法的には92年（平成4年）に「国会等の移転に関する法律」が成立し、この法律に基づき候補地選定などの準備作業に着手した。99年（平成11年）12月には、「国会等移転審議会」が候補地として（栃木・福島地域）、（岐阜・愛知地域）、（三重・近畿地域）の3地域を選定した。しかし、2003年（平成15年）衆参両院の「国会等の移転に関する特別委員会」において、「移転は必要だが、3候補地の中でどの地域が最適なのか絞り込めない」という中間報告を採択した。その後は国政の場では議論されなくなり、政治の表舞台から姿を消した。40年余に及んだ首都移転論は不毛な議論と化したのである。

評価と過大評価が誤りの直接的原因を招来したのである。

拠点開発による地域開発方式の問題点として、本間（1992、pp. 31-32）は、宮本憲一『日本の都市問題』（筑摩書房、1969）の論文を引用し、次のように述べている。

「産業基盤の公共投資の集中―重化学工業の誘致―関連産業の発展―都市化・食生活の変化―周辺農村の農業改善―所得水準の上昇にともなう財政収入の増大―生活基盤への公共投資・社会政策による住民福祉の向上、と図式化している。つまり重化学工業の拠点を開発して、その波及効果により住民福祉を向上させようというのがこの方式であるとして、まずこれは後進国開発方式の国内地域への適用であり、経済学的に間違っているというのは、一国の開発方式を狭い地域内の開発にあてはめたことであるとい言う。さらにわが国における経済主体について触れ、限られた財源で直接的効果をあげようとすると、産業基盤への投資を優先せざるを得ないが、公私の両部門の関連が直接ではないから、先行投資のムダや公共投資の浪費が起こらざるを得ない」と指摘している。

この結果、当初の目的であった「富と人口の分散」、「国土の均衡ある発展」とは、およそ正反対に大都市への富と人口の集中が進んだ。一方、規模の利益を求め、地方に立地された大規模工場は、労働力確保が困難となった。さらに、経済のグローバル化の進展により、こうした工場の多くは海外に移転し、地方の衰退に拍車をかけた。

国土計画の政策原点がどこにおかれようとも、いかに新しい構想が企画されようとも経済社会の現実の変化には勝てないのである。開発投資の甘い期待は許されない。

5-5　都市と地方

大都市と地方の両方が発展する条件は、それぞれの地域間において機能分担が成立するときに限られる。しかし、機能分担が成立したからといって、両者の関係が存続するとは限らない。地方での産業立地は特定産業が多く、その産業が衰退した場合、新しいものの発展の実現は容易ではない。地域の諸条件により分業に参加できない地域もあれば、競争力を失って脱落する場

合もある。工場の海外移転は、それを促進させた。

都市機能である政治機能や諸産業の管理部門や金融部門は、交通・通信の発達によりその機能を集中させていく。それによって、分業の参加地域は拡大するけれども、多くの参加地域の業務機能は低下する。東京に対して大阪が地盤沈下するのはそのためである。ますます「富と人口の分散」、「国土の均衡ある発展」の実現は困難となった。

5-6 対策の可能性

都市への集中化は、生活環境を悪化させ、また地価高騰を招き、結果として生活条件は悪化させる。そのための交通対策としては、交通需要増加の抑制、自動車走行の削減、公共交通の維持などが論じられてきたが、これらの多くは、外国の事例の影響を受けている。しかしながら、わが国の特性に合わないものは、理論だけで実現に至らなかったものも多くある。

(1) 都市対策
　①道路整備
　②交通規制
　③時差通勤
　④パーク・アンド・ライド
　⑤混雑税
　⑥ピークロード・プライシング
　⑦公共交通整備
　⑧新交通システム
　⑨貨物の共同集配
(2) 都市間対策
　①高速道路整備
　②新幹線整備
　③新交通システム
(3) 地方対策
　①公共交通機関の整備

第Ⅳ部　交通政策の展望

　(1)のうち、①道路整備は交通のためだけでなく、都市政策の基本となる項目である。しかしながら、大都市では道路整備に必要な交通空間の確保は、もはや限界に達している。今後行うべきことは、安全面からメンテナンスに重点をおくことである。とくに建設から50年余経過した首都高速のような都市型高速道路においては重要となる。

　②交通規制もいま以上の効果は期待できない。

　③時差通勤は、通勤輸送緩和の方策として提案された。しかし、家庭生活では負担がかかり、業務では事業の運営上就業時間帯の変更が困難であり、この両面から普及させるのは難しい。

　④パーク・アンド・ライドは、アメリカのワシントンなどの都市で行われており、これは郊外の自宅から自家用車で最寄りの鉄道まで行き、そこで自家用車を指定の場所に乗り捨て、鉄道で都心部に通勤するという方式である。わが国では、郊外の駅といえどもこの方式に適した駐車施設の確保が困難である。二輪車についてさえ困難が大きい。

　⑤、⑥混雑税およびピークロード・プライシングは、わが国では将来とも導入されることはほとんど期待できない（詳細は「第Ⅴ部第10章3」参照）。

　⑦公共交通整備は、歴史上移動のための主要手段として整備されたが、今日では自動車を主体に考え、次にそれが困難か不利の場合に公共交通を利用する傾向にある。一部で自動車を削減すべきとの意見があるが、住民の考えを抑制することは難しい。

　⑧新交通システムは、1960年代からいわれる総括名称であり、今日では主として中量軌道方式を指すようになった。また、自動運転を強調する場合がある。それ以外の多くは、着想だけで実用化されていない。

　⑨貨物の共同集配は、集配能力の向上と都市内道路の混雑緩和を目指し進められている。しかし、その効果は一部でしかない。

　(2)についての①、②高速道路や新幹線については、ほぼ整備が完了したといえよう。今後は、安全対策としてのメンテナンスが主体となろう。

　(3)の地方における交通投資についてとくに問題になるのは、需要が少なく利用者負担での存続が不可能な場合である。こうした地域において、交通

を存続させるためには、地方公共団体と国の支援が不可欠である。しかしながら、必要最小限度の旅客が確保できなかったり、財政難から、補助金を打ち切る地方公共団体も出ており、地方鉄道や乗合バスの廃止に追い込まれているところも多い。しかし、交通は国民の活動を支える役割を果たすものであり、シビルミニマムの構成要素の一つであるため、確保されなければならない。そうしなければ、今後、高齢化や過疎化が進む地域の存続は困難となる。

交通手段は、自動車が主体となるが、それでも国や地方公共団体が支援できる財源にも限度がある。そのため、それぞれの地域に即し、存続できる輸送システムを構築する必要がある（地方部における交通サービスのあり方については、日本交通学会編、2011、pp. 207-211 参照）。

上記のうち、(1)～(2)の項目は、1970年代までに出尽くし、またそれらの導入可能性についても明らかになった。新たな施設整備に対する期待は大きいけれども、それらには限界がある。そのため、これらの項目を組み合わせて対策を進める必要があるが、それでも大きな効果は期待できない。都市機能の集中と地方分権が困難な状況においては、新たな施策が発見できるまでは、少なくとも土地利用規制などにより都市への膨張抑制策を導入することが必要である。

6　環境保全に関する政策

6-1　環境問題とは

通常、個人あるいは国が、他者に損害を与える行為を行った場合、その代償を払わなければ、そこには負の外部性が発生する。その代表的なものとして、環境悪化や事故などがある。一般に市場は負の外部性を生じるものを過剰なほど生産している。すなわち、市場自体が環境悪化を招いているのである。

環境問題は、通常地球温暖化問題などに代表されるような、国境を越え地球的性格を帯びる全地球的なものと、スモッグや海岸の油汚染などのような局地的なものとがある。しかし、すでに明らかになっているように、今日で

はたとえ局地的な環境問題であっても、そのもたらす影響は、局地的ではすまなくなってきている。

ところで、環境問題と並列してしばしば公害という言葉が使用される。公害は、通常経済合理性を求めた社会的経済的活動によって生じた社会的災害といわれている。環境基本法では典型的な公害として、大気汚染、水質汚濁、土壌汚染、騒音、振動、悪臭、地盤沈下の七つをあげている。広義の用法として、交通公害、食品公害、基地公害などが含まれる。

それに対して、環境問題は、人間の活動を原因とする周囲の環境の変化により、発生する問題である。地球温暖化や災害、地球の自然環境の変化やエネルギー問題がそれにあたる。すなわち、公害は社会的災害であるのに対し、環境問題は個人的災害であることに違いがあるが、環境が破壊されることは両者とも同じである。

しかしながら、自動車を原因とする騒音、振動、大気汚染などの公害は、発生源が個人の場合もあり、社会活動の場合もあり、その判別は困難である。また、最近注目されている地球温暖化は、環境問題に含まれているが、その発生源は人間の生活環境の変化のみならず、交通公害も大きな要因となっている。そのため、公害と環境問題の違いはきわめて曖昧であるといえる。

6-2　大気汚染の経過

公害や環境問題が発生しはじめた歴史は比較的古く、1750年のイギリスでの産業革命までさかのぼる。当時は綿工業を基点に鉄鋼業、石炭業が発展し、運河や鉄道の建設が進み各地に工業都市が生まれた。同時に大気汚染などの公害が発生した。この経過はわが国の戦後復興期の場合と類似している。

わが国の大気汚染は、明治政府の殖産興業政策に伴う工場立地による局地的大気汚染で顕在化した。戦後においては、復興期に展開された産業振興が臨海部に進められたが、それは同時に環境汚染の発生源を集中させることになり、甚大な産業公害を発生させる大きな要因となった（四日市コンビナート、千葉県京葉コンビナート、岡山県水島コンビナート、名古屋市南部地域

等新設工業地帯)。一方、川崎、尼崎、北九州など戦前からの工業地帯は、既存の製鉄所などの工場に加え、新たに大規模な発電所や石油精製所などの工場が立地したことにより、大気汚染は一層深刻となった。

　1965年から74年の高度成長期にはさらに公害が激化し、大気汚染、水質汚染、自然破壊のみならず、新幹線や自動車などの交通機関による騒音、振動などの問題が全国各地で顕在化した。この時期に入り急増する自動車に対する批判が高まり、70年には東京に光化学スモッグが発生し、また道路交通事故死が約1万7000人と史上最高となりその対策が求められた。

　こうした状況のなか「公害対策基本法」(1967年〔昭和42年〕)、「大気汚染防止法」(1968年〔昭和43年〕)、「交通安全対策基本法」(1970年〔昭和45年〕)が制定された。「交通安全対策基本法」は全交通にまたがる数少ない法律である。1960年代には鉄道や航空にも重大事故があった上に自動車交通の急成長に伴う事故も多発し、「交通戦争」、「走る凶器」という言葉に世相が反映されていた。しかし、当法律は政策の理念を示したものであり、具体策は個別の法律によるほかなかった。その後、わが国の環境問題は、規制の強化と技術開発により著しく改善した。

　こうした局地的な環境問題であっても、規模が大きくなったり公害の発生源が移動したりすることにより、その脅威は全地球的なものへと性格は大きく変わる。環境規制の緩い地域への企業進出や中古製品の輸出の増大、発展途上国の経済開発の拡大などに伴う環境破壊は、単独の環境対策だけでは解決できない問題である。経済のグローバル化はそれを促進させた。こうした背景により、近年地球全体への環境対策が環境問題の中心に位置づけられてきている (表Ⅳ-9-3)。

6-3　地球温暖化対策

　地球温暖化対策の中心になるのは、二酸化炭素 (CO_2) などの温室効果ガスの削減である。1992年に世界は国連のもとで大気中の温室効果ガスの濃度を安定させることを究極の目的とする「気候変動に関する国際連合枠組条約」を採択し、地球温暖化対策に世界全体で取り組むことを合意した。同条約に基づき95年から毎年、気候変動枠組条約会議 (COP) が開催されるこ

表Ⅳ-9-3　大気汚染の歴史

年　次	事　項	備　考
1890年頃	○足尾銅山鉱毒事件	第二次世界大戦前の大気汚染
1900年頃	○愛媛県別子銅山における煙害	
1910年頃	○日立鉱山における煙害	
1880〜1920年頃	○工業立地による局地的大気汚染	
1880〜1932年頃	○公害反対運動と大気汚染防止措置	
1964年代前半	○四日市の大気汚染	高度成長による産業の重工業化と大気汚染
1962年	○「ばい煙の排出規制等に関する法律」の成立	
1967年8月	○「公害対策基本法」の成立	高度経済成長と公害の激化
1968年	○「大気汚染防止法」の成立	
1969年	○二酸化硫黄（SO_2）に係る環境基準の設定と達成に向けた様々な対応策	
1970年	○光化学スモッグの頻発	
1970年6月	○「交通安全対策基本法」の成立	
1970年	○公害国会の召集	
1971年7月	○環境庁の発足	
1972年	○四日市公害裁判の判決	
1973年10月	○「公害健康被害補償法」の制定	
1974年	○硫黄酸化物（SOx）総量規制の導入	
1978年	○日本版マスキー法（自動車排出ガス規制）の実現	石油危機と大気汚染
1978年	○二酸化窒素（NO_2）の大気環境基準の改定	
1981年	○窒素酸化物（NOx）総量規制の導入	
1985年	○オゾン層の保護のためのウィーン条約の採択	地球化時代の環境汚染
1992年	○地球サミットの開催	
1992年6月	○「自動車NOx法」の制定	
1993年5月	○気候変動枠組条約国会承認	
1993年11月	○「環境基本法」の制定	
1994年6月	○気候変動枠組条約公布	
1996年	○有害大気汚染物質に対する環境リスク対策	
1998年10月	○「地球温暖化対策推進法」の制定	地球規模の地球温暖化対策
2000年	○「グリーン購入法」の制定	
2001年1月	○環境省設置	
2001年6月	○「自動車NOx・PM法」の制定	
2005年2月	○京都議定書発効	

出所：環境再生保全機構資料より作成。

とになった。

　1997年（平成9年）に京都で開催された第3回締約国会議（COP3）で、先進国の拘束力のある削減目標（2008年［平成20年］〜2012年［平成24年］の5年間で1990年に比べ日本6％、アメリカ7％、EU8％等）を明確に規定した京都議定書に合意し、2005年（平成17年）2月同議定書は発効した。京都議定書の第2約束期間（2013年［平成25年］〜2020年［平成32年］）には加わらなかったものの、10年（平成22年）メキシコのカンクンで開催された第16回締約国会議（CO16）に基づき、引き続き地球温暖化対策に取り組むことになった。

　わが国では京都議定書の採択を受け、1998年（平成10年）地球温暖化対策としての取り組み方の枠組みを定めた「地球温暖化対策推進法」が制定された。同法は、京都議定書の動向に合わせて、2002年（平成14年）、06年（平成18年）、08年（平成20年）、13年（平成25年）に改定され現在に至っている。

6-4　自動車に対する規制

　交通に係る公害・環境対策は、これまで空港騒音の対策などの一部を除いて、大半が自動車に向けられた。自動車への対策の手段は、主に規制と助成、行政指導的方法（指針）および新税の創設とによって行われた。

　自動車の規制の方法は、主に単体規制、車種別規制、運行規制の三つがある。単体規制とは、排出濃度が基準値に達している車両のみを製造、輸入、販売させる手法であり、新車のみが対象となっている。1966年（昭和41年）からはじまった排出ガス規制はこの規制の手法を指す[4]。また、「道路運

---

[4] わが国の自動車に対する「排出ガス規制」は、1966年（昭和41年）にガソリン車を対象に行われたのが最初である。78年（昭和53年）には、当時最も厳しいといわれた「日本版マスキー法」といわれる規制がはじまり、自動車排出ガス中の窒素酸化物について本格的規制の対象となった。ディーゼル車については、72年（昭和47年）に黒煙規制が制定され、74年（昭和49年）には一酸化炭素、炭化水素、窒素酸化物の排出ガス規制が制定された。
　近年では1994年（平成6年）「短期規制」、98年（平成10年）「長期規制」、2005年（平成17年）「新長期規制」、08年（平成20年）「ポスト新長期規制」が制定されるなど、短期間に次々と厳しい規制が導入されている。ポスト新長期規制は世界水準で最も厳しい規制であり、NOx・PMの排出量はガソリン車並みの水準となる。NOx（窒素酸化物）は酸性雨や光化学スモッグの原因として知られている。PM (particulate matter) は粒子状物質といわれ微小な個体や液体の粒の総称である。大気中に長時間浮遊し、人体への影響としては呼吸器疾患や

送車両法」および「自動車排出ガス量の許容限度に基づく道路運送車両法」の保安基準がこれにあたる。

　車種規制は、排出ガス濃度の基準に満たない車両の新規登録、移転、登録などをさせないことにより、基準に満たない車を排除する規制手法である。中古車や使用過程車も対象としているため、単体規制よりも新車代替が促進される。2001年（平成13年）に成立した「自動車NOx・PM法[5]」がこれにあたる。

　運行規制は、車種、用途、燃料の種類、排出ガス基準などについて要件を定め、車両の運行を制限し、排出ガス性能の劣る車両の流入を阻止し、地域の大気汚染を防止する規制手法である。2003年（平成15年）以降埼玉県、千葉県、東京都、神奈川県、兵庫県、大阪府などの各地方自治体のディーゼル車規制条例によるディーゼル車規制や尾瀬、乗鞍スカイライン、上高地などの自然保護のために行われるマイカー規制もこれにあたる。

　これでみるように自動車の排出ガス規制は、主にディーゼル車を対象に行われた。2008年には世界最高水準の厳しい規制である「ポスト新長期規制」[6]（2009年〔平成21年〕3月適用）が制定された。これによりディーゼル車のNOx・PMの排出量はガソリン車並みの水準となり、さらにポスト新長期規制に対応したクリーンディーゼル車が登場したことにより排出ガス規制の最終章を迎えたといえよう。今後は環境にやさしい車として、電気自動車や燃料電池自動車の普及が期待されている。しかし、これらの普及には製造コスト、充填場所などに問題を抱えており、実現にはかなりの長期的展望が必要になるであろう。

　以上でみたように、自動車に対する規制は、排出ガス規制を主体に行われ

　　発がん性などが指摘されている。
5　「自動車NOx・PM法」とは、2001年（平成13年）6月「自動車NOx法の改正法」として成立したものである。大都市におけるNOxとPMによる大気汚染を改善するための法律である。大都市地域で所有し、使用できる車両制限（車種規制）するものであり、また一定以上の規模の事業者に対して事業活動に伴う事業計画の作成を義務づけている。
6　「ポスト新長期規制」とは、日本で販売される新車のガソリン車およびディーゼル車から排出される窒素酸化物（NOx）および粒子状物質（PM）のさらなる低減を図るための世界最高水準の厳しいものである。なお、NOxは慢性気管支炎、PMはぜんそく、肺がんの原因といわれている。

てきており、自動車の生産台数や保有台数を制限するなどの交通量を直接抑制する措置はとられていない。自動車が交通公害を発生させるといっても、皮肉にもその加害者もまた一般国民であるからである。

　自動車を原因とする環境問題には、大気汚染以外に騒音対策、交通事故対策がある。これらは自動車に限らず鉄道においても共通した問題である。しかし、輸送機関の技術が著しく発達した今日では、単独の輸送機関においてこれ以上の改善を求めるのはきわめて困難である。すでに述べたように、環境対策としてロード・プライシング、モーダルシフト、共同集配などがいわれるが、ロード・プライシングはわが国では導入が困難であり、またモーダルシフト、共同集配の効果は一部でしかない。とするならば、これらの問題となる地域の対策として、少なくとも車両走行の増加だけは防がなければならない。

　環境の破壊は、地球上のいずれで行われようとも、地球全体の問題であり、人類全体の脅威であるとの共通認識が必要である。それがなければ地球環境問題は解決しない。

第Ⅴ部

経済理論に基づく研究と課題

第10章 経済理論の応用

　交通経済学は、経済学を基本として交通現象を究明しようとするものである。今日の交通経済学には、運賃や交通需要などの一般理論を追究する分野と現実の交通問題を論じる分野とが存在している。その両者とも経済学自体の進歩の影響がみられる。とくに数理経済学、計量経済学が交通のモデル化、数量化を促進させた。またマクロ経済学の普及により、輸送量をGDPで相関させ、国民経済全体のなかで交通を論じられるようになった。

　しかし、経済学の進歩が交通経済学を通じて政策に貢献したかといえばそうとはいえない。それらの提案は、現実に結びつかないまま議論が出尽くして進展しないものや、問題提起のままで終わっているものが多い。また、運賃のように制度と理論がほとんど無関係という状態にあるものもある。いみじくも、理論は必ずしも現実を反映しているとはいえないことが証明された。

　そこで、ここでは主な交通研究の推移と結果についてみることにする。

1　交通研究の推移

　上記の政策の目標に呼応するように、多方面で様々な研究が行われてきた。1960年までのわが国は、不況期を除いて輸送力不足に悩み、そのため交通経済学の研究対象の主体は、鉄道と海運であった。明治以来の海運と鉄道の発展を反映して、交通用役（サービス）の需要と供給とこの両者を均衡させる価格政策に重点がおかれた。60年代に入り、交通経済学の対象は鉄道、海運以外にも広がり、運賃理論では事業の採算性を問わない「限界費

用」原理（限界収入＝限界費用）への関心が高まったが、鉄道の独占性が薄れるにしたがって、限界費用原理が存在意義を失い、運賃収入が経費総額を償う総括原価方式「フルコスト原理（適正原価プラス適正利潤）」が主流となった。この考え方は現在も変わっていない。

　また、自動車の普及と航空機の普及に伴い、道路と航空の研究が増加した。その一方で輸送力増強が急がれ、道路などの社会資本の整備のために、需要量が少なく企業として不採算でも社会としての便益が費用を償うのに十分な大きさであれば行う価値があると判断するための「費用便益分析」が注目されるようになった。

　1964年以降、道路整備が進み自動車が発展し、鉄道が市場における独占性を失うにしたがい、自動車の通路費負担の不公平論に基づく「交通調整」、「イコール・フッティング論」と「モーダルシフト論」が盛んになったのはすでに述べたとおりである。

　他方、自動車の普及の結果、歩行者や住民への影響が大きくクローズアップされた。過疎・過密問題と相俟って、環境悪化や道路混雑などの交通公害対策が大きなテーマとして取り上げられた。道路混雑対策として、料金設定操作による「道路課金」(road pricing)、公共交通については「ピークロード・プライシング」(peakload pricing)が提案された。

　経済成長は、過疎・過密問題を発生させた。大都市の郊外化に伴う鉄道の延伸、新設や高速道路のネットワーク整備が推進された。交通投資を円滑に進めるため、建設費の調達問題として、開発利益、プール制、内部補助が取り上げられた。

　しかしながら、交通施設の整備は大都市地域が低成長地域の人口を吸い上げる役割を果たし（ストロー効果）、過疎・過密問題を発生させた。過疎・過密問題については、その後も様々な対策を講じたけれども有効な解決策がみつからず、反対に深刻さを増した。交通投資は必ずしも地域開発には結びつかないということが実証された。

　1970年代に入り、わが国の交通事情が国際比較のなかで取り上げられるようになり、80年代には、アメリカの影響を受け「規制緩和論」が盛んになった。その後は、交通事故、交通公害に加えエネルギー問題が重要な研究

表Ⅴ-10-1　交通経済学の課題の推移

時　代	課　題	主な研究の視点
1955～64年 高度成長期前期	独立採算 経済成長	限界費用原理、総括原価主義 社会資本整備、費用便益分析
1965～74年 高度成長期後期	競争化	総合交通体系、イコール・フッティング論、モーダルシフト論
	過疎・過密 環境問題	ロード・プライシング、ピークロード・プライシング 社会的費用
1975～84年 安定成長期	競争の拡大 国鉄問題	次善価格 分割民営化論
1985～94年 景気低迷期	規制緩和 ネットワーク整備	競争可能性、公共選択 開発利益、プール制、内部補助
1995年～ 実感なき成長期	グローバル化	格差（企業、地域）問題、安全・環境問題、規制緩和の弊害 エネルギー問題

出所：角本（1988）、p.167より作成。

課題として取り上げられ、とりわけエネルギー問題は2011年の東日本大震災による原発事故以来最大の課題となった（表Ⅴ-10-1）。

前述したように、これまで取り上げられてきた研究のなかで現実に結びつかないまま、論点が出尽くして進展しないものも少なくないが、以下ではそのうちでも主な研究を詳解していく。

2　研究の成果

交通に対して経済理論の応用による研究が進められている。そのなかで主要な運賃政策、外部経済・不経済、公共投資の効果測定について解説していこう。

2-1　運賃政策

運賃の研究は、これまで鉄道経済学者を先行として、多くの学説が登場してきたが、今日学説として定着しているのは、次の三つである。

① 限界費用説
② 運送価値説（運賃負担力説）
③ 運送費用説

　これらの説のうち、①限界費用説は理論にとどまり実用化されることはなかった。当初の実際の運賃は、②運送価値説で最高限度を定め、③運送費用説で最低限度を定め、この両者が併用される方式が一般的であった（折衷主義）。戦後になり市場が競争化するのにしたがい、この両者は存在意義を失い、それに代わって総括原価方式（フルコスト原理）が登場し現在に至っている。

(1) 限界費用説 (marginal cost pricing principle)

　限界費用説は、経済学でいう「限界費用価額形成原理」を運賃論に適用したものである。すなわち、運賃を限界費用の基準に定めれば、利用者は安く経営者は資源を無駄にすることなく経営できるというものである。わが国では、1950年代に交通の舞台に登場した。当時は、鉄道が市場で独占的な地位を保持していたことから、鉄道運賃に関連させて事業の採算性を問わない「限界費用価格形成原理」（限界収入＝限界費用）に基づく価格設定方式が提起された。

　当時の鉄道のように、独占・寡占が発生する産業においては、自由放任であれば利潤が最大となる独占価格が形成されるため、これを防止するための運賃設定方法が検討された。すなわち、限界収入（生産量を一つ増やしたときの総収入の増加分）と限界費用（直接費の追加分／生産量を一つ増やしたときにかかる総費用の増加分）とが一致する供給量を生産することによって、利潤の最大化を図るというものである。しかし、これらに属する費用低減産業の場合は、限界費用は平均費用（生産量一つあたりの総費用）より低いため、限界収入と限界費用とを一致させると赤字となる。その際に発生する赤字は国庫助成により補塡されるべきであるとするものである（現実の経済では、限界収入と限界費用との乖離が一般的となっている）。

　以降、限界費用原理について多くの研究が発表されたが、そのなかには反論を提起するものも少なくなかった。その代表的なものとして交通学説史研

究会編（1988、p. 168）において熊谷尚夫（1961）の論文を紹介している。「熊谷では限界費用原理が価格決定と投資決定を分離していることから、価格についてだけでなく、投資についても政府の介入を必要とし、価格と投資という経営の意思決定の大きな領域にともに政府の介入を認めるならば、経営の自立性は著しく損なわれることになり、資源配分の上での限界費用原理による利益が分権的経済体制の利点を上回るとは思われない」という意見である。

つまり、民間はもちろん国鉄においても経営の自主性ための独立採算が求められる以上は、限界費用原理には依拠しえず、総費用の回収が前提となる。その点で限界費用原理は、現実の運賃決定の主たる原理として採用できないということである（藤井、1988、pp. 168-169）。

結局、わが国では限界費用原理に基づく運賃理論は検討されたが採用されなかった。ただし、後述するように限界費用原理の応用として、「ピークロード・プライシング」や「混雑料金論」が展開されていた。しかし、この両者とも実用化されたのは外国の一部の地域にとどまり、わが国では検討段階で終わっている。

(2) 運送価値説（運賃負担力説）（value of service principle/charging what-the-traffic-will-bear principle）

運送価値説は、鉄道運賃形成当初から注目されていた。すなわち、利用者がその交通サービスの利用の対価として、支払ってもよいと認める価値（需要価値／運送価値）に応じて決められるべきという説である。見方を変えるならば、利用者の「運賃負担力」に応じた運賃といえる。

この理論による運賃は、交通機関間の競争の存在を前提に考え出された説であるが、費用と関係づけられていないことが特徴である。個々の運賃は、費用に関係なく利用者が認めてくれる額によって決めるというものであり、部分的には差別価格による超過利潤（価格が平均費用を超過すること）を確保することが認められている。それによって、収入の増加ないし自社の赤字部分を補塡する財源を確保するためである。基本的には今日の用語でいう「ラムゼイ価格体系[1]」である。

運送価値説の最も典型的な事例は、鉄道貨物運賃における品目による「等級制運賃」である。この等級制は 1912 年（大正元年）国鉄の全国統一運賃率改正と同時に当時主流であった車扱い貨物（一車貸切）を対象に採用された制度であり、これにより差別価格による最高の特別超過利潤を確保する独占企業の価格政策の全面的展開がはじまったことを示すものである（富永、1953、pp. 192-193）。

1959 年（昭和 34 年）「鉄道運賃制度調査会答申」において、等級制度の縮小および廃止が提言された。その後、等級は何度か縮小され、80 年（昭和 55 年）4 月に廃止された。等級制の改正に着手してから廃止に至るまで実に 20 年を要したわけである。旅客運賃にも 3 等級制が設けられていたが、60 年（昭和 35 年）7 月から 2 等級になり、69 年（昭和 44 年）5 月 10 日には等級制が廃止され、旧 1 等にはグリーン料金が設定された。

鉄道が独占的地位を占めていたことによって、等級制運賃の維持は可能であったが、その後のトラック、航空などの進出に伴い、等級の縮小、廃止の方向を余儀なくされたわけで、この制度の改革の遅れが鉄道の競争市場での対応を遅らせたといえよう。国際輸送では定期船は同盟をつくり、今日も運賃表による等級制運賃を採用している。しかしコンテナの出現により、貨物の種類にかかわらず、コンテナ 1 個ごとの運賃による場合が出てきた。

(3) 運送費用説（cost-of-service principle）

運送費用説とは、運賃は交通用役にかかる費用をもとに設定すべきであるとする考え方である。この説は、鉄道経営に関する費用分析が行われるようになった 19 世紀から登場したものである。実際に運賃を設定するとき、運

---

1 「ラムゼイ価格」とは、公共料金などのような収支均衡条件のもとで社会的余剰を最大化する「次善的」な価格をいう。サービスに関するそれぞれの限界費用を決めるが、このとき赤字にならないように限界費用よりもサービス価格を上げる。その場合需要の価格弾力性が高いサービスについてはサービス価格と限界費用の差を小さく、逆に需要の価格弾力性が低いサービスについてはその差を大きく設定する。つまり、サービスに認める価値が大きい（負担力があるサービス）と思う客に相対的に高い料金が決定できるということである。

わが国では、1980 年まで国鉄は貨物について負担力のあるものから取るといった貨物運賃等級制を設けていたが、等級の縮小、廃止の方向を余儀なくされた。等級制は法律に根拠をもっていたけれども独占時代の名残りに過ぎなかった。トラックとの競争が激化すれば、トラックと同様単一運賃にせざるをえなかったのである。こうした経過を踏まえ交通市場においては、ラムゼイ価格体系の維持は困難となった。

送価値を運賃の最高限度、運送費用を最低限度とし、競争に応じてその間で折衷的に定まるとされている。

　独占が認められ、同時に超過利潤を抑制する必要がある場合は、フルコスト原理による水準に規制される。しかし、最低運賃の設定ができても追加費用の金額の確認が困難とされる。根本的な問題として、特定の輸送に要する費用の算定が共通費や結合費用の配分方法の理論的な難題が存在するため、運送費用説の厳密な適用は困難とされた。実際には企業は自己の都合に有利なように使い分けたのである。

2-2　運賃制度の問題

　戦後の輸送機関の運賃は、概ね認可制であり総括原価方式が基本であった。しかし、最大の競争相手であるトラックは、当初から制度と関係なく実勢運賃[2]が大勢を占めていた。それに対し、鉄道は競争市場が形成されたにもかかわらず、その現実をみることなく総括原価方式に執着した。そのことが国鉄経営悪化の大きな要因といわれている。また、上記で述べた等級制（差別運賃）の存続も同様な働きをしたとするならば、理論も制度も必ずしも正しいとは限らない。

(1) 差別運賃（価格）

　差別運賃とは、異なるコストの輸送に対し同一の運賃を設けたり、同一コストの輸送に対し運賃を差別化したりする形で、運賃負担力ないし需要の弾力性に基づき設定される運賃をいう。運送価値説運賃は差別運賃に近く、運送費用説運賃は無差別運賃とされる。そもそも輸送サービスのように即地性と即時性のある無形財には差別価格が設定されやすい。

　即地性を有する財は、そのコストと収入が地域によって大きく異なる。こうした状況で全国的な一律運賃を採用すれば、黒字地域が赤字地域を内部補助することになる。鉄道のように、広大な路線網の維持や交通能力の拡大の

---

[2]　「実勢運賃」とは、主にトラック事業において認可運賃時代に企業間取引で荷主と輸送企業との価格交渉によって決められる運賃を指す。通常実勢運賃は認可運賃より低く設定された。とくにトラック事業では車両を保有すれば参入できるため、輸送供給能力が増加すれば価格が競争手段となり、実勢運賃の登場は避けられない。

ためには必要とされるが、黒字地域の能力拡大を遅らせる可能性がある。この場合、コストが異なるのに価格が同じという意味で運賃を差別していることになる。

即地性と即時性では、鉄道の旅客運賃において記名式の定期券を、通学、通勤、普及に分け、三者の費用の差よりはるかに高い運賃差を設けるのはその好例である。しかし、競争が激しくなり、定期運賃の割引率は低下した。また、JRの新規のローカル線では在来の路線より高い運賃を設定するようになった。

貨物については、等級制が廃止され差別運賃が消滅したことはすでに述べたとおりである。国際輸送では定期船業界において海運同盟により等級制が維持されている。しかし、コンテナ船の進出によって海運同盟の力は大きく後退している。国内、国際であっても他の輸送手段との競争が激しくなれば、それらの運賃に拘束され、この価格競争に負ければその市場から退場しなければならない。独占度合いが弱まれば差別運賃は崩壊する。今日では交通における差別運賃の研究の意義はほとんど失われたといえる。

(2) 総括原価方式

1949年（昭和24年）6月に国鉄は、公共企業体として発足し、経営の自主性と独立採算が求められるようになり、「総括原価方式」が採用され現在に至っている[3]。総括原価方式とは、法律では「能率的な経営の下における適正な原価に適正な利潤を加えたものを超えてはならないもの」（道路運送法第9条2項）と定義され、いわゆる「適正な原価プラス適正な利潤」を償う総括原価方式（フルコスト主義）が原則とされている。言い換えると、その運送事業の全運賃収入が企業の全費用プラス適正利潤と見合うという概念であり、これにより「限界費用価格形成原理」の根拠が消滅した。

適正な原価と適正な利潤の審査方法として、総括原価方式以外に「標準原

---

[3] 総括原価方式の導入をめぐり、「個別原価主義的解釈を取るべき」という意見があった（鉄道運賃制度調査会答申）。個別原価主義運賃として、赤字新設線に原価に見合った特別運賃を設定することが提案されたが、現実には1960年に開通した指宿線、能登線、岩日線、越美北線について、旅客は最高7.5割増、貨物は最高45割増の特別運賃が設けられたものの、わずか1年で廃止されてしまった。その後国鉄は厳密な意味での個別原価主義に進むことなく、基本的に総括原価方式に基づく内部補助が最後まで継続した（中西、1988、pp. 313-314）。

価方式」がある。総括原価方式とは、個別の企業について、その事業が遂行するために支出された過去の経費と過去の収入に基づき、将来の需要を見込んで適正な原価と適正な利潤を算出するというものである。標準原価方式は、個別の企業の収支について審査するのではなく、その事業と同様な事業の標準的な原価および利潤をもって必要な運賃収入を想定するものである。しかし、各企業によって事業を取り巻く環境や事業を実施する条件などが大きく異なる交通業界では、各企業がそれぞれの事情が考慮された標準コストを求めることは容易ではない。

しかも、両原価方式とも行政当局が価格を規制する場合の適切な判断基準が存在しない。「適正な原価」、「適正な利潤」は企業の盛衰や管理能力に左右される性質のものであるから、これらを確定することができるのか、またその基準が正しいのかといった根本的問題が残る。さらに、運賃の基になる原価は、将来の原価であり予測値である。そのため、その原価が適正であるのかどうかは結果をみなければわからない。適正な原価、適正な利潤に基づく原価方式はこうした矛盾を抱え、競争市場が形成されるとともに、次第にその機能の存在意義が失われてきた。

さらに、総括原価主義に対する弊害も指摘されている。とりわけ、独占企業においては、新規参入がなく競争が起きないため、物価が上がればフルコスト主義であるから当然主務官庁は販売価格の値上げを認めることになる。経費節減努力をしても販売価格が下がるだけだから企業は経営努力をしない。2011年3月11日に発生した東日本大震災において原発事故を起こした東京電力が、12年4月の火力発電の燃料となる液化天然ガス（LNG）などの上昇を理由に電気料金の値上げを発表したが、これはまさにフルコスト主義弊害の表れである。さらにその弊害は政界への裏金献金へと拡大する[4]。

---

4 朝日新聞（2014年7月20日）に中部電、政界へ裏金2.5億円との記事が掲載されている。
　「政界対策資金を建設会社に恒常的に工面させる中部電力の裏金システムが明らかになった。電力会社は、原発工事費など電気をつくり届けるのにかかった費用を全て電気料金に上乗せできる「総括原価方式」だ。工面させた裏金分も工事費に潜り込ませて建設会社に支払い、埋め合わせできる。電気利用者は知らないうちに裏金分も負担していたことになる。東京電力が原発の地元対策で建設会社に裏金を肩代わりさせたことが朝日新聞報道で発覚しているが、中部電力元役員の証言はこの手口が他の電力会社にもあったことを示している。
　福島第一原発事故後に高コスト体質を生む総括原価方式の問題点が指摘され始めたが、3年以上たっても有効な改善策はできていない。不正の温床になりうる仕組は今も残存してい

もし脚注4に示した記事が事実とすれば、地域独占や総括原価方式は、これまで政治献金の手段としても利用されてきたことになる。さらに、政財界のみならず学者までが共に癒着しているとなれば、こうした弊害の対策を国民の側が政治に強く要望し、政治もそれに応える努力を表明したとしても、国民の期待どおりには進まないということである。

(3) 運賃決定の実態

市場参入の規制も価格の規制も自家用輸送の可能性が増大してくれば、規制の必要性は弱まる。まして競争市場が形成されれば、仮に表面上規制が行われたとしても実勢運賃と認可運賃との乖離は避けられない。実際の運賃交渉は、貨物輸送の場合、宅配便のように消費者向け以外では、営業上の判断力をもった事業者間の取引によって決定している。そこにはフルコスト原則は存在せず、制度と理論はほとんど無関係という状態にある。トラック事業者においては、1990年（平成2年）まで採用されていた認可制の時代においてさえ、実際は自由競争に近く「実勢運賃」が支配していた。

旅客輸送においても、1987年（昭和62年）に国鉄が民営化されて以来、長期間にわたって運賃値上げを行っていない。かつて3年パターンの定期的値上げが行われてきたタクシー業界や路線バス業界においても近年運賃値上げはあまり行われていない。運賃値上げが行われなくなれば、原価方式の出番はなくなり、その役割は後退することとなる。

総括原価方式は、必要経費の積み上げである。しかし、今日交通産業にお

る。中部電力元役員は原発事故に直面して裏金システムを打ち明ける決意をしたという。不透明な慣行を許してきた地域独占や総括原価方式の仕組みを抜本的に改めなければ、電力会社の信頼回復への道筋は見えないままだ。〜中略〜電力会社が裏金を使わずに済む時代がくるとは思えない。

さらに7月28日の記事には、関西電力の1972年から18年間にわたる年間数百億円を上回る献金の実態が掲載された。献金の原資はすべて電気料金とした上で記事は、当時は政治家個人への企業献金は法律で禁止されていないが、電力各社は74年、「政治献金分まで電気料金を支払いたくない」という世論を受けて企業献金の廃止を宣言。当時の業界は「そんなことを出来るわけがない。政治家を敵にしたら何も動かない」という雰囲気だったとし、その後も政治献金を水面下で続けたと証言した。

献金の理由は「一に電力の安泰。二に国家の繁栄」とし、「天下国家のために渡すカネで具体的な目的があったわけではない。許認可権を握られている電力会社にとって権力に対する一つの立ち居振る舞いだった」。その後九州電力に対しても同様な記事が掲載されている。総括原価方式の弊害は泥沼に入る様相を呈している。

いて積み上げ方式を採用している企業は特殊な場合を除きほとんど存在しない。他の企業との競争上価格を設定し、その後利益を確保するためにどのようにコストを削減するかという方式である。最初に目標を設定し、それを実現するにはどのような経営努力が必要かというのが企業経営である。いくら公益事業に属する産業といえども、交通企業において、積み上げ方式を導入すれば、その企業は激しい競争市場の波に埋没することは避けられない。

　上記で述べたように、認可制の時代においてさえ実勢運賃が支配しており、事実上積み上げ方式は崩壊していた。その時代に原価方式が機能したのは、運賃値上げのときだけであり、それは法律が原価方式を決めていたからである。認可や届出運賃は、実態として守られておらず、取引の際の話し合いの基準になっているのに過ぎない。

　このため弱い立場にあるトラック事業者などは、運賃を下げられることが多い。その原因の一つとして、これらの事業者の交渉能力の貧弱さを指摘するものも多い。しかし、こうした実態をつくりだした最大の要因は、皮肉にも認可や届出運賃の規制の存続といっても過言ではない。

　現在、公益事業に属する電気、ガス事業では、公共料金として総括原価方式が採用されている。しかし、これらの事業においても市場の自由化[5]やエネルギーの多様化が進展し競争事業が形成されるのにしたがい、総括原価方式の存在意義も次第に失われることは想像に難くない。

2-3　その他の運賃制度

　その他の運賃制度として、総括原価方式に改善を加え、各事業法で謳われている「能率的な経営」を目指した制度である「インセンティブ規制」がある。インセンティブ規制方式とは、行政当局が事業者に対し何らかの経営上の目標値を設定し、実際の業績がそれを上回ったときには報酬を与え、下回ったときには制裁を課すというものである。つまり、事業者の経営努力を促して生産効率の改善を図るというものである。その代表的なものとして、プ

---

[5] 2016年4月から従来自然独占であった電気事業の市場参入規制が緩和された。方式は発送電分離として、電力会社の発電事業と送電事業を分離し、このうち発電事業（小売部門）を対象に自由化された。今後、ガス事業においても小売の全面自由化が予想されている。欧米では、1990年半ばに小売部門を中心に自由化が進められている。

ライスキャップ規制、上限認可制、ヤードスティック規制などがある（詳細は、日本交通学会編、2011、参照）。

3　外部経済・不経済への政策

混雑解消対策の成功事例として、料金設定操作によるロード・プライシングやピークロード・プライシングが紹介されることが多い。しかし、これらの事例がわが国に結びつくとは限らない。成功事例とされるシンガポールやロンドンは、東京の3分の1の規模でしかない。規模が小さいために成功しているようにみえる場合もある。また、人々がそのような制度を望まなければ支持が得られない。

(1) ロード・プライシング（混雑税／道路課金）

1960年代に乗用車が急増したヨーロッパでは都市の交通混雑緩和方策として、ロード・プライシング（混雑税）が検討された。64年「スミード・レポート」で提案されたロード・プライシングは、大都市中心部への過剰な自動車の乗り入れによる社会的損失（交通渋滞、大気汚染など）を縮小させる方策として、都心の一定域内に限り公道利用を有料化し流入する交通量を削減させるというものである。わが国の交通経済学や交通工学では「混雑料金」、「混雑課金」、「混雑税」、とも呼ばれているが、ロード・プライシングという呼称が広く一般に使われている。

経済学の表現では、限界外部費用（追加的に生産を増やしたときに必要な外部費用）相当額を課税することにより、社会的限界費用（追加的に生産を増やしたときに社会全体あるいは第三者が被る損失［外部不経済］）と私的限界費用（追加的に企業が生産を増やしたときの費用）を一致させる、いわゆる外部不経済の内部化の考え方である。

ロード・プライシングが実施された例としては、1975年世界ではじめての事例となるシンガポールをはじめ、ノルウェー（オスロ、ベルゲン、トロンハイム）、イギリス（ロンドン）など数ヵ所にとどまっている（2005年現在）。香港、オランダ、スウェーデンなどでも導入に向けて検討されたが、

いずれも市民権が得られず実施には至っていない。

　わが国では、道路混雑が激化してきた1960年代後半に関心を集め、68年（昭和43年）8月運輸省（現国土交通省）が東京環状七号線、大阪中央環状線の一部を対象に「都心通行マイカー賦課金構想」を発表するなど、その試行が検討された。2003年（平成15年）以降には東京都が導入に向けて検討している。しかし、いずれも日本では海外と異なり、自動車専用道路がほとんど有料であり、しかも建設費の償却が終わっても無料にならないケースを考えれば、有料化することに抵抗がある。また、一般道路上に関門を設けて料金を徴収することは困難であることなどから、現在まで試行には至っていない（ロード・プライシングの詳細は、日本交通学会編、2011、pp. 178-179参照）。

(2) ピークロード・プライシング（peakload pricing）

　ピークロード・プライシングとは、ピークロード（負荷もしくは需要の最大状態）に対する課金を行うというものである。公共サービスの多くは、需要に波動がある即時財である。また、供給責任があるため、生産設備は最大需要を処理できる能力が必要となる。そのため、ピーク時に価格を高くして需要の抑制を図り、オフピーク時に需要を喚起する料金設定をすることが有効であるという考え方である。具体的な例としては、高速道路における時間帯料金、鉄道、航空における繁忙期・閑散期料金などがある。

　また、鉄道や高速道路などの交通分野では、混雑時の追加的な供給の際に生じる社会的限界費用を混雑料金として徴収することで、ピーク時の料金とオフピーク時の料金に差をつけるという考え方がある。

　しかしながら、ピーク時に料金を高く設定することが、電気料金や旅行などのように利用者が時間帯や時期などを選択できる場合はともかく、通勤者などのようにピーク時にしか利用せざるをえない人々に受け入れられるかという分配の不平等性がある。

　交通分野において、需要の価格に対する弾力性が小さい場合は、ピーク時の料金を高くしても混雑がほとんど解消されず、事業者の利益が大きくなるという問題がある。この場合、利用者の理解を得るためには、ピーク時の料

金増分が設備投資に向けられ交通混雑の緩和が進められるといったように利用者に還元させることが求められる。しかし、こうした問題が生じる場所では、解決するための空間がほとんど存在しない（ピークロード・プライシングの詳細は、日本交通学会編、2011、pp. 75-76 参照）。

4 公共投資の効果測定

　経済計算の手法と電子計算機の開発が進み、高度な計量モデルが発達した。これにより、費用便益計算や需要予測などの数値による把握を容易にし、交通計画でも多く使用されるようになった。しかし、便益や需要はこれまで過大に計算されてきた。公共投資には巨額の利権が絡むため政治的なものが介入しやすい。それは自分の都合のよい計算結果を利用して、社会の支払い能力以上の支出の負担を強行させることが多い。その結果、巨額の費用を累積してきている。公共投資活動は、政治的圧力から解放されてはじめて有効に機能するのである。

(1) 費用便益分析（cost-benefit analysis）
　費用便益分析は、公共プロジェクトに要する費用およびそのプロジェクトから得られる便益をもとに貨幣タームで推計し、その算定結果によりプロジェクト実施の可否、規模などを決定しようとするものである。
　当初は、アメリカにおいて港湾の投資計画の評価に用いられたものであり、わが国では1960年代後半から道路を中心とした公共事業全般の投資計画において導入された。私企業であれば利益の規模が判断基準になるのに対し、公共事業の場合は利益がなくても便益と費用の差が費用に対し一定以上であればよいとするものである。
　プロジェクト全体の費用と便益を評価するためには、その期間中に異なる時点で発生する費用と便益を集計する必要がある。費用の評価には、機会費用の概念が用いられ、便益は利用者が利用の際直接受ける直接効果と間接効果（外部経済＋外部不経済）となる。費用と便益は、同じ金額でも将来の価値は現在の価値より小さいと考えられることから、一定の率を割り引いて計

算される(割引率)。その結果、費用より便益の割合が多ければその投資は可となり、少なければ不可となる。また、複数のプロジェクトが存在する場合には、便益の比率が大きいものに優先順位が与えられることになる。

しかし、割引率が低いほど将来の便益の価値が高くなることから、その判断によりプロジェクトの効果は大きく左右される。アメリカでの公共投資について、「市場利子率以下の水準こそ公共投資の社会的割引率として適正」であるという意見に対して、民間企業側から、「連邦政府諸機関の公共投資計画に使われている割引率は低すぎ、非効率な計画や限界的な計画が実行されている」という批判も多い(中西・平井編、1982、p. 99)。

いずれにしても、費用便益計算に用いられる交通量予測にしても貨幣換算にしてもそれらに使用される前提条件が普遍でなければならないという制約がつく。また、費用や便益に計量化が困難なものも多いことから、そこには計画者の意図が入りやすい。たとえば、道路整備成否を決定するプロセスは、①道路交通センサス(調査)に基づき、②需要予測が行われ、③その予測数値をもとに費用便益分析(B/C)される。④便益が費用を上回れば道路づくりが決定される。つまり、道路整備の正当性は、①～③の信憑性のある数値が使用されることが前提となる。また、便益の算定においても通常、走行時間短縮便益、走行経費減少便益、交通事故減少便益の三つの便益の合計で行われるが、これらの数値の計量化はきわめて困難であり、誰にも正確な数値はわからない。

そのため、計画者はプロジェクトを実現させるため、①～③において都合のよい数値を駆使して、費用を少なく需要と便益を多く算定するケースが多い。こうして不採算路線が拡大するのである。こうした問題は、国内外を問わず抱えており、大きなプロジェクトほどその傾向が顕著である。さらに、問題なのは本来こうしたプロジェクトを制御しなければならないはずの学者が、需要と便益の拡大に加担するケースも少なくないことである。

2012年4月14日に新東名高速道路(第二東海自動車道)が静岡県の御殿場・三ヶ日ジャンクション間(約162km)で開通した。2兆5700億円の費用をかけた巨大事業であるが、四半世紀前の計画時に比べ、社会情勢は大きく変化しており、その意義が改めて問われている[6]。

(2) 需要予測

交通における需要予測には、主に国内全輸送需要から個別地域の需要、国内全施設の需要から個別の施設の需要まで種々の段階がある。主な予測手法としては、①過去の傾向に基づく推定（集計モデル）、②類似条件の他地域からの類推（非集計モデル）、③予想される前提条件からの算定（四段階推計法）などの方法がある（詳細は日本交通学会編、2011、pp. 45-50参照）。

①集計モデルは、主に全国あるいは広域の需要予測で使用される。計算方法は、その手段の過去の実績に基づく傾向線を将来に延長するか、相関の高い指標を用いて算出するのが一般的であり、その際最小二乗法などの回帰分析が用いられることが多い。全国および広域レベルの予測の場合、個別の影響は考慮せず何らかの数値との相関において計算されるのが一般的である。たとえば、国内交通量の予測は、GDPとの相関で計算され、全交通量との相関とで各交通手段の需要量を予測する。

②非集計モデルは、個人などの交通行動単位をベースとして、その行動メカニズムをそのままモデル化するものであり、「個人選択モデル」とも呼ば

---

6 讀賣新聞（2012年4月6日）には次の記事が掲載された。
「25年前の1987年はバブル景気の真っ最中。物流の大動脈である東名高速の交通量はこの年、1日平均が6万4800台と開通時（69年）の3倍に上り、渋滞も慢性化。このままではパンクするとして旧建設省が考えたのが6車線（片道3車線）、最高速度140キロという超高速道路である新東名であった。国土交通省幹部は景気拡大がずっと続くと考え、なるべく大きく造ろうという発想であったと当時を振り返る。この構想実現のため、（略）1キロあたりの建設費は他の高速の5倍に達した。しかし、バブルが崩壊。東名の交通量も8万台弱で頭打ち。（略）建設費は、民営化で公団の資産を継承した「日本高速道路保有・債務返済機構」が抱える借金に上乗せされる。同機構は2005年の発足時に約40兆円だった有利子負債を50年度までに完済する計画を立て、各高速の料金収入によって昨年3月末までに元本ベースで約10兆円減らしたが、同省内には将来料金収入だけで返済できるかわからないとの声もある。」（讀賣新聞、2012年4月6日）。
同様の外国の事例として、朝日新聞（2013年2月10日）において「無駄な道路官民で延々」と題し、次の記事が掲載されている。
「ポルトガル第2の都市ポルトの郊外に、工事が1年半中断したトンネルがある。完成すれば約6キロのトンネルとなり、30キロの高速道路の一部となるはずだった。建設にはこれまで約3億ユーロ（約370億円）が投入された。工事は7割程度進んでいるが完成までにさらに2億ユーロが必要という。
　財政危機に陥ったポルトガル政府が、欧州連合（EU）などに支援を要請したのは2011年4月。その後、すべての公共工事が見直され、途中で工事がとまり、ぽっきり折れたような状態の道路が各地で見られるようになった。
　リスボン工科大学のカルロス・オリベイラ・クルース助教授は「ポルト郊外のトンネルが完成することで短縮される時間は、たった6分。巨額の投資に見合う効果とはいえない。甘い需要予測と費用対便益分析に基づいて、地方に無駄な道路がどんどん造られた」と説明する。」（朝日新聞、2013年2月10日）。

れる。非集計モデルを用いた需要予測は、交通機関の選択をはじめ鉄道のアクセス駅や経路の選択、観光、買い物などの目的地選択などで用いられている。③四段階推計法は、都市や都市圏における交通需要予測方法であり、現在わが国において最も普及した方式である。予測方法としては、交通行動を以下の四つの段階に分けてゾーン単位で行う。

①発生集中（交通量）⇒ゾーンから発生する交通量（発生交通量）
　　　　　　　　　　ゾーンに到着する交通量（集中交通量）
②分布交通量（目的）⇒あるゾーンからあるゾーンへ移動する交通量（OD交通量）
③手段別交通量（手段）⇒利用手段別交通量（分担交通量）
④配分交通量（経路）⇒ODの経路別分散交通量（交通量配分）

現状を以上の方法により捉え、次に前提条件の変化に応じて将来の姿を予測する。

しかし、いずれの予測方法の場合においても次の問題点を抱えている。交通需要は「派生需要」であり、本源の需要と関連させるのが一般的である。しかし、本源需要との相関が産業構造の変化によりなくなってしまうことがある。1960年代に貨物輸送量が大きく増加し、「重厚長大型」のときはGDPとの相関が高かった。1980年代に重化学工業（素材型産業）から加工型産業に移行し、「軽薄短小型」の製品の比重が上昇した。軽薄短小型の貨物は、出荷額の割には重量が小さく、GDPとの相関は希薄になった。これにより、過去の傾向がそのまま将来の傾向には結びつかなくなった。

さらに、経済の舞台はマクロ経済からグローバル企業の経済、そしてグローバル経済に移行し、もはや財およびサービスという実物経済でなくなり、本源需要の根幹となる経済の動きを予測することはもちろん、説明することすら困難になった。上述した重厚長大型から軽薄短小型への変化は、1973年のオイルショックが引き金になったけれども誰もそのようなことが起こるとは想像できなかった。また、2008年のリーマンショック[7]により、世界同

---

[7] アメリカ第4位の投資銀行だったリーマンブラザーズがサブプライムローンと呼ばれる高リスクの住宅ローンで大規模な投資を計上し、その処理に失敗し、2008年9月15日連邦裁判所に

時不況を起こすことなど予想するものは誰もいなかった。グローバル企業の登場とグローバル経済の支配のもとではこのような事態が、いかなる経済政策や経済学理論とも関係なく予想できない形で突如として発生し、しかも急激にその影響を全世界に拡大する。

グローバル経済における資本の取引は、独自の論理によって行われ、しかもその要因となっている公定歩合や為替レートなどに関する決定は、「アベノミクス」での柱として導入された大胆な金融政策（金融の量的緩和、円高是正）に象徴されるようにきわめて政治的要素が強い。これらの行動は経済学でいう経済活動ではないことから、経済学に基づく説明は成り立たないことになる。

過去と同一傾向が続く間は、予測はあまり変わらないが、傾向が変わればどんな精巧なモデルを使用しても当たらなくなる。交通に関する予測は、本源需要に大きく依存し、こうした傾向はこれからも変わりない。しかし、本源需要の動向は、今日のグローバル社会のなかでは、いかなる場合にも不確実性を避けることはできない。したがって、予測の限界を踏まえつつ常に企業レベルのミクロ経済、国レベルのマクロ経済、グローバル経済の動向を見極め、予測値を柔軟にコントロールしていく必要がある。

連邦倒産法第11条を申請し、事実上の破産となり、その影響はアメリカのみにとどまらず世界不況を起こすこととなった。

第11章 交通研究の課題
―理論と現実の接近―

　交通において直面している問題の多くが、過去の成功によってつくりだされたものである。運賃政策、規制政策などは、経済成長に貢献した。しかし、経済が発展し、交通市場が形成され、こうした政策の役割が衰退したにもかかわらず、当時の理論が問題意識を支配し、その視野を狭いものとしている。そしてそれらが今日の問題解決に対する最大の障害となっている。

　交通の今後の発展には、研究の成果が現実に活かされなければならない。しかしながら、交通は法則性が弱いといわれる。法則性が弱いほど理論の適用が困難になるから、理論に基づく研究では、いくら精密にしても現実の急激な変化に対応することができない。そして、今日理論が高度化し、ますます現実から遊離する傾向にある。理論は理論、現実は現実という風潮が常態化すれば、交通研究の存在価値は失われる。こうした事態を避けるためにも理論と現実との接近方法が明示されなければならない。

1　理論と現実の接近―成功と失敗の事例から学ぶ―

　理論とは「個々の現象を法則的、統一的に説明できるように筋道を立てて組み立てられた知識の体系、また実践に対応する純粋な論理的知識」(『新修広辞典』) である。すなわち、理論には法則性と実践への対応可能性の存在が条件となる。実践に対応できなければ、それは理論ではなく空論である。交通において理論は理論、現実は現実という表現がたびたび使用されるが、本来の意味からすれば、それは矛盾することになる。

　他方、法則性が弱ければ、その判断は個人の価値判断に支配される。個人

の価値判断は多様であり、交通においては同じ路線であっても目的などによって変化する。交通が法則性が弱いといわれるのは、移動の能力が、①個人の価値判断の差異に加え、②地理的条件の差異、③歴史の蓄積などが複雑に関連するからである。その結果の集合体が今日の輸送手段の分担状況として表れる。

交通には理論が求める法則性が弱く、しかも交通研究の基本としていた経済学の理論が現実と乖離したものであれば、交通研究が行うべき範囲もおのずと明らかになる。すなわち、交通研究においてできることは、個々の事象に関する理論的説明と、個々の問題における対応策だけである。それ以上は国民の側の政治的判断になる。

交通研究の理論は交通工学や交通地理などを除いて、その大部分が検証不十分な仮説である。そもそも、人間のつくる理論が完璧なはずはない。だからこそ成功と失敗の両方から学ぶという難題に取り組む姿勢が必要なのである。その有力な方法論としては、成功と失敗の事例の類型化[1]とそれらの解明である。それが理論と現実を接近させる唯一の方法なのである。

2 経済理論応用の見直し

今日の交通研究は、技術関係を除いて交通経済学を主体としている。交通経済学は経済学に依存してきた。筆者の能力から経済学について述べる資格はない。しかし、これまで経済学の立場からその成果を利用した研究が進められたが、そのなかには現実に結びつかないものも多く存在していること

---

[1] 類型学の必要性については、角本良平が『交通研究の知識学』(1984、まえがき)において次のように述べている。
　「われわれに可能なのは、まず個別の現象についての正確な記述である。地理学にはそのような内容がふくまれている。東京の交通とか国鉄の経営について現状や因果関係を解明するのがそれにあたる。つぎに可能なのは類似の現象があれば、それらの特徴にもとづいて類型をつくり、現実をより正確に理解することである。ときにはある程度の経験法則が得られるかもしれない。
　これら二つ以上に進むのは不可能である。在来の研究はこの不可能のなかに足を踏み入れて現実遊離になってしまった。ことに交通政策のための価値判断や実施方法について、科学に根拠を求めたばあいに失望が多かったのである。政策はこの経験にもとづいてそのような態度を捨て、類型学による知識体系を基礎にして、複数の可能性のなかから一つの答えを選択する立場に変わらねばならない。学問から明確に一つの答えが出てくる、あるいは答えが一つしかないと思うのは誤りである。」

は、すでに述べたとおりである。

さらに深刻な問題として、現在の経済学では、経済の動向を予測するどころか説明もできなくなったことが明らかになったことである。これは現在の経済に大きな影響を及ぼしている貨幣政策、信用と金利、技術開発などについては、これらの間でほとんど相関関係が観察できないためである。しかも、これらの事象は経済学とは無関係に突如として出現し、その影響は瞬く間に世界に広がるのである。事実、世界中の経済に大きな影響を与えたオイルショックやリーマンショックなどは、誰も予測できなかった。

グローバル社会では、いくら精密な手法を用いても経済を予測することは、きわめて困難であることが証明された。この結果、これまで研究の主要部分をなしていた需要曲線、供給曲線の形での研究も、現実の交通の姿を反映できる手法とはいえなくなった。また、今日能力不足に深刻な地域においては、支払い能力があっても、そのための空間が確保できないというジレンマに直面している。

一方で、経済学と交通との間には基本的な問題が存在している。交通は人と人との接触を可能とし社会を形成する。しかしながら、経済学において交通の不可欠な機能である人間関係と社会という概念が捨象されているとすれば、なおさら経済学の応用で交通を説明することに限界が存在することになる[2]。

---

[2] 経済学と社会、人間関係との関係について中谷（2008, pp. 54-56）は次のように述べている。
　「アダム・スミス以来の経済学では、人間を「ホモ・エコノミクス（経済人）」として定義する。すなわち、近代経済学に登場する人間は、自らの満足を最大化する目的を持って合理的に行動する存在であり、「社会」という概念は入り込む余地はない。社会がどうあるべきかに関しては、マーケットが最適な資源配分を実現するという観点が提示されているのみであり、所得分配や最適な公共財の供給は投票によって決めればよいとしているのみである。どのような所得分配が「正しい」とか、どの程度の公共財が供給されるべきか、どのような社会が人を幸せにするかなどといった主観が入り込む問題に関しては一切、価値判断をしないのである。
　個人は社会とは独立したアトム的な存在であり、こうした利己的な経済人がそれぞれ自分の満足や利益を最大限にすべくマーケットに参加することで、「見えざる手」が働いて資源の最適配分が行われるというのが、近代経済学の基本テーゼなのである。
　しかし、常識で考えればすぐ分かることだが、人間は何も自分の利益のためだけに生きているのではない。むしろ、人間にとってより重要なのは自分の行為が社会に評価されるかどうかということなのである。（中略）
　アリストテレスが「人間は社会的動物である」と言ったように、人間は本来、集団の中で生活をする生き物である。人間は家族や仲間といった他者とのつながりの中で、自分自身の生き甲斐を見出す、そういう存在なのである。どれだけ富を蓄え、生活が安定しても、家族

3　定義の見直し

　定義とは、言葉や概念の意味や内容をわかりやすく示すことである。そのためには、定義は常に現実を反映するものでなければならない。たとえば、交通技術の要素は、「通路・輸送具・動力」が通説となっている。3要素が主張されたのは1900年初頭のことである。いまや交通は、当時と比べものにならないほど成長し、運行管理技術が不可欠の存在となっている。このように交通は、時代の変化に大きく左右される性質があるものの、学問の世界には、一度定められた定義は変更されにくいという硬直性がある。このことも理論と現実の乖離の要因となっている。

　他方、「物流」論議のように、定義が正しく理解されていないため、議論が相変わらず定まらず、袋小路に入ってしまうものもある。物流とは、あくまでも荷主企業の立場からの発想であり、輸送側はそれに介入できる性質ではない。こうした違いを無視して物流と輸送を一括しても、そこからは問題の本質がみえない。物の動きに参加するすべての機能を物流というのであれば、それは別の定義を定めなければならない。

　しかし、物流の定義の意味を変更することは、悪いことではない。ただし、その場合は研究者の立場からそのことを表明すべきであり、そのまま放置することは許されない。交通は変化する。交通の定義もそれに対応させて、常に見直しするという柔軟性が求められる。

4　研究分野の合成

　交通学は、経済学、工学、地理学、史学などの合成である。交通の実態解明には、一つの学問からでなく、種々の学問により対象の全体像を把握する努力を重ねていかなければならない。

　　や心を許せる友人もいない天涯孤独の環境に満足して一生を終えることができる人はめったにいない。
　　ところが近代経済学の発想においては、他者のために尽くしたいとか、社会との絆を持ちたいというような、人間が本来、持っている「本能的な要素」は非合理なものとして排除されてしまうのである。」

さらに、交通に関する国際協力には、とくにグローバルな時間、空間の認識を培う地理と歴史の知識が不可欠である。繰り返しになるが、現在高等学校での地理と歴史は選択科目であり、これらの科目を習得することなく卒業する人もいる。交通を学ぶ者にとって、きわめて不幸なことである。

現在、歴史教育をめぐっては、文科省の諮問機関「中央教育審議会」が学習指導要領改訂の諮問を受け、高等学校での日本史必修化の議論が行われる。一方、日本学術会議は、日本史と世界史を統合した科目の創設を提言している。早急な実現が望まれる。

5　既成概念からの脱却

交通に関しては、多くの主張がある。それらを集約した方向で交通が改善されることは望ましいことである。しかし、交通の知識が豊富なために、かえって主張が経験の盲信、問題点の一面的指摘、外国事情の断片的知識の紹介になりやすい。それは単なる現象を記述するにとどまる。

今日では交通研究において、定性的な評価は、概ね各国共通した理解が得られている。今後求められるのは、定量的分析である。定量的分析で求められるのは、既成概念からの脱却である。定性的分析に偏ると、現実がみえなくなる。

6　限界の認識

物事にはすべてに限界がある。交通では、①地域が交通量を受け入れうる交通容量（交通空間）、②政府の能力、③交通研究の範囲において限界がある。①の場合、限界が高ければまだ交通投資が可能になる。低ければ環境保全、とくに大気汚染が重視される。東京や大阪などの大都市では、もはや交通投資が可能な空間はほとんど残されていない。そのため、それらの地域をターミナルあるいはノードとする幹線交通においても能力増加は望めない。費用をかけても解決しない部分が増えてきたのである。

②においては、政府の歳入増には限界があり、当然税収と歳出によって、

行えることにも限界があることを認識しなければならない。また、交通体系を多面的に考察する必要はあるけれど、輸送機関の分担は利用者の選択意思に任せるべきであり、政府はそのための情報を提供するまでである。企業には経営責任があるが政府にはそれがない。このことは③の学問においても同様である。

　③の交通研究の目的は、現在と将来における技術と資源によって、何がどの程度可能であり、どのような供給組織と資源配分が望ましいかなどについて、行政や政治が決定できる知識を提供することである。決して政治的な目的のための道具になってはならない。

結　語

　交通の研究は、明治以降ヨーロッパをとくに進んだ世界とみて、「脱亜入欧」でヨーロッパの方ばかりに目を向けて、足元の日本のよいところを最初からみようとしてこなかったきらいがある。そして、そのなかで日本に応用できたのは、列島の特色に対応できたわずかばかりであった。交通がその国の歴史と地理および文化から成り立っているとすれば当然のことであった。
　交通の技術は、自然のなかから開発が進み、現在進行しつつある姿は、当時と比べようもなく、何の不思議もなく普通の常識であったことが、ほとんど通用しなくなるほど変化した。交通に対する課題は常に存在する。そして、それは経済の成長とともに変化する。一つの課題が解決されると、また新たな課題を生むからである。その結果、課題の克服の困難さが増し、学問や理論の限界が明らかにされた。
　たとえば、高度成長期には交通路の整備が求められた。投資を進めれば、やがて空間の限界、環境の限界にぶつかり、資金があっても解決できない分野が拡大した。能力不足に深刻な地域においては、支払い能力があっても、そのための空間が確保できなくなった。交通の課題は、「需要対応型」から「供給対応型」へ移行した。この転換期にあたって、その意味をもう一度考え直してみることは、これからの交通研究の進むべき方向を考える上でも必要ではないだろうか。
　経済現象全体が法則性の弱い分野であり、そのなかに存在する交通はとくにそうである。そうした意味でも交通を過去の常識で判断してはならない。当然理論や定義に捉われてはいけない。常に自らの常識が現状において正しいのかどうか懐疑の気構を持つことが必要である。近年、交通に対し根拠が希薄になった常識の上に乗った議論が行われている気がしてならない。今後のグローバル社会で交通研究が存在していくため、研究者それぞれが安易に常識に従うのではなく、現実について正確な理解をもち、自分の頭で考え直

結　語

すことが重要と思われる。
　交通の研究は「実学主義」であるべきである。現に起きている事象を捉えるためには、大空から全体を見渡す「鳥の目」と細部に集中する「虫の目」を併せ持つことが不可欠である。そのためには、その地域の歴史と地理に学ぶことが求められる。

参考文献

青木栄一「交通地理学の展開とその系譜」『交通学説史の研究（そのⅣ）』運輸経済研究センター、1991年
浅井建爾『鉄道の歴史がわかる事典』日本実業出版社、2004年
網野善彦『日本の歴史をよみなおす（全）』（ちくま学芸文庫）筑摩書房、2005年
運輸経済研究センター編『戦後日本の交通政策』白桃書房、1990年
運輸調査局編『体系交通経済用語新辞典』運輸調査局、1971年
岡田清「総合交通政策論の系譜」『国際安全学会誌』Vol. No. 14、1988年
岡野行秀編『交通の経済学』有斐閣、1977年
角本良平『都市交通論』有斐閣、1970年
角本良平『交通における合理性の展開―現代の評価―』りくえつ、1979年
角本良平『交通研究の知識学―類型化への発展過程―』白桃書房、1984年
角本良平『新・交通論―実学の体系―』白桃書房、1985年
角本良平「明治から昭和戦前までの研究」『交通学説史の研究（そのⅢ）』運輸経済研究センター、1988年
角本良平『鉄道政策の検証』白桃書房、1989年
角本良平『新・交通論〔第2版〕』白桃書房、1990年
角本良平『現代交通論』白桃書房、1991年
片山邦雄「交通に対する公共補助」『交通学説史の研究』運輸経済研究センター、1982年
斎藤峻彦「交通調整論」『交通学説史の研究』運輸経済研究センター、1982年
斎藤峻彦『交通市場政策の構造』中央経済社、1991年
齊藤実『アメリカ物流改革の構造』白桃書房、1999年
坂内誠一『碧い目の見た日本の馬』聚海書林、1988年
サンケイ新聞社国際編集室『くるまの社会学』サンケイ出版、1980年
小学館編『日本大百科全書』小学館、1994年
全国総合開発計画（全総～五全総）、1962～1998年
竹村公太郎『日本文明の謎を解く』清流出版、2003年
谷利亨『道路貨物運送政策の軌跡―規制から規制緩和へ―』白桃書房、1990年
谷口研語『地名の博物史』PHP研究所、1997年
タネジャ、N. K. 著、吉田邦郎訳『国際航空輸送産業―その現状とサバイバル戦略―』盛山堂書店、1989年
富永裕治『交通における資本主義の発展―日本交通業の近代化過程―』岩波書店、

1953 年
中谷巌『資本主義はなぜ自壊したのか―「日本」再生への提言―』集英社インターナショナル、2008 年
中西健一・平井都士夫編『新版交通概論』有斐閣、1982 年
中西健一「衰退期の国鉄」運輸経済研究センター編『鉄道政策論の展開―創業から JR まで 120 年―』白桃書房、1988 年
日通総合研究所編『最新物流ハンドブック』白桃書房、1991 年
日本交通学会編『交通経済ハンドブック』白桃書房、2011 年
林周二『流通経済の課題』日本生産性本部、1968 年
藤井彌太郎「近代経済学に基づく研究の展開」『交通学説史の研究（そのⅢ）』運輸経済研究センター、1988 年
藤井彌太郎「交通政策―補助の問題―」岡野行秀編『交通の経済学』有斐閣、1977 年
藤井彌太郎・中条潮編『現代交通政策』東京大学出版会、1992 年
物流博物館編『物流がわかる本』利用運送振興会、1998 年
Bowersox, D. J., Smykay, E. W., & B. J., La Londe, *Physical distribution management; Logistics problems of the firm*, New York: Macmillan, 1968
本間義人『国土計画の思想―全国総合開発計画の 30 年―』日本経済評論社、1992 年
マギー、J. F. 著、中西睦・中村清訳『物流システム設計―ロジスティクス入門―』日本経済新聞社、1976 年
山口真弘『運輸法制通則の研究』交通協力会、1985 年
山口真弘「運輸事業の公共性について」『運輸政策研究』Vol. 3 No. 4、2001 年
山口弘文「総論」『経済分野における規制改革の影響と対策』国立国会図書館調査及び立法考査局、2009 年
山谷修作編著『現代日本の公共料金』電力新報社、1992 年
ライシュ、R. B. 著、雨宮寛・今井章子訳『暴走する資本主義』東洋経済新報社、2008 年

人名索引

ア 行
伊藤重治朗　4

カ 行
角本良平　164
加藤晴比古　3
金谷璋　14
熊谷尚夫　191
クラーク, F. E.　13
小島昌太郎　4
コール, J. G.　8

サ 行
ザックス, E.　3

サッチャー, M.　145
島田孝一　4
スミス, A.　3, 5
関一　3

タ 行
チューネン, J. H. v.　3
デュピュイ, J.　3
ドラッカー, P. F.　18

ハ 行
ハッサルト, K.　9
富士徳次郎　9
ヘトナー, A.　9

マ 行
マギー, J. F.　13
増井幸雄　4
マスグレイブ, R. A.　70

ラ 行
ラードナー, P.　3, 30
リスト　3
レーガン, R.　145
ロックソン, D. P.　158

事項索引

欧字・数字

circulation　22
distribution　22
GDP　57
GNP　175
Gマーク　139
JR貨物　47
M&A　147
RO-RO船　89
UPS　148
3PL　17, 20
3社体制（日本郵船、商船三井、川崎汽船）　88
45・47体制　90
56条港湾　98
56答申　164

ア　行

アライアンス（業務連合）　147
安全確保　136, 156
イコール・フッティング　50, 158, 163, 164, 167, 189
いざなぎ景気　45, 53
いざなみ景気　55
一貫輸送　119
一般補助金　134
移動　26
移動に関する法制　143
移動に伴う技術要素　140
移動要求　60
岩戸景気　44
インターモーダル　168
インテグレータ　147
インフラ　16, 19
インフラ整備　21
ウォーターゲート事件　145
運営費補助　133, 134
運河　24
運行管理　104, 110, 111, 118
運行管理技術　104, 110
運行規則　184

運送　22
運送価値説　190, 192
運送企業　110
運送事業者　21
運送費用説　191, 193
運賃　4, 16, 54
運賃格差　144
運賃負担能力　28
運賃負担力　192
運輸　14, 21, 22
運輸管理　20
運輸企業　17, 18, 19, 20, 26
運輸交通業　101
運輸産業側　16
運輸省（現国土交通省）　15, 16, 27, 43
運輸政策審議会　50, 90, 158, 159
運輸設置法　43
運輸通信省　27
運輸と通信技術　55
運輸白書　14, 48
エアーニッポン株式会社　90
営業倉庫業　91
エネルギー効率　117, 169
エネルギー資源　163
エネルギー問題　189
オイルショック　7, 49, 208
大型化　115
大阪商船会社　88
オペレーションズ・リサーチ　25
オペレーター　17

カ　行

海運　42, 47, 126
海運2法　88
海運仲立業　102
海外移転　176
外航　119
外航海運　120
外航定期船事業　80

会社管理空港　99
海上運送法　22, 43, 88, 140
海上交通　10, 37
海上輸送　36, 37
改正内航海運組合法　68
廻船　39
廻船航路　40
快適性　30
開発利益　189
外部経済　78, 79, 190
外部不経済　78, 79, 190, 199
海路　36
価格メカニズム　130
加工型産業型　126
河川交通　37, 40, 42
河川水運　40
過疎・過密問題　24, 189
過疎バス　129
ガソリン税　92
価値財　68, 70, 72
カーフェリー　19
株式会社方式　94
貨物運送事業法　140
貨物運送取扱事業法　54, 150
貨物自動車運送事業法　54, 150
貨物輸送　6, 13, 19, 41, 83
貨物輸送量　54, 57
貨物利用運送事業　102
環境　163
環境基本法　180
環境対策　54
環境破壊　79
環境保全　12, 16, 136, 156
環境面　54
環境問題　20, 24, 52, 56, 179, 180
観光庁　43
機会費用　28, 201
企業再編　89
気候変動枠組条約　54
気候変動枠組条約会議

事項索引

(COP) 181
技術 27
技術開発 31
技術的要素 104
規制緩和 54, 87, 144
規制緩和化政策 53
規制緩和推進計画 (3ヵ年計画) 150
規制緩和政策 147
規制緩和の推進 57
規制緩和論 189
規制政策 20
規制と規制緩和 40
汽船 24
機能の再配置 175
機能分担 176
軌幅論争 112
規模の格差の問題 156
牛車 24
競争と独占 40
共同一貫輸送 19
共同集配 178
京都議定書 54, 183
共有方式 101
共用空港 99
許可 137
拠点空港 99
距離 30
緊急調整措置 154
緊急輸送 81
近代経済学 5, 6
近代交通学 10
空間 25, 28, 29, 30
空間的 16, 21, 61
空間的・時間的へだたり 12
空間的・時間的へだたりの克服 23
空間の拡大 30, 31
空間の限界 32
空港 31, 111
空港整備勘定 94
空港整備の5ヵ年計画 48
空港整備の財源 94
空論 206
国管理空港 99
国や地方自治体の関与 19
クラブ財 69
グリーン経営認証 139
グローバル化 7, 55, 131, 145, 155
グローバル経済 7
グローバル・サプライチェーン 146

グローバル資本主義 7
グローバル社会 208
経営管理能力 63
経済 26
経済学 5, 10
経済財 (有形財・無形財) 68
経済実相報告書 43
経済社会発展計画 159
経済自立五箇年計画 159
経済性 32
経済的規制 (量的規制) 136
経済白書 43
軽薄短小型 204
計量経済学 6
計量的分析 10
ケネディ運輸教書 166
限界 25
限界外部費用 199
限界効用理論 6
限界費用 188
限界費用価格形成原理 6, 191
限界費用説 190, 191
公益事業 41, 74, 76, 77, 78, 83, 84, 98
公益性 75, 84
公害 180
公害対策 143
公害対策基本法 136, 143, 144, 181
光化学スモッグ 181
工学 10
公共運送人 (common carrier) 76, 102
公共経済学 6
公共財 6, 72, 76, 82, 133
公共交通機関 6, 125
公共財 70, 72
公共財 (クラブ財) 72
公共財的性質 78
公共財と私的財 68
公共事業 201
公共性 23, 70, 74, 75, 77
公共組織 71
工業地帯 24
公共投資 190
公共の福祉 75, 84, 85
航空 105, 106
航空運送事業 80
航空機 6, 72, 109
航空機騒音に係る環境基準 144

航空憲法 90
航空交通 10
航空事業 80
航空審議会 90
航空政策のあり方について 90
航空法 43, 89, 140
航空輸送 10, 120
公社方式 94
公正 128, 130, 136
交通 2, 12, 23, 24, 26, 27, 30, 33, 36, 43, 62, 67
交通安全基本法 181
交通インフラ 71, 92, 95
交通インフラ整備 (交通空間) 28
交通インフラの建設管理 97
交通学 10
交通革命 24
交通学会 6
交通機関 24, 25
交通機関の活動 10
交通機関論 4
交通企業 82
交通技術 10, 11, 29, 66
交通技術の3要素 (通路、輸送具、動力)
交通技術の要素 209
交通規制政策 129
交通基盤施設 92
交通空間 28, 29, 30, 31, 32, 105, 163
交通空間 (の) 確保 31, 32
交通経済学 2, 3, 4, 5, 6, 7, 8, 12, 27, 188
交通経済論 4
交通研究 4, 7, 11, 12
交通公害 8, 78
交通工学 2, 8, 12
交通工学研究会 8
交通混雑 8, 31
交通サービス 61, 63, 64, 65, 67, 68, 82
交通産業 53, 61, 84
交通事業 74, 83
交通事故 10
交通市場 80, 129, 130
交通市場政策 129
交通施設 65
交通手段 3, 33, 117
交通手段の選択 30
交通需要予測 8
交通政策 9, 129, 131

219

事項索引

交通制度　37
交通戦争　181
交通体系　27, 35, 37, 38, 46
交通調整　4, 189
交通調整論　165
交通地理学　2, 8, 9, 10
交通投資　78, 79
交通投資政策　129
交通統制　4
交通における生産形態　86
交通における法規制　135
交通の技術要素　118
交通の研究　33
交通の能力（時間と費用）　30
交通の目的　84
交通補助政策　132
交通網の整備　39
交通輸送　62
交通用役（サービス）　66, 75, 188
交通量　27
交通路　33, 36
交通労働　66, 67
交通論　4, 5, 28
公的介入　130, 131
公的規制　136
公的規制の緩和等に関する答申　149
公的補助　133
効用　60
効用価値説　6
効率　128, 130, 136
港湾　19, 31, 38, 94, 111
港湾運送業　68
港湾勘定　94
港湾整備　48
港湾都市　38
港湾都市をつなぐ交通　38
五街道　39
五街道宿駅　40
国際化　46
国際拠点港湾　99
国際航空　120
国際戦略港湾　99
国際分業　56
国鉄（現JR）　6, 83
国土交通省　43
国内航空　120
国民所得倍増計画　44, 159
個人選択モデル　204
個人的災害　180
コスト低減　114

コモンキャリア　15
コモンプール財　69
コンコルド　110
混雑　24
混雑解消　12
混雑課金　199
混雑税　6, 199
混雑料金　199
コンテナ輸送　25, 146
コントラストキャリア　15

サ　行

サードパーティ・ロジスティクス（3PL）　15, 16
サービスの便益　72
サービス（用役）　60, 62, 65, 68, 69, 72
財　26
在庫管理　13, 17
財政措置　131
財の効用　26
差別運賃　194
差別価格　192
産業革命　24, 34
産業公害　175, 180
産業構造　126
産業構造審議会流通部会　14
シェア論　164
自家運送人　76
資格制度　140
自家輸送　6
時間　27, 28
時間短縮　30
時間的　16, 21, 61
時間と空間　29
時間と費用　28, 29
時間における距離の克服　29
時間、費用、空間　30
事業者補助　134
事業費補助　134
事業免許制　41
市場　25
市場経済　78
市場原理主義　7
市場の失敗　77, 130, 132
市場メカニズム　6, 68, 69, 84, 131
システム化　19
自然独占産業　77
自然独占性　74
実運送／carrier　101
実勢運賃　149, 197
指定特定重要湾（スーパー中枢港湾）　99
私的限界費用　199
私的財　69
自動車　6, 19, 24, 25, 33, 41, 105, 106, 107
自動車運送事業　41, 80
自動車交通　8, 21, 41
自動車交通事業法　41
自動車ターミナル　97
自動車ターミナル法　48, 97
自動車取締令　41
自動車による輸送　118
自動車排出NOx削減法　52
自動車排出ガスの総量規制　52
自動車保有台数　122
自動車輸送　10
自動車利用の規制政策　159
シビルミニマム　82
資本費補助　133, 134
社会資本整備特別会計　94
社会的規制（質的規制）　136
社会的限界費用　199
社会的災害　180
車借　37
車種規制　184
ジャスト・イン・タイム（方式）　19, 50, 51
舟運　24
集計モデル　203
重厚長大型　204
傀儡の党　37
重要港湾　99
受益者負担　93, 163
需給調整条項　153, 154
宿駅・伝馬制度　39, 87
首都移転論　174
首都高速道路公団　48
需要と便益　31
需要抑制論　175
需要予測　8, 84, 203
準公共財　69, 71, 72
純粋公共財　69, 72
荘園制度　37
蒸気機関車　24
上下分離方式　93
少子高齢化　131, 156
商取引活動　22
商物分離　28
情報　20, 26, 27
情報処理　27, 28
情報の非対称性　77
助成金　131

220

所得倍増計画　175
自立採算性　93
新幹線鉄道騒音に係る環境基準　144
新経済社会発展計画　159
新交通システム　133, 178
人口密度　122
新港湾労働法　68
新全国総合開発計画　159
迅速性　115
新長期経済計画　159
振動　79
新東名高速道路（第二東海自動車道）　202
神武景気　44
水運　3, 38, 40
水路　3, 36
スカイチーム　91
助郷　40
スターアライアンス　91
ストロー効果　189
スモッグ　179
正確性　30
政治　31
政治権力　131
制度（規制）　27, 131
性能　114
政府の失敗　84
世界交通地理概論　9
積合　102
石油コンビナート　45
船舶　25, 72, 105, 106, 109
船舶交通　21
船舶の貸渡事業　101
船舶輸送　10, 119
全日本空輸株式会社　90
専用化　115
専用輸送　115
騒音　79
騒音、振動、大気汚染　180
騒音に係る環境基準　144
総括原価方式（フルコスト原理）　149, 191, 195
総合交通体系に関する答申　50, 158, 159, 167
総合交通論　158
総合的交通体系　159
総合物流施策大綱　16, 20, 56, 168
倉庫業　91
即時財　61, 68
即時財、即地財的性質　67
即時性　63, 64, 83

速達性　30
即地財　61, 68
即地性　63, 64, 65, 81
租・庸・調　37

タ 行

ターミナル　93
第一次行革審　149
第一次石油ショック　53
第一次全国総合開発計画　45, 159
大気汚染　24, 79
大気汚染防止法　136, 181
大気の汚染に係る環境基準　144
第3回締約国会議（COP3）　183
第三次行革審　150
第三次答申　149
第三者が被る損失　199
第三セクター　83, 98, 134
第二次オイルショック　50, 51
第二次行革審　149
代理店　102
大量・定型・継続　119
宅配便　27, 51, 66
宅配便事業　51
単体規制　183
地域開発　24
地域独占　83
地球温暖化　20, 54, 79, 180
地球温暖化対策　181
地球温暖化対策推進法　183
地球温暖化問題　179
地方管理空港　46
地方公営企業（公営交通）　98
地方港湾　98
中期経済計画　14, 159
中小企業近代化促進法　68
中馬　40
超過利潤　19
長距離カーフェリー　89, 120
超高速輸送機（SST：Supersonic transport）　110
超資本主義　7
地理学　10, 12
地理的条件　34
地理と歴史　33
賃車の徒　37
通運事業法　43

通貨危機　148
通産省（現経済産業省）　15
通信　14, 26, 27
通信技術　25
通信業務　92
通信コスト　7
通信事業　91, 92
通信販売　27
通路　11, 67, 105, 107, 111, 112, 118
通路、輸送具（運搬具）、動力　104, 209
通信省　27
定性的分析　210
ディーゼル車の単体規制　52
定量的分析　210
低廉性　30
定路線　101
適正な原価、利潤　16
適正分野論　163, 166
鉄道　3, 10, 24, 25, 33, 41, 82, 93, 105, 106, 108, 119, 126
鉄道近距離貨物のトラック移転実施要領　44
鉄道近距離貨物のトラック転換実施要領　165
鉄道交通　10, 21
鉄道、港湾、空港　97
鉄道事業者　79
鉄道事業法　140
鉄道輸送　10, 22, 35
電気通信省　27
伝馬（駅馬）を整備（駅伝制）　37
東亜国内航空株式会社　90
東海道新幹線　46
東海道フレートライナー　47
等級制運賃　193
東京戦火復興都市計画　112
東京復興計画　112
統計審議会流通統計部会　14
動力　105, 106, 107, 111, 118
動力近代化計画　45
道　19, 94, 97, 111
道路運送事業　39
道路運送車両の保安基準　106
道路運送法　22, 43
道路課金（road pricing）　189
登録　138
道路交通　10
道路交通工学　8

事項索引

道路交通センサス（調査） 202
道路整備 34, 48
道路整備勘定 94
特殊会社 98
独占的地位 149
特定運送人 (contract carrier) 76, 101
特定地方管理空港 99
特定補助金 134
特別会計 48
都市 172, 174
都市化 24
都市の形成 173
都市問題 174
特許 138
届出 137
届出運賃 198
届出制 54
トラック 41, 47, 68, 126
トラック輸送 21
トラック輸送事業 41
取次業 102
トレード・オフ 4, 20, 27
問屋あるいは問丸 91
問屋（はじめは問または問丸という） 38

ナ 行

内航海運 68, 119
内航海運事業 80
内航水路 119
内部補助 66, 189
内陸水路交通 10
ナショナルミニマム 82
南西航空株式会社 90
二極化現象（格差） 155
西廻り海運 40
日本エアシステム 90
日本近距離航空株式会社 90
日本航空インターナショナル 90
日本航空株式会社 89
日本航空株式会社法 89
日本航空ジャパン 90
日本国有鉄道（現 JR） 43
日本国郵便蒸気汽船会社 88
日本通運 87
日本電信電話株式会社（NTT） 92
日本電信電話公社（電電公社） 92
日本道路公団 48
日本トランスオーシャン株式会社 90
日本物流学会 15
日本郵船 88
日本列島改造論 49
荷役 13, 17, 20
認可運賃 197
認可制 54
認証 139
農林省（現農林水産省） 15
乗合 102

ハ 行

排気ガス 79
排出ガス規制 136
排除不能性／非排除性 69
配送 17, 22
パイプライン 126
パーク・アンド・ライド 178
馬車 24
馬借 37
場所的移動 67
走る凶器 181
バス 72, 82
派生需要 63, 64, 68, 204
波動問題（ピーク・オフピーク問題） 64
菱垣廻船 40
東廻り海運 40
ビギーバック方式 19
飛脚業（定飛脚） 39
飛脚制度・伝馬制度 92
非競合性 69, 71, 72, 78
ピークロード・プライシング (peakload pricing) 6, 178, 189, 200
飛行機 25
ビジネス・ロジスティクス 13, 16, 25
非集計モデル 203
非対称性 81
人 26
人と物の移動 38
人・物・情報 60
非排除性 71, 72, 78
費用 27, 30
費用低減 30
費用逓減 66
費用逓減産業 80, 133
費用の確保（投資費用、運営費用） 32
費用負担能力 28

費用便益 84
費用便益分析 30, 31, 189, 201
広い空間 33
品質 117
フェデックス 148
フォワーダー 17
不可分割性 65
物資別輸送や共同一貫輸送 47
物的流通 6, 12, 14, 15, 21, 48
物流 6, 12, 14, 15, 16, 17, 18, 20, 21, 28, 82, 209
物流活動 17
物流管理 17, 50
物流業 17
物流コスト 16
物流産業 17
物流事業者 17, 63
物流施策大綱 15
物流システム 16
物流システムの技術開発 32
物流の研究 19
物流サービス 61
不定路線 102
プール制 189
フルコスト原理 189
フルコスト主義 195
平成景気 52
兵站業務 13
ベトナム戦争 25, 145
便宜籍船 101
ボーイング747（愛称ジャンボジェット） 109
法制度 43
包装 13
法則性 206
保管 13, 17, 18, 20
補助金 131, 133
補助の根拠 132
ポストケインズ経済学 7
ポスト新長期規制 184
本源需要 63, 64, 67
本源需要者 79

マ 行

マーケティング 13
マルクス経済学 5, 22
民営化と規制緩和 145
無形財 60, 61, 62, 63
無店舗販売 27
メリット財 70
免許 137

免許制度　136
モータリゼーション（車社会）　46, 119
モーダルシフト　50, 158, 167, 189
モーダルシフトの推進　55
モーダルミックス　168
物　26
モノレール　46

ヤ　行

有形財　60, 61, 62, 63, 64
郵政省　27
郵便事業　41, 83, 91, 92
郵便電信　3
郵便輸送　32
輸送　17, 18, 20, 21, 25
輸送インフラ　19
輸送活動　20
輸送機関選択　121
輸送機関の近代化　47
輸送技術　18, 19
輸送具　11, 19, 29, 67, 105, 111, 118
輸送具（運搬具）　37
輸送具（動力）　104
輸送具に関する規制　143
輸送具の貸付　99
輸送形態　46
輸送コスト　7, 20

輸送サービス　17, 62, 92
輸送産業　17
輸送事業者　17
輸送手段選択　35, 117
輸送能力　107
輸送の効率化　114
輸送方式のシステム化　47
輸送密度　125
ユニット・ロード・システム　19
傭船（用船）　101
傭賃の輩　37
四日市公害　45
四段階推計法　204

ラ　行

ラムゼイ価格体系　193
陸運元会社　87
陸上交通　33, 37, 42, 80, 86
陸上交通事業調整法　4, 165
陸上輸送　38, 40
リース事業とレンタル事業　99
律令制度　37
リーマンショック　7, 148, 204, 208
流通　21, 22, 28
流通加工　17
流通技術　14
流通技術専門視察団　14

流通技術専門使節団　18
流通業務市街地に関する法律　48
利用可能性　65, 71
旅客輸送　66
理論　206
理論追求　12
臨時行政改革推進審議会　149
臨時行政調査会　149
類型　207
レーガノミクス　7, 51
歴史学　12
歴史と地理　12
レジャー　25
レーバー・プラン　166
労働価値説　5
労働力　163
労働力問題　52
ロジスティクス　13, 17, 19
ロジスティクス管理　51
路線補助　134
ロード・プライシング　199

ワ　行

ワトキンス調査団　33
ワンワールド　91

■著者略歴

谷利　　亨（たにかが　とおる）
　1946年生まれ
　1968年3月　青山学院大学法律学部卒業
　1968年4月　㈱日通総合研究所入社
　1983年5月　㈶運輸経済研究センター（現運輸政策研究機構）派遣
　1988年3月　㈱日通総合研究所復帰
　2006年6月　㈱日通総合研究所退任（常務取締役）
　現　　在　㈱日通総合研究所顧問
　　　　　　日本交通学会会員・日本物流学会会員
　著　　書　『道路運送政策の軌跡』白桃書房、1990年、交通学会賞受賞
　　　　　　『戦後日本の交通政策』共著白桃書房、1990年
　　　　　　『21世紀の交通』（日通総研選書）共著白桃書房、1990年
　　　　　　他、論文多数

■交通研究のダイナミクス
　転換期をとらえる視点

■発行日──2016年11月26日　初版発行　　　〈検印省略〉

■著　者──谷利　亨
■発行者──大矢栄一郎
■発行所──株式会社　白桃書房
　　　　〒101-0021　東京都千代田区外神田5-1-15
　　　　℡03-3836-4781　℻03-3836-9370　振替00100-4-20192
　　　　http://www.hakutou.co.jp/

■印刷・製本──シナノ

© Toru Tanikaga 2016　Printed in Japan
ISBN 978-4-561-76212-6 C3065

本書のコピー，スキャン，デジタル化等の無断複製は著作権法上での例外を除き禁じられています。本書を代行業者等の第三者に依頼してスキャンやデジタル化することは，たとえ個人や家庭内の利用であっても著作権法上認められておりません。

JCOPY　〈㈳出版者著作権管理機構　委託出版物〉
本書の無断複写は著作権法上での例外を除き禁じられています。複写される場合は，そのつど事前に，㈳出版者著作権管理機構（電話 03-3513-6969，FAX 03-3513-6979，e-mail : info@jcopy.or.jp）の許諾を得てください。

落丁本・乱丁本はおとりかえいたします。

好評書

地域交通政策の新展開
バス輸送をめぐる公・共・民のパートナーシップ
高橋愛典著

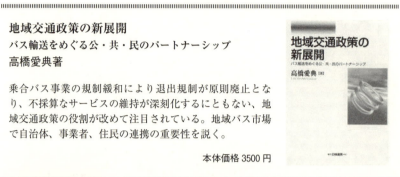

乗合バス事業の規制緩和により退出規制が原則廃止となり、不採算なサービスの維持が深刻化するにともない、地域交通政策の役割が改めて注目されている。地域バス市場で自治体、事業者、住民の連携の重要性を説く。

本体価格 3500 円

交通基本法時代の地域交通政策と持続可能な発展
過疎地域・地方小都市を中心に
辻本勝久著

2011年3月、国民・利用者目線に立った行政への転換を目指し交通基本法が閣議決定された。本書では、過疎地・地方小都市の地域交通に焦点をあて、各地の取組み事例を盛り込みながらその今後のあり方を探る。

本体価格 3500 円

日本鉄道業の事業戦略
鉄道経営と地域活性化
那須野育大著

地方鉄道の事業戦略とは。鉄道運行主体の経営効率化、沿線地域社会への広義の利益創出、関連・非関連事業への進出による多角化等、広く地域社会への外部経済効果を踏まえた鉄道事業の新たな挑戦を複数の事例から考察する。

本体価格 2750 円

白桃書房

本広告の価格は税抜き価格です。別途消費税がかかります。

好評書

みんなの知らないロジスティクスの仕組み
暮らしと経済を支える物流の知恵
苦瀬博仁・金丸真理著

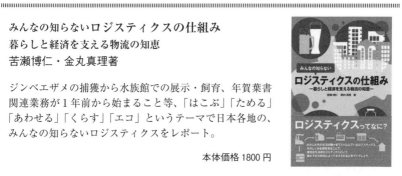

ジンベエザメの捕獲から水族館での展示・飼育、年賀葉書関連業務が1年前から始まること等、「はこぶ」「ためる」「あわせる」「くらす」「エコ」というテーマで日本各地の、みんなの知らないロジスティクスをレポート。

本体価格 1800 円

江戸から平成まで
ロジスティクスの歴史物語
苦瀬博仁著

「物の運び」、ロジスティクスは、生活や産業に欠くことができない「縁の下の力持ち」である。流通システムが確立した江戸期から現在まで、ロジスティクスが都市の形成や歴史の帰趨を左右してきた事例を取り上げる。

本体価格 1852 円

ロジスティクス概論
基礎から学ぶシステムと経営
苦瀬博仁著

発生地点から到着地点までモノをつなぐ流れであるロジスティクスについて、理系文系を問わず、その基本を押さえるテキスト。大学教科書を意識した編集で、ロジスティクスを学ぶ初学者、概要を把握したい実務者に最適。

本体価格 2600 円

白桃書房
本広告の価格は税抜き価格です。別途消費税がかかります。

好評書

交通経済ハンドブック

日本交通学会編

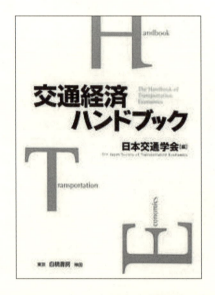

交通の基礎理論から、その機能、政策はもちろん、環境、安全・防災対策まで、現代の社会経済活動に現れる交通事象を体系的に分かりやすく論じた、日本交通学会が総力をあげて編纂した関係者必携のハンドブック。

本体価格 3300 円

東京 白桃書房 神田

表示価格には別途消費税がかかります。